21世纪高职高专精品教材·国际商务专业
省级精品课程教材

Documents for International Business

国际商务单证

（第二版）

施旭华 主编

东北财经大学出版社

Dongbei University of Finance & Economics Press

大连

图书在版编目（CIP）数据

国际商务单证／施旭华主编.—2 版.—大连：东北财经大学
出版社,2017.9

（21 世纪高职高专精品教材·国际商务专业）

ISBN 978-7-5654-2915-6

Ⅰ.国… Ⅱ.施… Ⅲ.国际贸易-票据-高等职业教育-教材
Ⅳ.F740.44

中国版本图书馆 CIP 数据核字（2017）第 208398 号

东北财经大学出版社出版

（大连市黑石礁尖山街 217 号 邮政编码 116025）

网 址：http：//www.dufep.cn

读者信箱：dufep @ dufe.edu.cn

大连力佳印务有限公司印刷 东北财经大学出版社发行

幅面尺寸：185mm×260mm 字数：443 千字 印张：16.75

2017 年 9 月第 2 版 2017 年 9 月第 2 次印刷

责任编辑：张晓鹏 吉 扬 责任校对：思 琦

封面设计：张智波 版式设计：钟福建

定价：30.00 元

第二版前言

改革开放近40年来，我国经济高速发展，主要得益于国际贸易的快速增长。在经济全球化和我国加快转变经济发展方式、开创科学发展新局面的推动下，我国经济出现了加速增长的迅猛态势，并跻身于世界前列。我国"十三五"发展规划提出了要以"一带一路"建设为统领，丰富对外开放内涵，提高对外开放水平，协同推进战略互信、投资经贸合作、人文交流，努力形成深度融合的互利合作格局，开创对外开放新局面。随着我国对外开放战略目标的转变，外贸、外资企业对开展业务的基础性人才——国际商务单证从业人员——的需求会越来越大，对其业务能力和综合素养的要求会越来越高。为了适应国际商务发展的新形势，确立我国企业商务人才在全球经济发展分工中的新定位，积极营造参与国际经济与竞争的新氛围，我们特组织修订编写了新版国际商务单证教材，这对培养新一轮国际商务人才、积极应对对外开放新形势，具有十分重要的意义。

近年来，国际贸易惯例、我国的对外贸易政策和管理制度有了新的变化，具体的进出口业务做法不断优化创新，特别是"一带一路"国家战略举措的全面实施，开创了国际经济合作的新局面，促进了同各相关国家贸易和投资的便利化，给我国对外贸易发展提供了新思路。为了与时俱进，应对新形势、新变化、新举措，本书在第一版的基础上进行了补充、修订和完善，使之更具指导性和实操性，以适应贸易制度的改变、跨境电商等新型贸易方式的出现和无纸化贸易的发展趋势。具体修订内容如下：

（1）2013年国家取消了单证员职业资格全国考试，海关不再组织报关员资格全国统一考试，对单证、报关员从业不再设置门槛和准入条件。本书结合新要求将原教材结构体系中的第四个模块"考证指导"改为"岗位实操"，并在题量和内容上进行了扩充，加强实训。

（2）2013年4月国际商会修订并通过了新的国际惯例《ISBP745》，展现了信用证实务的最新变化，有助于银行从业人员和单证人员对条文的理解和运用，提升了单证操作的便利性和可行性。本书结合新惯例，增加了各章有关《ISBP745》的新规定。

（3）自2012年8月1日起，国家外汇管理局、海关总署和国家税务总局开始实施货物贸易外汇管理新制度。自2016年9月1日起，国家税务总局开始实行新修订的《出口退（免）税企业分类管理办法》，改革贸易管理外汇方式，调整出口报关流程，简化出口退税凭证，无须办理核销手续，取消核销单，提高办理贸易外汇收支的效率，加快退税进度，进一步推动贸易便利化。本书结合新制度修改了第9章的相关制度规定、操作流程，删除了核销单等相关内容。

（4）自2014年起，国家质检总局开始在全国范围内推进无纸化报检工作。自2012年起，海关总署在全面推开分类通关改革的基础上，陆续在全国海关试点开展通关作业无纸化改革；自2014年起，加快经济紧密联系地区区域通关一体化改革，并推行关检合一，降低货物通关成本，减轻企业负担，促进对外贸易便利化。本书结合新做法补充了第6、7章的相关新规定和操作流程，修改了报关单的规范和格式。

（5）针对各章节的单据格式、内容及规范进行了补充、修改、删减，使语言更规范、表达更清晰、内容更充实。同时，增加了附录，方便对常用英文词汇、各国港口的查询。

本书是国际商务专业、国际经济与贸易专业的专业核心课教材，适用于各类高职高专院校、成人高校、继续教育学院的学生使用，也可作为国际商务单证、外销、报关、货代等从业人员自学或培训的参考书目。

本书由山西国际商务职业学院刘德奇教学院长担任顾问，施旭华担任主编并负责修订、统稿。其具体分工为：谢琳修订编写第 1、2 章和附录；王宏霞修订编写第 3、8 章；施旭华编写、李凤蓉修订第 4 章；彭艳修订编写第 5、6 章；李雨佳编写、彭艳修订第 7 章；施旭华修订编写第 9 章。在修订编写过程中，得到了多年从事外贸一线工作的谢琳老师和牛卫国经理的业务指导以及国际贸易经济系徐峻主任的大力支持，同时还参考了大量纸质和电子文献，在此谨向原作者及上述同仁一并致谢！

由于编者学术水平和业务经验有限，本书难免存在错漏或不当之处，敬请专家、读者批评指正。

编　者
2017 年 6 月

目　录

第1章

国际商务单证工作认知

国际商务作为一种跨越国界的商业行为，绝大多数表现为商品和资金在国际间的对流，而这种对流往往是以国际商务单证的交流形式来实现的，即从合同的签订到履行，各个环节的具体操作都需要相应的单证制作、审核、处理、流转、交换和应用，以满足企业、运输、保险、商检、海关、银行以及相关行政管理机构等各方面的需要。可以说，单证是国际商务的核心，是顺利实现交易不可或缺的有效凭证，贯穿于国际商务活动的全过程。

知识目标

★ 了解国际商务单证的发展前景；
★ 熟悉国际商务单证的含义、分类和作用。

技能要求

★ 明确国际商务单证的工作要求；
★ 掌握国际商务单证的业务流程。

岗位认知

1.1　国际商务单证的分类和作用

国际商务单证简称单证（Documents），有广义和狭义之分。广义的单证是指在国际商务实践中使用的各种单据、文件和证书；狭义的单证是指结算单证，尤指信用证支付方式下的单据和信用证，用以处理国际商品的交付、运输、商检、保险、报关和结汇等。

1）国际商务单证的分类

国际商务单证的种类繁多，可从不同角度划分（见表1-1）。

2）国际商务单证的作用

单证业务是国际商务活动的一项基础性工作，涉及面广、工作量大、专业性强、时间要求高，企业除了加强内部之间的协调配合外，还应处理好与运输部门、保险公司、商检机构、海关、银行以及有关行政管理机构的衔接关系，尤其是在完成商品交付后，能否正确、及时、完整地缮制各项单证，是能否顺利结汇的关键，关系到企业及国家的利益和形象。

表 1-1   国际商务单证的分类

分类依据	单据种类		
按照《托收统一规则》（《URC522》）分类	金融单据（Financial Documents）		汇票、本票、支票或其他用于取得付款资金的类似凭证
	商业单据（Commercial Documents）	基本单据	商业发票、海运提单和保险单
		附属单据	进口国官方要求提供的单据，如领事发票、海关发票、原产地证明等
			买方要求说明货物及相关情况的单据，如装箱单、重量单、品质证书、寄单证明、寄样证明、装运通知、船龄证明
按照《跟单信用证统一惯例》（《UCP 600》）分类	运输单据（Transport Documents）		海运提单、非转让海运单、租船合约提单、多式联运单据、空运单据、公路、铁路和内陆水运单据、快邮和邮包收据、运输代理人的运输单据等
	保险单据（Insurance Documents）		保险单、保险凭证、承保证明、预约保险单等
	商业发票（Commercial Invoice）		
	其他单据（Other Documents）		装箱单、重量单和各种证明书
按照《EDI 国际通用标准》（UN/EDIFACT）分类	生产单证、订购单证、销售单证、银行单证、保险单证、货运代理服务单证、运输单证、出口单证、进口和转口单证		
按照贸易双方涉及的单证分类	进口单证		进口许可证、进口报关单、开证申请书、信用证、采购订单等
	出口单证		出口许可证、出口报关单、商业发票、汇票、装箱单等
按照单证的形式分类	纸质单证		
	电子单证		

（1）单证是合同履行的必要手段

在国际商务活动中，交易双方分处不同的国家或地区，距离遥远，绝大多数情况下无法实现商品和资金的直接交换，只能借助单证作为交换的手段。当出口方提交与货物有关的单证时意味着交付了货物，而进口方的付款则以得到这些单证为前提，单证成为当事人履行合同的手段和证明。而且每种单证在交易的各个环节都有其特定的功能、作用，它们的签发、组合、交接和传递不仅反映了合同履行的进程，还反映了相关各方权责利的发生、转移和终止。因此，合同的履行过程实际上就是各种商务单证的制作及流转过程。

（2）单证是国际结算的基本工具

国际间的商品贸易，尽管交易的标的是商品，但在货款的结算过程中，主要表现为单据的买卖。在象征性交货的贸易术语下，卖方凭单交货，买方凭单付款。在信用证业务中，各有关当事人处理的是单据而不是有关的货物、服务或其他行为。在国际海洋货物运输中，海运提单不仅是货物的运输单据，也是可以转让的物权凭证。因此，单证是国际结算的基础和依据。

（3）单证是重要的涉外法律文件

国际商务单证作为一种涉外商务法律文件，不仅反映了有关当事人之间的权利、义务关系，还体现了一国对外贸易政策及相关的法律、法规和规章制度，牵涉一国与他国之间的双边或多边贸易协定，关系到作为成员国必须遵守的国际惯例或国际公约。当产生争议时，它又是处理索赔和理赔的主要依据。

（4）单证是企业加强经营管理和提高经济效益的重要保证

单证工作是企业经营管理的重要环节，企业经营的好坏与单证工作组织管理的优劣关系很大，许多经营管理过程中的问题都会在单证工作中体现出来。而且，单证工作与企业的经济效益密切相关。加强单证管理工作，妥善处理各种问题，不断提高单证质量，不仅能有效制止差错事故的发生，弥补经营管理上的缺陷，保障经营成果，还可以加速资金周转，提高资金使用效率，节约费用和开支，有助于提高企业的经济效益，为国家创收大量外汇。

1.2　国际商务单证的工作流程和要求

1.2.1　国际商务单证的工作流程

国际商务单证工作贯穿于交易双方履约的全过程，其流转环节构成了贸易程序。由于贸易条件和运输方式的不同，以及企业的组织分工不同，单证工作的流转程序并没有统一的模式。下面以 CIF 贸易条件成交、信用证方式结算的国际贸易合同为例，介绍单证工作的一般流程。

1）签订国际贸易合同

进出口双方通过交易磋商签订合同或确认书，正本一式两份，经双方签章后各执一份，作为合同订立和履行的法律依据。

2）进口方申请开立信用证

在合同规定的期限内，进口方按照合同条款填写开证申请书，随附相关文件，向开证行申请开证，并将外汇或外汇额度移存开证行，经银行审核后将信用证开给出口方。

3）出口方审证并备货

出口方收到信用证后，应根据合同规定审核信用证，如果内容与合同条款不符，应尽早提请进口方修改信用证。待信用证改妥后，按时、按质、按量备妥货物，制作商业发票和包装单据等单证。

4) 办理出口托运手续

出口方应在信用证规定的装运期之前及时填写托运单，自己办理或填写订舱委托书委托货代办理租船订舱手续，取得配舱回单，将货物送达指定码头仓库。

5) 办理出境报检手续

在货物出运前，出口方应根据国家有关规定或合同、信用证的有关要求填写出境货物报验单，向出入境检验检疫机构办理货物出境报检手续。货物经检验合格后，由出入境检验检疫机构按照合同或信用证的具体要求出具检验检疫证书，作为通关和结汇的依据。

6) 办理出口报关手续

出口方在办妥托运后、货物装运前填写出口货物报关单，向海关办理出口货物报关手续。海关审核单证并查验货物通过后，收缴关税，准予放行。

7) 办理投保手续

在货物离仓向装运场所移动前，出口方应及时填制投保单向保险公司办理投保手续，缴纳保险费，取得保险单据。

8) 办理装船和发装船通知

货物通关后，出口方或货代通知船公司将货物装上船只，取得场站收据，以换取正本海运提单，并在货物装运后按合同或惯例，及时向进口方发出装船通知。

9) 制单、审单和办理结汇

出口方在货物装运并取得海运提单后，备齐全套结汇单证并认真审核是否单单相符、单证一致，在规定的时间内向银行办理交单结汇手续，开证行或其指定银行审核全套结汇单据无误后履行付款手续。

10) 办理退税手续

出口方凭海关向税务机关传输的出口报关单结关信息电子数据及发票等其他相关书面凭证到税务机关办理出口退税手续。

11) 进口方审单付汇

开证行对外付款后通知进口方，进口方审单无误后付款赎单。如发现单据不符或有异状，应通过银行及时提出拒付或拒绝承兑的理由。

12) 办理进口复验手续

货物运达指定目的地后，进口方应及时做好数量和质量的复验工作。如发现货物有残损，需及时通知保险公司作残损检验并协商索赔和理赔事宜。

13) 办理进口报关提货手续

货物报检后，进口方应迅速缮制进口货物报关单随附相关单证向进口地海关申报进口，经海关查验放行后即可凭正本海运提单或有关证明向船公司或其代理提货。CIF 条件、L/C 结算项下单证工作的流程如图 1-1 所示。

1.2.2 国际商务单证的工作要求

在国际商务实践中，能否及时顺利地完成交易，单证工作是基础，起着至关重要的作用。任何单证的差错、遗漏都有可能扰乱整个交易程序，给企业和国家造成经济损失。因此，单证的制作、审核、流转和应用等工作，既要满足实际业务的需要，又要符合相关的法律、法规、国际惯例和国际条约。其具体要求体现为：正确、完整、及时、简明和整洁。

```
交易双方建立业务关系
        ↓
交易磋商（询盘、发盘、还盘、接受）
        ↓
签订 CIF 合同，约定 L/C 结算
        ↓
进口方填写开证申请书申请开证
        ↓
出口方审证、改证、备货并制作商业发票和装箱单
```

出境报检	租船订舱	出口投保

```
                    出口报关，经海关查验放行
                            ↓
检验检疫证书         货物装船取得提单并发装船通知         保险单
                            ↓
                    备齐全套单证向银行结汇
                            ↓
                    办理出口退税
                            ↓
                    进口方审单付汇
                            ↓
                    进口复验、报关、提货
```

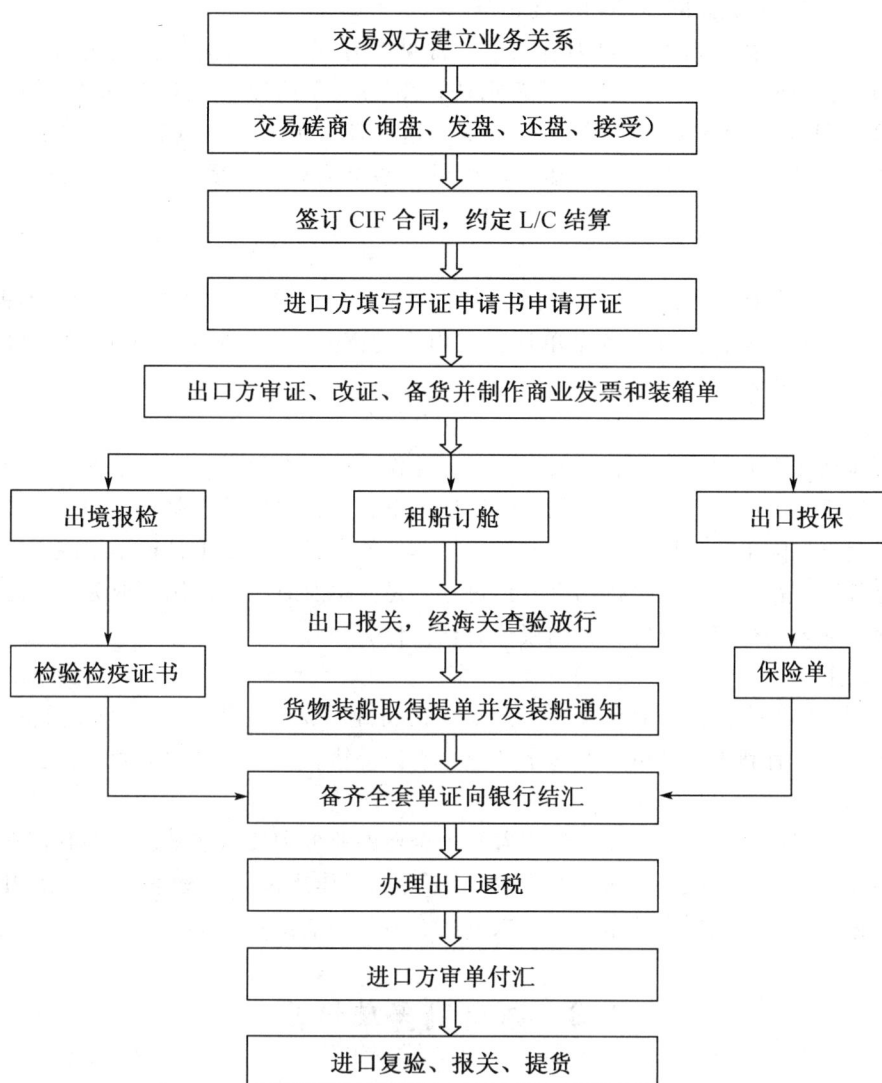

图 1-1　CIF 条件、L/C 结算项下单证工作的流程图

1）正确

正确是单证工作的前提，单证中任何细微的错误都有可能造成不必要的损失。一般来说，正确包括两方面内容：

（1）各种单证的相符

各种单证的相符包括单据与信用证相符，单据与单据相符、单据与合同相符、单据与货物相符。在信用证项下，单证制作必须坚持单证相符、单单相符和单同相符的"三相符"原则。而银行审单的标准是做到"两相符"（即单证相符、单单相符），就可顺利结汇。不过，出口方如果所交货物与合同不符，进口方在验收货物时仍有权依据合同进行索赔和追偿。企业审核单据的标准则是"四相符"，即单证相符、单单相符、单同相符和单货相符。在托收项下，单据必须与合同相符，否则会遭到进口方的拒付或延付。

（2）单证与有关国际惯例和法规相符

有关单证的法律、惯例和规则有很多，常见的有《联合国国际货物销售合同公约》《海商法》《合同法》《外贸法》《票据法》等法规条约以及《UCP600》《ISBP745》《URC522》《INCOTERMS2010》等国际惯例，这些都对单证工作具有非常重要的指导意义。此外，有些国家根据本国的习惯或法律对某些单据有特殊要求的，在制单时也必须注意。

2）完整

单证的完整包括三方面：一是单证种类的完整，必须是成套的、齐全的，不能短缺；二是单证内容的完整，应符合各个单证特定内容的需要，不能遗漏；三是单证份数的完整，要齐备，不可短缺。

3）及时

及时体现在两方面：一是制单及时。单证工作的时间性很强，各种单据都有出单的顺序和相应的日期，应合理可行。比如，信用证项下，每种单据的出单日期都不得超过信用证的有效期；保险单的日期必须早于或等于提单的签发日期；提单日期不得晚于装运期限等。如果日期不符合规定，银行仍有权拒付。二是交单及时。在信用证业务中，还必须在规定的交单期内进行交单议付，否则银行有权拒付。

4）简明

单证的内容要求简洁，避免烦琐，但要保证明确、完整。简化单证可以减少工作量，提高工作效率，有利于提高单证的质量和减少单证差错，促进交易的顺利进行。

5）整洁

单证的外观质量在一定程度上体现着一个企业的业务和技术水平，影响其信任度。单证的整洁除了要求表面文字干净、明了外，还要求制作规范化和标准化，要使用规范语句、标准格式，力求做到合理布局、层次分明、清楚简洁。

1.3　国际商务单证员

在经济全球化的背景下，中国的对外经贸活动正呈现出全方位、多层次、宽领域的蓬勃发展态势。随着对外经贸的迅猛发展，从业人员的队伍急剧壮大。国际商务单证员是外贸企业开展业务的基础性人才，作为实务操作层人员，其市场紧缺状况十分明显，企业难以招聘到符合业务需要的专业人才，大量未经过职业培训的非专业人员仓促上岗，使得外贸业务风险大大增加。如何提高国际商务单证人员的业务能力和专业素养成为当前外贸企业进一步发展所面临的重要问题。

国际商务单证员是指在国际商务实践中，通过对交易各环节所涉及的单据、证书、文件的制作、审核、流转和使用来处理国际商品的交付、运输、保险、报检、报关和结汇等工作的专门人员。

单证员是国际商务的先行官，是单证工作的主体，其素质和能力的高低直接影响着单证工作的质量，关系着企业和国家的管理水平、经济效益和对外形象。因此，合格的单证员必须具备良好的职业素养、必要的专业知识、熟练的业务技能和丰富的实践经验。

提醒您

国际商务单证员与跟单员、业务员、货代员有什么不同?

国际商务单证员处理的是国际贸易业务中的单据、证书和文件,包括信用证、汇票、发票、装箱单、提单、保险单、商检证书、报关单等的制作、验审和交付工作,解决单证从无到有的过程。

国际商务跟单员则是指在国际贸易业务运作过程中,以客户订单为依据,从事跟踪产品(服务)运作流向并督促订单落实工作的外贸从业人员。其主要处理的是制作完备的单证执行的问题,相对国际商务单证员来说,跟单员处理的是后期工作。

外贸业务员是指在进出口业务中,从事寻找客户、外贸立项、贸易谈判、合同的制作、签订和履行以及处理争议等进出口业务全过程操作和管理的综合性外贸从业人员。其中,合同(或信用证)所需的单据、证件均由单证员完成。

国际货代员是指在贸易交往过程中接受货主委托,组织、实施和协调公路、铁路、海路、航空等运输过程,办理有关货物报关、交接、仓储、调拨、检验、包装、转运、租船订舱等业务的综合性国际物流人才。其工作岗位要求货代员必须熟悉各种业务单证,并能正确填写、处理、交接各种单证。

1.4 国际商务单证的发展前景

改革开放近 40 年,中国对外经贸持续高速发展,并跻身于世界前列。为了应对当前的国际国内经济形势,我国在"十三五"发展规划中提出了要以"一带一路"建设为统领,丰富对外开放内涵,提高对外开放水平,协同推进战略互信、投资经贸合作、人文交流,努力形成深度融合的互利合作格局,开创对外开放新局面。同时,世界范围内的科学技术的不断进步、EDI 的使用、电子商务的出现和普及,都对国际商务单证工作赋予了新的内涵和提出了更高要求。

目前,在国际商务实践中,普遍存在交易程序烦琐、单证种类繁多、格式不一、流转环节多、线路长等现实问题,造成单证工作出错率高、贸易纠纷频繁发生,给企业和国家带来了经济损失,甚至阻碍了世界经济贸易的发展。为此,必须对传统的单证工作进行改革,简化手续,取消不必要的环节,规范单证内容,统一单证格式,改进制单方法。

1) 国际商务单证的简化和标准化

单证的简化和标准化可以减少国际间单证方面的争议,使各方在理解和执行单证的内容上取得一致,促进世界经济贸易的发展。瑞典是最早进行单证简化工作的国家,1957 年创造了"套合一致"的单证形式,节省了单证制作费,降低了出错率。1960年,联合国欧洲经济委员会(UN/ECE)成立了贸易程序简化工作组,开展国际贸易单证标准化和简化程序的工作。该组织同世界各有关组织合作,从 20 世纪 80 年代开始,陆续推出了 31 项联合国推荐标准。其中,最重要的 8 项推荐标准被国际标准化组织

（ISO）采纳为正式国际标准，在全世界推行。经过了 20 多年的使用，全世界主要国家都在国际贸易单证标准化工作中采纳了联合国推荐标准，并根据本国国情制定了相应的国家标准。

为了紧跟单证世界标准的更新工作，中国作为世界贸易大国之一，已经建立了完善的国际贸易单证标准体系，处于发展中国家领先地位。如今，企业可以远程上网申领进出口许可证、配额证书等十几项商务部管理的事项。还可以通过电子口岸远程报关、远程报验、远程办理原产地证书、远程办理出口结汇、退税等其他各类事项。但和发达国家相比，还有较大的差距，必须加快单证标准的更新工作，以适应国际要求。

小资料

国际商务单证推广使用的常用标准代码

1. 《国家和地区名称代码》，由两个英文字母组成。如：中国 CN，美国 US，德国 DE，法国 FR，英国 GB，俄罗斯 RU，日本 JP 等。

2. 《运输标志代码》，由收货人简称、合同号、目的地和件号四部分组成。

3. 《货币代码》，由三个英文字母组成，前两个符号代表国名，后一个符号代表货币。例如，人名币 CNY、英镑 GBP、美元 USD、欧元 EUR、日元 JPY 等。

4. 《地名代码》，由五个英文字母组成，前两个符号代表国名，后三个符号代表地名。如上海 CNSHA、伦敦 GBLON。

5. 《日期、时间期限代码》，采用数字表示法。例如，2017 年 5 月 13 日为 2017-05-13。

6. 《国际贸易计量单位代码》，采用国际公制计量单位。例如：千克 kg，米 m，小时 h。

2）国际商务单证的电子化和现代化

单证工作的电子化和现代化是科学技术发展的必然结果。运输上的集装化、通信上的电子化、办公案头工作的电脑化，已经引发单证工作的重大变革，电子制单、电子录入大量运用于单证工作中。而且随着以信息技术尤其是网络技术为基础的电子商务的迅速发展和普及、EDI 技术的广泛应用，单证工作实现了从传统纸质单证向报文数据的转变，国际商务单证进入了"无纸贸易"时代。

我国的 EDI 技术推广应用起步较晚。为了适应国际贸易发展的需要，使我国对外经贸在激烈的国际竞争中立于不败之地，从 1990 年起，外经贸部（现商务部）开始进行 EDI 技术在外经贸领域的应用研究工作。至今，EDI 技术的应用初步收到良好效益。我国在"十三五"规划中反复提到要促进贸易便利化，建立便利跨境电子商务等新型贸易方式的体制，全面推进国际贸易单一窗口、一站式作业、一体化通关和政府信息共享共用、口岸风险联防联控。所有这些都离不开 EDI 技术的普及和推广，EDI 技术在我国的对外开放中必将发挥巨大的作用。

小资料

电子数据交换

　　电子数据交换（Electronic Data Interchange，EDI）又称电子资料通联，也称电子数据贸易或无纸贸易。它是将贸易、生产、运输、保险、金融和海关等行业的商务文件按国际统一的语法规则进行处理，使其符合国际标准格式，并通过通信网络来进行数据交换，运用计算机进行商务处理的一种新业务。

　　EDI 的优点：提高了单证的处理效率，降低了对人工的依赖程度；增强了单证的准确性，减少了单证不符点；降低了成本，节约了资源，加速了资金周转。

　　EDI 的缺点：EDI 的使用需要一定的前期投入，对 EDI 的法律保护尚不完善。

岗位实操

（一）单选题

1. 下列（　　）不属于"正确"制单要求的"三相符"。

A. 单据和信用证相符　　　　　　　B. 单据和货物相符

C. 单据和单据相符　　　　　　　　D. 单据和贸易合同相符

2. 根据联合国设计推荐使用的用英文字母表示的货币代码，如下表示不正确的是（　　）。

A. CNY89.00　　　　　　　　　　B. GBP89.00

C. RMB89.00　　　　　　　　　　D. USD89.00

3. UN/EDIFACT 标准将国际贸易单证分为（　　）。

A. 九大类　　　　　　　　　　　　B. 四大类

C. 两大类　　　　　　　　　　　　D. 五大类

4. 根据《URC522》的规定，以下单据不属于基本单据的是（　　）。

A. 商业发票　　　　　　　　　　　B. 海运提单

C. 保险单　　　　　　　　　　　　D. 船龄证明

5. 以下属于无纸贸易英文缩写的是（　　）。

A. FAQ　　　　　　　　　　　　　B. EDI

C. ATP　　　　　　　　　　　　　D. B2B

6. 非信用证项下，制单审单的首要依据是（　　）。

A. 信用证　　　　　　　　　　　　B. 买卖合同

C. 相关国际惯例　　　　　　　　　D. 商品的原始资料

7. 以下（　　）不是 EDI 必须包括的内容。

A. 纸质单据和电子单据同时传递　　B. 按统一的标准编制资料

C. 电子方式的传递信息　　　　　　D. 计算机应用程序之间的连接

（二）多选题

1. 因下列（ ）情况，开证行有权拒付票款。

A. 单据内容与信用证条款不符 　　B. 实际货物未装运

C. 单据与货物有出入 　　D. 单据与单据之间不符

E. 单据与合同规定不符

2. 在信用证支付方式下，外贸单证工作主要有（ ）等几方面的内容。其贯穿于合同履行的全过程。

A. 审证 　　B. 制单

C. 审单 　　D. 交单 　　E. 存档

3. 国际贸易中使用 EDI 的现实意义是（ ）。

A. 降低经营成本及费用 　　B. 速度快，时效性强

C. 准确率高，差错率少 　　D. 节省时间

4. 国际贸易单证工作可能涉及的部门包括（ ）。

A. 银行 　　B. 海关

C. 交通运输部门和保险公司 　　D. 进出口企业内部各部门 　　E. 检验检疫机构

5. 单证的完整性包括（ ）。

A. 单证签署完整 　　B. 单证种类完整

C. 单证份数完整 　　D. 单证内容完整 　　E. 单证日期完整

（三）判断题

1. 制单是单证工作的基础，是按照信用证、合同和其他文件的要求，根据货物实际情况缮制有关单据。 （ ）

2. 按单证的用途划分，可将单据分为商业单据和银行单据。 （ ）

3. 在国际结算中，货物是贸易双方进行结算的基础和依据。 （ ）

答案及解析

第2章

交易磋商函电制作与审核

交易磋商（Business Negotiation）是指交易双方就某一交易的各项条件进行协商以期达成协议的过程。它是国际商务活动中必不可少的环节，是确立交易关系和订立商务合同的基础，通常由交易一方寻找潜在的客户建立业务关系，通过询盘、发盘、还盘和接受等磋商环节最终达成交易。其工作的好坏直接影响到合同的签订及今后的履行，关系到双方的经济利益。实际业务中，交易磋商大多是通过商务函电进行的，主要表现为信函、电传、传真、电子邮件等形式；对磋商函电的正确制作和熟练运用是确保交易磋商顺利进行直至签订合同的前提条件。

知识目标

★ 了解交易磋商的形式和内容；

★ 熟悉交易磋商各个环节的基本法律知识；

★ 掌握交易磋商函电的组成、制作原则和基本内容。

技能要求

★ 掌握交易磋商的一般程序；

★ 熟练制作和审核建交函、询盘函、发盘函、还盘函和接受函。

岗位情境

大连服装进出口公司（Dalian Garments Import & Export Corporation）是一家具有自营进出口权的专业外贸公司，主要经营服装、鞋帽、皮革等产品的进出口业务。2016 年 3 月下旬，公司业务员张山在当地某商品交易会上得知加拿大 ABD 有限公司（ABD Co., Ltd.）正在寻求男士衬衫的供应商，于是向其介绍了公司概况及产品情况，并赠送了一套产品目录，希望与对方建立业务关系。不久 ABD 有限公司发来邮件，表示对商品目录中的龙牌男衬衫很感兴趣，并对该商品进行询价。张山立即回电，就 STYLE NO. 001 和 STYLE NO. 002 龙牌男衬衫的各项交易条件与 ABD 有限公司进行磋商。

【思考】

交易磋商需要经过哪些环节？如何拟写询盘函、发盘函、还盘函和接受函？

【任务】

请以大连服装进出口公司业务员张山的身份，试与 ABD 有限公司进行谈判，并拟制双方磋商的往来函电。

岗位认知

2.1 交易磋商的一般程序

交易磋商是以订立合同为目的的。为了确定未来合同的各项条款和当事人的权利义务，交易双方都会以具体的形式、明确的内容和规范的程序进行磋商。

2.1.1 交易磋商的形式和内容

交易磋商一般是通过口头或书面形式进行的。口头磋商主要包括面对面谈判、电话磋商和网络在线沟通等形式。书面磋商则包括信函（Letter）、电报（Telegram）、电传（Telex）、传真（Fax）、电子邮件（E-mail）等通信方式。

交易磋商的内容涉及准备签订合同的各项条款，包括合同的标的、数量和质量、价款、履行期限、地点和方式、违约责任及解决争议的方法等。

2.1.2 交易磋商的一般程序

交易磋商一般有询盘、发盘、还盘和接受四个环节。其中发盘和接受是必不可少的两个环节，是达成交易所必须的法律步骤。

1）询盘

询盘（Enquiry），即询价、邀请发盘，法律上称为要约邀请。我国《合同法》规定，"要约邀请是希望他人向自己发出要约的意思表示"。《联合国国际货物销售合同公约》（以下简称《公约》）解释为，"非向一个或一个以上特定的人提出的建议，应仅视为邀请发盘，除非提出建议的人明确地表示相反的意向"。

询盘仅表示一种愿望，可由交易的任何一方发出。一般有两种情况：一种是探询交易条件；另一种是提出交易条件的同时有保留，比如"以我方最后确认为准"。

询盘对交易双方没有法律约束力，但在商业习惯上，被询盘一方接到询盘后应尽快给予答复。询盘也不是每笔交易必经的环节，如果交易双方彼此都了解情况，则不必使用询盘，可直接向对方发盘。

2）发盘

（1）发盘的含义

发盘（Offer），也称报盘、发价、报价，法律上称为"要约"。我国《合同法》规定，"要约是希望和他人订立合同的意思表示"。《公约》认为，"向一个或一个以上特定的人提出的订立合同的建议，如果十分确定并且表明发盘人在得到接受时承受约束的意旨，即构成发盘"。发盘对发盘人具有法律上的约束力。在发盘的有效期内，一经受盘人无条件接受，合同即告成立，发盘人应承担按发盘条件与对方订立合同的法律责任。

（2）发盘的构成条件

根据《公约》的解释，有效的发盘必须具备下列四个条件：

①发盘应向一个或一个以上的特定人提出。受盘人可以是一个，也可以指定多个。不指定受盘人的发盘，仅应视为邀请发盘，如一般性商业广告、寄送的价目单、招标公告等。

②发盘内容必须十分确定。《公约》规定，"一个建议如果写明货物并且明示或暗示地规定数量和价格或规定如何确定数量和价格，即为十分确定"。《合同法》则解释为，应包含标的、数量、质量、价款、履约期限、地点和方式、违约责任等主要条件。

③发盘必须表明发盘人对其发盘一旦被受盘人接受即受约束的意思。发盘人的发盘在得到接受时，发盘人将按发盘的条件与受盘人订立合同，承担法律责任。

④发盘必须送达受盘人。如果发盘由于中途丢失或其他原因不能送达受盘人，就不能算有效发盘。

提醒您

实盘与虚盘

发盘可分为实盘和虚盘两类，二者的法律效力不同。在函电方式的商务谈判中，搞清楚实盘和虚盘的法律含义对谈判双方都非常重要。

1. 实盘（Firm Offer），是发盘人在一定限期内愿意按所提条件与对方达成交易的肯定表示。实盘具有法律效力，一旦受盘人在有效时期内表示接受，合同即告成立。通常包括两个基本条件：①其主要交易条件明确、肯定、完整；②明确发盘的有效时限。实盘内容的完整肯定，可以促使受盘人从速作出决定，达成交易。

2. 虚盘（Non-firm Offer），是发盘人所作的非承诺性表示，不具有法律效力。即使受盘人对虚盘表示接受，也需要经过发盘人的最后确认。虚盘一般具有以下特点：①发盘中附有保留条件，如"以我方最后确认为准"或"有权先售"；②发盘内容不明确，不作肯定的表示或缺少主要交易条件。虚盘对发盘人较灵活，可以根据市场变化修改交易条件，选择合适的对手。但是受盘人常常将其看作是一般的业务联系而不加重视，不利于交易的达成。

3）还盘

还盘（Counter-offer），又叫还价，法律上称"反要约"，是指受盘人在接到发盘后，不能完全同意发盘的内容，提出修改或变更的意思表示。

还盘既是受盘人对发盘的拒绝，也是受盘人以发盘人的地位作出的新发盘。还盘一经作出，原发盘即失去效力，发盘人不再受其约束。还盘不是每笔交易的必经环节，但多数情况下，一笔交易的达成往往离不开还盘。

小思考

我国某公司于 6 月 20 日以电传发盘，并规定"限 6 月 25 日复到"。国外客户于 6 月 23 日复电至我方，要求将即期 L/C 改为即期 D/P。我公司正在研究如何答复时，于次日又接到对方当天发来的电传，表示无条件接受我公司 6 月 20 日的发盘。请问客户这样做合理吗？

评析：不合理。还盘一经作出，原发盘即失去效力，发盘人不再受其约束。

4）接受

（1）接受的含义

接受（Acceptance），法律上称为"承诺"。我国《合同法》规定，"承诺是受要约人同意要约的意思表示"。《公约》解释，"受盘人声明或作出其他行为表示同意一项发价，即是接受"。同发盘一样，接受既属于商业行为，也属于法律行为。接受一经作出，受盘人也就承担了与对方订立合同的法律责任。

（2）接受的构成条件

根据《公约》的解释，有效的接受应具备以下四个条件：

①接受必须是由特定的受盘人作出。由于发盘是向特定的人作出的，因此只有发盘中指明的特定受盘人，才能对发盘作出接受。如果其他第三者通过某种途径获悉发盘内容，而对该发盘表示同意，则不能构成有效接受，只能作为一项新的发盘。

小思考

A企业的张经理收到B企业的发盘，认为产品与自己企业的需求不对路，就随手将其放在了会议桌上。碰巧，他的朋友C企业的赵经理来公司拜访，看到了B企业的发盘很感兴趣，随即向B企业发出完全同意该发盘的意思表示。请问赵经理的接受有效吗？

评析：无效，因接受不是由特定的受盘人（A企业）作出的。

②接受必须表示出来。接受必须以一定的方式表示出来。一种方式是作出声明（Statement），即以口头或书面形式向发盘人表示接受。这是国际贸易中最常见的方式。另一种方式是作出行动，比如受盘人直接采购货物或支付货款以表示接受。同时，《公约》规定，"缄默或不行动本身不等于接受"。

③接受的内容必须与发盘完全相符。《公约》认为，"对发盘表示接受但载有添加、限制或其他更改的答复，即为拒绝该项发盘并构成还盘"。同时，《公约》又将接受时的变更分为以下两种情况：

实质性变更，是指就有关货物价格、付款、质量和数量、交货地点和时间、赔偿责任范围或解决争端等的添加或更改。实质性变更是对发盘的拒绝，此类接受均无法律效力。

非实质性变更，是指对发盘条件的变更、修改不属于上述实质性变更内容的情况。比如修改包装条件等。此类接受仍然有效，除非发盘人在不过分迟延的期间内以口头或书面通知反对其差异外。

小思考

我国某公司对外发盘，国外客户在发盘的有效期内回电接受，但在电文中同时要求将装运期提前一个月。请问这样的接受是否有效？

评析：装运期的变更是交货时间的更改，属于实质性变更，所以不是有效的接受，而是还盘。

④接受必须在发盘的有效期内送达发盘人。发盘中规定有效期，既可以约束发盘人在有效期内不能任意撤销或修改发盘的内容，也可以约束受盘人，只有在有效期内作出接受才有法律效力。超过发盘有效期送达发盘人的接受是逾期接受，是一项新的发盘。

2.2　交易磋商函电的制作

商务函电（Business Correspondence）是指在国际商务活动中用以传递信息、处理商务事宜的信函和电信文书等。作为一种常用的英语应用文体，商务函电在对外贸易和商务往来中发挥着重要作用。在实际业务中，不同的交易环节涉及不同类型的商务函电。交易磋商环节主要有建交函、询盘函、发盘函、还盘函和接受函，统称为交易磋商函电。

2.2.1　交易磋商函电的组成

交易磋商函电一般由基本部分和可选部分组成（见表 2-1）。交易磋商函电组成部分的示例参见范例 2-1。

表 2-1　　　　　　　　　　　　　交易磋商函电的组成

	项目名称	主要内容	写作事项
基本部分	信头（Letter Head）	又称"发信人地址"，是指发信人的基本信息，包括公司名称、详细地址、邮编、电话、传真号、电子邮箱地址、公司网址等	一般分成数行，事先印好在信笺上端正中央或右边或左边亦可。信头设计宜简洁、美观，展示公司的形象和实力
	日期（Date）	包括年、月、日，可以是实际写信的那一天，也可以是预定发信日期。日期的填写便于商务信函的存档与查阅，也是交易双方发生争议时，界定当事人法律责任的重要依据	发信日期的位置一般位于信头和信内地址之间。日期可用数字，月份用英语，年份用全称，不得简写
	信内地址（Inside Address）	是指收函人的名称和地址。如果收函人是个人或以人名为公司名称，为表示尊重，应在名称前冠以适当的敬称或头衔	一般位于日期下方两三行处的信纸的最左侧，要分数行来写
	称呼（Salutation）	是发函人对收函人的敬称，又称"抬头"或"起始尊称"。应根据书写习惯及收件人的职衔、性别、婚姻、人数及其与发函人的双边关系等，酌情使用不同的称呼，并且称呼与结尾敬语之间必须前后呼应	称呼从左边顶格写起，写在信内地址下最少两行。称呼的末尾一般用逗号，不加符号也可以。英式称呼：Dear Sirs/Madame。美式称呼：Gentlemen/Ladies

项目名称	主要内容	写作事项
基本部分 · 正文（Letter Body）	是磋商函电的主体，用于说明写信函的目的和主要通信内容。一般包括三部分：正文开头部分主要是写信人自我介绍，简单说明写信目的；正文的主体部分全面阐明所要表达的意图或意见；正文的结束语主要表达写信人的希望、愿望与要求等	正文要求简明扼要，条理清楚，每个段落只讲一个问题或一个要求，只写在信纸的一面。一页写不完时，第二页至少有三行正文，不可无正文而只有一个签名。第一页最后一行的右边写上 to be continued（未完待续），第二页的纸可不带信头
基本部分 · 结尾敬语（Complimentary Close）	是发函人在信函结尾的客套语，最常用的结尾语是 Yours faithfully（英式）和 Yours truly（美式），相当于中文结尾中的"敬上""谨启"等	一封信只用一种结尾套语，一般单独占一行，同签名对齐。第一个词的首字母要大写，末尾要用逗号
基本部分 · 签名（Signature）	是指发函人的签字或署名，一般是部门负责人，有时也可以是执笔人	签名包括人名和职位两部分，中国人名应使用汉语拼音
可选部分 · 参考编号（Reference Number）	收发函人为便于对纷繁的磋商信函进行检索、存档与查阅，会填写我方编号"Our Ref."或对方编号"Your Ref."	参考编号一般放在日期的上方。可以是英语字母，也可以是数字或其他缩写形式
可选部分 · 经办人（Attention Line）	是指磋商信函中公司、企业负责某一具体事务职员的真实姓名，便于必要时查对使用	写在信内地址和称呼之间。可以全部大写或首字母大写
可选部分 · 事由（Subject Line）	又称"标题"，用于突出信函的写作目的或主要内容，可表示为"Subject"或"Re"字样	一般在信函正文开头加上事由或主题，简明扼要，一式一函
可选部分 · 附件（Enclosure）	如果信函带有附件，应在正文中指出，表示为"Enc."或"Encl."字样	通常在信函末尾左下角注明。附件有两件以上时，应注明数字并加以简短标题
可选部分 · 抄送（Carbon Copy）	信函有抄送第三方及相关人的必要时使用	在信尾注明"C.C."或"cc"字样，其后接抄送单位或人名、地址
可选部分 · 附言（Postscript）	用于补写信函已打妥后被遗忘的或事后想起的特殊重要情况，常表示为"P.S."	语言要简练，正式信函中尽量不用

范例 2-1　　　　　　　　　　　交易磋商函电组成部分示例

China National Cereals, Oils and Foodstuffs Imp. & Exp. Corp.
8 Jianguomen Nei Dajie, Beijing, 10005, China
Telephone: 86-10-6526-8888 Fax: 86-10-6527-6028
E-mail: carl@cofco.com.cn

信头

Our Ref.
Your Ref.
Date: 18th December, 2016

日期

The United Trading Co., Ltd.
201 Roller Road
Sydney, Australia

信内地址

事由

Attention: Import Dept.

称呼

Dear Sirs,

Aquatic Products

We thank you for your enquiry of 11 December.

In compliance with your request, we are sending you herewith a copy of our illustrated catalogue and a quotation sheet for your reference.

All prices are subject to our confirmation for our aquatic products have been selling well this season. Therefore, we would suggest that you advise us by a fax in case of interest.

We await your early favorable reply.

结尾敬语

正文

Yours faithfully,
China National Cereals, Oils and Foodstuffs Imp. & Exp. Corp.

Sig.

签名

(Manager)

QS/AN
Enclosures
C.C. our Shanghai Branch Office
P.S. We require payment by L/C for a total value not exceeding USD60, 000

参考号、附件、抄送、附言

2.2.2　交易磋商函电的格式

与一般信函相比，商务函电具有鲜明的商业特色，其格式体例也比较讲究。常见的格式有三种。

1）缩格式

缩格式（Indented Form）是一种传统的格式，信函正文每段起行向右缩进一定间距，且向右缩进的格数一般统一。每行之间和每段之间都是单行距。对收函人的尊称、附件列表等写在左边；日期靠右，事由居中，结尾敬语和签名靠右，标点符号采用闭式，即日期、称呼、结尾敬语及签名的各行后面加上适当的标点符号。这种格式布局对称美观，但缩行有些麻烦。

2）齐头式

齐头式（Full Block Style），又叫垂直式，是指信函上正文的每一行字都从左边顶格起书写。每行之间单行距，而每段之间是双行距。日期、封内地址、称呼、正文、结尾敬语及签署等都从左边顶格写起。标点符号采用开式，除正文使用标点符号外，上述其余各项每一行后面都不加任何标点。齐头式显得整齐划一，省时省事，但不足是左右不够均衡、美观。

3）变体式

变体式（Modified Block Style），又称混合式或改良齐头式，兼有缩行式和齐头式的特点。这种格式的正文部分与齐头式相同，其余各部分布局与缩格式相同。

在实际业务中，发信人可以自由选择函电格式，由于目前电脑的使用和网络的普及，所以齐头式应用比较广泛。

2.2.3　交易磋商函电的制作

1）磋商函电制作原则

磋商函电的制作应符合我国对外方针政策和各国文化习惯。这既是函电制作的指导思想，也是搞好对外贸易和商务往来的有利保证。一般来讲，磋商函电有其特定的语言风格和写作规则。在制作过程中应遵循以下原则：

（1）礼貌（Courtesy）：行文要礼貌，语言要得体，对来函应及时回复。

（2）体谅（Consideration）：要多从对方的角度考虑问题，多为对方着想。

（3）清楚（Clarify）：意思表达要明确、清晰，不要模棱两可，避免使用有歧义的词语。

（4）简洁（Conciseness）：使用的句子简单明了，避免废话连篇和不必要的重复。

（5）完整（Completeness）：应包含所有必要的信息，叙述力求完整，答复尽量全面。

（6）具体（Concreteness）：提出的要求、告知的事项要具体明确，操作性强，避免含糊其辞。

（7）准确（Correctness）：信息要准确，语言要规范，语法要正确。

2）建交函的制作

建交函是指交易一方希望与对方建立业务关系而拟制的商务函电，它对于开拓新市场、购销新产品或者促进商务交流有着积极的作用。作为交易的第一个环节，好的开头意味着成功的一半。建交函的常用句型见表2-2。

表2-2　　　　　　　　　　　　　建交函的常用句型

基本内容	常用句型
1. 获取对方公司信息的途径	①We have come to know your name and address from the Commercial Counselor's Office of Chinese Embassy in London. ②Through the courtesy of ×××Co. , we are given to understand that you are handling the import of Chinese tea.
2. 表明写信的目的	①We would like to establish business relationship with your company. ②The purpose of this letter is to inform you that we can cooperate together to enlarge our sales and market.
3. 介绍本公司的业务情况	①As one of the leading exporters of umbrellas in China, we take pleasure in sending you our latest catalogues for your reference. ②We are major in the hand tools for over 20 years and are the largest exporter in our area.
4. 表达建立业务关系的意愿	①We are willing to enter into business relations with you on the basis of equality and mutual benefit. ②Your prompt attention to our products will be highly appreciated.

3）询盘函的制作

询盘函是指交易一方为购买或销售某商品，向交易对方询问有关交易条件而拟写的一种商务函电。询盘函的拟制应礼貌、诚恳、简洁、切题。询盘函的常用句型见表 2-3。

表 2-3　　　　　　　　　　　　　　　　询盘函的常用句型

基本内容	常用句型
1. 说明信息来源和写信意图	①Your ad. in today's China Daily interests us and we will be glad to receive samples. ②We are looking for an international company to supply us computers and if you are interested in, please contact us as soon as possible.
2. 说明感兴趣的商品并索取有关资料	①We are very interested in your textiles. ②We shall be glad if you will send us your samples and brochure.
3. 要求报价或希望的其他贸易条件	①Please make us your lowest quotation for the above goods. ②Please quote us your product in details, specifications and price in terms of FOB.
4. 礼貌地提出希望（尽快答复或其他）	①We are looking forward to your early reply. ②We hope this will be a good start for our long and profitable business relations.

4）发盘函的制作

发盘函是指交易一方向对方提出出售或购买某商品的各项交易条件，并愿意按照这些条件与对方订立合同而拟写的一种商务函电。发盘函的内容应准确、完整，语言表达应谨慎、明了。发盘函的常用句型见表 2-4。

表 2-4　　　　　　　　　　　　　　　　发盘函的常用句型

基本内容	常用句型
1. 确认并感谢客户的询盘	①Thank you very much for your inquiry of August 4 requesting us to offer you for our ORT Shirt, Style A. ②We have received your inquiry letter of Oct. 20 and would like to make our favorable price as follows.
2. 明确答复对方询问的事项，准确说明各项交易条件	In reply, we have the pleasure of submitting to you our firm offer on the following terms and conditions. Commodity：ORT Shirt, Style A. Quantity：500 dozens. Price：USD 19.56 per doz. CIF Hong Kong. Packing：Export standard packing. Payment：Against 100% confirmed, irrevocable sight L/C in our favor.
3. 声明此项发盘的有效期和其他约束条件	①The quotation will be valid within 10 days. ②The package of the quotation is white cartons. If you have more demands, the price would be changed accordingly.
4. 鼓励对方尽早订货，并保证供货满意	①We are looking forward to receiving your order and we are sure that you will be satisfied with our products. ②Hope to get your first trial order as soon as possible and we ensure that we will inspect all the products carefully before the shipment.

5）还盘函的制作

还盘函是指受盘人对发盘中的交易条件不完全同意而提出添加或变更的商务函电。还盘函的拟制应明确态度、准确用词，不论能否接受，都应及时答复。还盘函的常用句型见表 2-5。

表 2-5   **还盘函的常用句型**

基本内容	常用句型
1. 确认并感谢对方来函	①We are glad to receive your letter of March 22 but sorry to learn that your customers found the price too high. ②We have got your quotation dated Nov. 11 and thank you very much.
2. 表明对发盘的态度，阐明不能接受的条件及理由	①As business has been done extensively in your market at this price, we regret to say we can not make further concession this time. ②After our checking, we have to say that your price is much higher than your competitors.
3. 提出我方的条件，希望对方让步	①If the price could be reduced by 10%, we will place our order at once. ②We will accept your offer if you could make the shipment before July.
4. 鼓励对方同意我方的条件并希望尽快答复	①As the market price is increasing, we recommend your immediate acceptance. ②Owing to the great demand for the product, the offer is valid only for 5 days. We hope you will make your decision very soon.

6）接受函的制作

接受函是指受盘人完全同意发盘中的各项交易条件，并愿意按照这些条件与发盘人订立合同而拟写的一种商务函电。接受函一经发出，合同即告成立，发函人必须慎重。接受函的常用句型见表 2-6。

表 2-6   **接受函的常用句型**

基本内容	常用句型
1. 表示接受发盘的各项条件	①We are glad to accept your quotation and please find our Sales Confirmation No. FH02C91 in the attachment. ②Thanks for your new offer on March 25 and we will place our purchase order to you by e-mail before this Friday.
2. 提出特别需要注意的要求，如唛头、颜色、标贴、运输等	①We have now seen samples of these goods and are preparing to give you a trial order, if you can guarantee the delivery on or before March 1. ②Please inform us the shipping mark before the shipment and the container numbers after the shipment.
3. 期待未来有更多合作	①We hope this first order will lead to further business and can be the beginning of happy working relationship between us. ②Hope you are satisfied with the quality of this shipment and place more orders in the future.

随着经济全球化的不断加深，国际经济合作的方式日益多元化，除了传统的国际贸易外，还广泛涉及补偿贸易、对外加工装配贸易、国际技术转让、国际劳务输出、国际直接投资和国际工程承包等经济技术合作领域。无论是哪种交易方式，都需通过询盘、发盘、还盘和接受等环节达成交易，而且磋商函电的格式、构成和制作原则也基本相同。补偿贸易的建交函的制作参见范例 2-2，合资企业投资金额和分配形式磋商函的制作参见

范例 2-3。

范例 2-2　　　　　**补偿贸易（Compensation Trade）的建交函**

Gentlemen：

The China Council for the Promotion of International Trade（中国贸促会）has referred to us your letter of May 15，2017，indicating that you are willing to cooperate with us by supplying with certain industrial equipment and advance technology through compensation trade. This is of interest to us.

Our main objectives of doing compensation trade are as follows，
—Importing comparatively advanced equipment and technology.
—Balancing of foreign currency required for importing equipment and technology with foreign currency earned from exporting resultant products.
—Obtaining your cooperation in marketing the products.

We sincerely hope you will let us know in what field of production you are interested. We shall spare no effort to work on your proposal so as to conclude a compensation transaction with you for mutual benefit.

Truly yours，
（Signature）

范例 2-3　　　**合资企业（Joint Venture）投资金额和分配形式磋商函**

Dear sirs，

We appreciate your prompt response to our letter of Sept. 10. Regard to the amount of investment and the form of our contribution，we would like to invest five million US ＄，of which 40％ in cash，40％ in capital goods，and the rest 20％ in technologies. We hope the Chinese participants will also invest equal amount as their share of contribution.

According to the laws of PRC，the investment contributed by a Chinese participant may include the right use of a site provided for the joint venture company during the period of its operation. Seeing that Shanghai is known to the world as a metropolis，which offer better services for communication，transportation and banking，we suggest the site be located in the suburbs of Shanghai，where，to the best of conditions，knowledge are favorable for such a joint venture company as ours.

We await hearing from you very soon.

Yours sincerely，

（Signature）

2.3　交易磋商函电的审核

2.3.1　对发盘效力的审核

1）发盘的性质问题

在收到国外的函件或邮件时，要正确区分是发盘还是邀请发盘，避免盲目接受，使自己在交易中处于被动的境地。

2）发盘的有效期问题

发盘的有效期是指以供受盘人对发盘作出接受的时间或期限。我国的对外发盘，一般采用明确规定有效期的做法，以尽量避免纠纷。发盘有效期的长短应综合考虑标的种类、国际市场行情及交易额大小等因素，而且有效期不应轻易延长，以免外商坐等良机，加大我方的风险。

3）发盘的撤回和撤销问题

发盘的撤回是指发盘人在发盘送达受盘人之前，阻止其生效的行为。发盘的撤销是指发盘人在发盘生效后且在受盘人作出接受之前取消其效力的行为。《公约》规定："一项发盘，即使是不可撤销的，得予撤回，如果撤回通知于发盘送达受盘人之前或同时送达受盘人。"同时，《公约》规定："在订立合同之前，发盘得予撤销，如果撤销通知于受盘人发出接受通知之前送达受盘人。但在下列情况下，发盘不得撤销：①发盘写明接受发盘的期限或以其他方式表示发盘是不可撤销的；②受盘人有理由信赖该项发盘是不可撤销的，而且受盘人已本着对该项发盘的信赖行事。"

因此，如果发盘人因发盘的内容有误或其他原因想改变主意，可以更快捷的通信方式赶在发盘到达受盘人之前撤回发盘或在受盘人接受发盘之前撤销发盘，但必须遵循相关的法律规范。

4）发盘的失效问题

发盘的失效是指发盘法律效力的消失。按照《公约》的解释，造成发盘失效的原因有以下几个方面：超过了发盘的有效期；被受盘人拒绝或还盘；发生不可抗力；被发盘人有效撤销。

2.3.2　对接受效力的审核

1）逾期接受问题

在国际商务中，由于各种原因，接受通知超过发盘规定的有效期或者超过了合理时间才送达发盘人，这就是逾期接受，在法律上称为"迟到的承诺"。逾期接受在一般情况下无效，不具有法律效力。但根据《公约》的解释，在下列两种情况下仍具有效力：①如果发盘人毫不迟延地用口头或书面的形式通知受盘人，该逾期接受仍有效；②如果载有逾期接受的信件或其他书面文件表明，它在传递正常的情况下是能够及时送达发盘人的，那么这项逾期接受仍具有接受的效力，除非发盘人毫不迟延地用口头或书面的形式通知受盘人，他认为发盘已经失效。

可见，逾期接受是否有效取决于发盘人的态度。

2）接受撤回问题

接受的撤回是指受盘人在接受送达发盘人之前，阻止其生效的行为。《公约》规定："接受是可以撤回的，但撤回通知必须于接受通知到达发盘人之前或同时被送达发盘人。"接受一经生效，合同即告成立，所以接受通知一经到达受盘人即不能撤销，否则无异于撤销或修改合同。此外，在收到接受通知时，还应查看这项接受是否在发盘的有效期内作出的。超过了有效期作出的接受通知是无效的，合同不成立。

小思考

某公司于 4 月 15 日用特快专递发盘，限 4 月 29 日复到有效。4 月 25 日下午 3 时同时收到受盘人表示接受的特快专递和撤回接受的电传。根据《公约》，此项接受（　　）。

A. 可以撤回　　　　　　　　　　　　B. 不得撤回，合同成立

C. 在我方同意的情况下，可以撤回　　D. 能否撤回无法确定

评析：选 A。因为撤回接受的通知是和接受通知同时送达受盘人的，按照《公约》的解释可以撤回。

2.3.3　对磋商函电组成部分的审核

1）日期问题

在磋商函电中，日期的表达方式有相对固定的格式，但汉语、英式英语和美式英语又有所区别：

在位置方面，美式写法是在信头和收信人名称、地址之间；英式写法通常是在收信人名称、地址之下。均可以齐头，也可以靠右。

"月份"最好用英文，如 2nd May, 20—；2 May, 20—；September 21st, 20—；September 21, 20—。月份应避免用数字，如 11/12/20—。

实际业务中，应尽量考虑收信人的背景，选择不同的日期表示法。此外，还应注意词序、词间空格、基数词和序数词以及逗号的应用。

2）信内地址问题

信内地址的书写应特别注意以下几点：

（1）英文地址的排列顺序应由小到大：公司名称/门牌号、街道名/城市、州（省）名称、邮编/国名。

（2）门牌号码前面无须加缩写"No."，但在邮箱号码前可插入此缩写。规范写法如："385 East Avenue""76 Goner Street""P. O. Box No. 5"等。同时"Street""Road""Avenue"可缩写为"St.""Rd.""Ave."。中国城市的街道名称一般译为汉语拼音。门牌号与街道名之间不能用逗号隔开，但城市名和国名之间必须分行或用逗号隔开。

（3）一个国家的分区名称有时可以缩略。如 New York 表示城市时必须写全名，而作为州名时可以写作 NY。

3）称呼问题

磋商函电中，称呼的用法应视写信人与收信人的关系而定。如果业务关系密切且有一定的私交，在正式场合必须采用正式称呼；在非正式场合可用 Dear 后直呼其名，如 Dear Jack。如果仅限于一般认识无私交，可用 Dear Mr. 后接其姓氏的形式，如 Dear Mr. Williams。如果不知道对方姓名的，可用 Dear Sir 或 Dear Madam。如果连收信人的性别也不清楚，可用 Dear Sir or Madam。一般 Dear 后边用逗号，Gentlemen 后用冒号。

4）结尾敬语问题

结尾敬语的书写应注意以下几点：

（1）应注意不同场合使用不同的结尾敬语（见表 2-7）。

表 2-7　　　　　　　　　　　　　　不同场合的结尾敬语

Formal Occasion	Less Formal Occasion		Informal Occasion
Respectfully yours	Faithfully yours	Very sincerely yours	Best wishes
Yours very truly	Sincerely yours	Very truly yours	Warmest regards
	Cordially yours	Very cordially yours	

在交易磋商函电中，尽量不使用 Best wishes，Warmest regards 等私交用语。

（2）应注意结尾敬语与信函前面的称呼相匹配（见表 2-8）。

表 2-8　　　　　　　　　　　　　　称呼与结尾敬语的对应关系

Salutation	Close	Occasion
Dear Sir（s） Dear Sir or Madam（Mmes）	Yours faithfully Faithfully yours	Standard and formal closure
Gentlemen Ladies/Gentlemen	Yours（very）truly Very truly yours	Used by Americans
Dear Mr. Malone	Yours sincerely/ Sincerely Best wishes（U. K.） Best regards/ Regards（U. S.）	Less formal and between persons known to each other

5）签名问题

（1）签名一般分为四行：第一行书写公司机构名称，全部为大写字母；第二行用于手写签名；第三行是印刷体签名；第四行是打印签名人的姓名和头衔（如 President，Director，Manager，Section Chief）或所属部门。

（2）签名时应防止以下两种情况：一是盖公章代替个人签名，致使对方回信时无法落实经办人；二是仅签名而未写明哪个部门或公司。

上岗操作

岗位情境中，大连服装进出口公司业务员张山于 4 月初收到了加拿大 ABD 有限公司有关 Style No. 001 和 Style No. 002 龙牌男式衬衫的询盘。

【询盘函】

ABD CO. , LTD.
362 JALAN AVE. ，TORONTO，CANADA

April 6，2016

DALIAN GARMENTS IMP. & EXP. CORPORATION

30 LUXUN ROAD，DALIAN，CHINA

Dear Zhang Shan,

We ever met each other in the Canton Fair and you gave me your catalogue about men's shirts for our reference. Do you remember? After our careful checking, we would like to inform you we are really interested in the Dragon brand men's shirts with the Style No. 001 and Style No. 002. It will be highly appreciated if you could quote us your best prices and shipment terms. The order quantity is 210 dozens each.

White, blue and yellow equally assorted.

Should your price be found competitive and delivery time acceptable, we shall place a trial order with you.

Thank you in advance.

ABD CO. , LTD.

Mike Smith

操作指导：该函电不妥的地方有：①询盘的内容过于简单，且漏掉了结尾敬语。②采用齐头式格式，每行之间单行距，而每段之间是双行距。

张山分析了对方的询盘函，拟定了主要交易条件，交业务主管审阅。经其同意后，张山向 ABD 公司进行发盘，并建议对方尽快答复。

【发盘函】

大连服装进出口公司
DALIAN GARMENTS IMPORT & EXPORT CORPORATION
30 LUXUN ROAD，DALIAN，CHINA
TEL：0411-84713333　　FAX：0411-84713332　　E-MAIL：DLGIE@126. COM

Date：April 11, 2016

Re：Men's Shirts

Dear Mr. Smith,

　　Thank you very much for your enquiry dated April 6th about our Dragon brand men's shirts. As your requested, here is our favorable price for your reference：

Art. No.	Name of Commodity	Quantity	Colors	Prices（per doz.）	Packing
Style No. 001	Dragon Brand	210dozs	White, blue and yellow	USD 60.00	1 dozen in a carton
Style No. 002	Men's Shirts	210 pcs	equally assorted	USD 75.00	

The above prices are quoted on CIF Dalian basis and shipment would be effected in mid-July. We can accept the payment by irrevocable L/C at sight. As our market is going up recently, we hope the same thing will happen in your market.

Thanks for your cooperation and look forward to your reply.

Sincerely yours,

DALIAN GARMENTS IMPORT & EXPORT CORPORATION

Zhang Shan

操作指导：该函电较好地答复了客户的询盘，但是应注意：①衬衫数量的计量单位没有统一，"打"和"件"相混淆，书写有错误，"210 pcs"应改成"210 dozs"；②贸易术语有误，应改为 CIF Toronto。

不久，ABD 公司发来邮件，表示价格较高，在增加订货数量的前提下，要求我方每打降价 5 美元，并将交货期提前 15 天。

【还盘函】

ABD CO., LTD.

362 JALAN AVE., TORONTO, CANADA

April 16, 2016

Re: Prices for Men's Shirts

Dear Zhang Shan,

We are in receipt of your letter of April 11 offering us 420 dozens of Men's shirts. In reply, we regret to inform you that our buyers found your prices much too high. The information indicates that some goods of Turkish origin have been sold here at a level about ten percent lower than yours. We do not deny that the quality of Chinese goods is slightly better, but the difference in price should, in no case, be as big as ten percent.

To step up our business, we request you to reduce your original price by USD5.00 per dozen and make the shipment 15 days earlier than before. If so, we will increase our order quantity accordingly, Style No.001, 300 dozens; Style No.002, 480 dozens. and other terms as per your letter dated April 11, 2016.

The sales season is coming. Your reply should be received here by April 22 our time.

Sincerely yours,

ABD CO., LTD.

Mike Smith

操作指导：该函电不妥的地方有：①格式采用的齐头式和缩格式都有，也不是变体式，不规范。②函电书写过于直白，不够礼貌和婉转。

张山收到 ABD 有限公司的还盘后进行了核算，并联系厂家确认能否按上述条件供货。经协商一致后，决定接受 ABD 有限公司的条件，并拟写了接受函交主管审阅，经修改后，发给 ABD 有限公司。

【接受函】

大连服装进出口公司

DALIAN GARMENTS IMPORT& EXPORT CORPORATION

30 LUXUN ROAD, DALIAN, CHINA

TEL：0411-84713333　　FAX：0411-84713332　　E-MAIL：DLGIE@126. COM

Date：April 21, 2016

We have well received your letter of April 16. And if we accept the price as your requests, we really have no profit for this business.

However in order to achieve the first business with your esteemed company and set up our long term cooperation in the future, after our studying, we would like to accept your counter-offer this time if you could place your order before April 25 our time so that we can arrange the production accordingly. We are sure that you will be satisfied with our good styles, strict management and on time delivery.

Thanks for your cooperation with us and we look forward to your earlier nice trial order.

Yours truly
DALIAN GARMENTS IMPORT & EXPORT CORPORATION
Zhang Shan

操作指导：该函电的内容清楚简洁，整体上写得不错，但仍有两处不妥：①我方人员写信时忽视了对对方的称呼，这是非常不礼貌的写法，即使明知收信人是谁，也绝对不能省略。②结尾敬语 Yours truly 末尾的逗号漏掉了。细节往往决定成败，应特别注意函电的细节表述。

岗位实操

（一）单选题

1. 以下关于发盘表述错误的是(　　　)。

A. 畅销货一般发盘的有效期较短　　　　　B. 滞销货一般发盘的有效期较长

C. 市场价格变动剧烈的商品一般发盘的有效期较长

D. 贸易术语与运输、保险的逻辑关系要一致

2. 交易磋商的两个必要环节是(　　)。

A. 询盘 接受　　　　　　　　　　B. 发盘 签约

C. 发盘 接受　　　　　　　　　　D. 接受 签约

3. 按照《联合国国际货物销售合同公约》的规定，接受生效采取(　　)。

A. 投邮生效原则　　　　　　　　　B. 签订书面合约原则

C. 口头协商原则　　　　　　　　　D. 到达生效原则

4. 根据《联合国国际货物销售合同公约》，下列选项中(　　)是作为一项发盘必须具备的基本要素。

A. 货名、品质、数量　　　　　　　B. 货名、数量、价格

C. 货名、价格、支付　　　　　　　D. 货名、品质、价格

5. 李先生在其订约建议中加有"仅供参考"字样，则这一订约建议为(　　)。

A. 邀请发盘　　　　　　　　　　　B. 发盘

C. 递盘　　　　　　　　　　　　　D. 还盘

(二) 根据资料回答问题

2017 年 3 月 1 日，我某公司向美商发盘，发盘中除列明各项交易条件外，还规定"Packing in sound bags"。2017 年 3 月 3 日，美商回电称"Refer to your offer first acceptance, packing in New Bags"。我方收到上述来电后，即着手备货，数日后，该商品国际市场价格猛跌，美商来电称："我方对包装条件作了变更，你方未确认，合同并未成立。"而我方公司坚持合同成立，于是双方发生了争执。

(1) 根据《联合国国际货物销售合同公约》，美商 2017 年 3 月 3 日复电是(　　)。

A. 要约邀请　　　　　　　　　　　B. 要约

C. 对要约的拒绝　　　　　　　　　D. 有条件的承诺

(2) 根据《联合国国际货物销售合同公约》，本案是(　　)。

A. 合同成立　　　　　　　　　　　B. 合同不成立

C. 合同是否成立按法院判决　　　　D. 合同是否成立应由买卖双方协商

(3) 如你认为合同成立，原因是(　　)。

A. 美商已无条件承诺我方要约

B. 该商品国际市场价格下跌不能成为合同不成立的条件

C. 我方已备好货

D. 美方在承诺时在非实质方面对我方要约作了变更，我方未予反对，其承诺有效

(三) 判断题

1. 按《联合国国际货物销售合同公约》的规定，发盘和接受一样是可以撤销的。(　　)

2. 如接受通知送达发盘人时已超过发盘规定的有效期，虽然发盘人立即确认，但合同仍不能成立。(　　)

3. 在交易磋商中，发盘一般由卖方提出而接受则由买方作出。(　　)

4. 只要对发盘作出无条件的接受，则此项接受肯定为有效的接受。(　　)

（四）多选题

1. 下列属于邀请发盘的有（　　）。

A. 询价单   B. 形式发票   C. 拍卖公告

D. 投标书   E. 一般性的商业广告

2. （　　）导致一项发盘失效。

A. 还盘   B. 有条件接受   C. 遭遇不可抗力

D. 政府禁令   E. 违反国家法律

3. 对发盘作出实质性的添加和修改，构成还盘，下列（　　）属于实质性变更。

A. 品质   B. 数量   C. 包装

D. 价格   E. 支付

答案及解析

第3章

进出口合同签订与审核

在国际贸易实践中，进出口双方通过口头谈判或书面磋商达成交易后，即确立了合同关系。为了进一步明确权利和义务，保证交易受到法律保护，双方还会以书面形式将磋商谈判的内容和条款加以规范，形成有效的进出口合同。进出口合同是解决贸易纠纷、维护当事人合法权益的有效凭证。与内贸合同相比，进出口合同具有涉外因素，交易关系错综复杂，也隐含了更多的风险。因此，对进出口双方而言，合同签订得是否明确、具体、完整，对于有效规避风险、确保交易顺利进行至关重要。

知识目标

★了解国际贸易术语的含义和作用；

★了解进出口合同的含义、形式与分类；

★熟悉进出口商品的报价与成本费用构成；

★掌握《2010通则》有关贸易术语的规定；

★掌握进出口合同的主要内容与拟制规范。

技能要求

★正确选择和运用国际贸易术语；

★熟练拟制和审核进出口合同；

★掌握进出口业务中主要税费的核算及不同术语价格的换算。

岗位情境

大连服装进出口公司与加拿大 ABD 有限公司经过讨价还价后，终于就货号为 Style No. 001 和 Style No. 002 的龙牌男式衬衫的所有交易条件协商一致，业务员张山依据磋商的结果，代表公司签订了出口销售合同。

【思考】

什么是进出口合同？主要条款有哪些？如何签订进出口合同？

【任务】

请以大连服装进出口公司业务员张山的身份，根据第2章双方磋商的往来函电，拟写一份出口销售合同。

岗位认知

3.1　国际贸易术语的选用

由于从事国际贸易的买卖双方大多相距遥远，在货物的交接过程中常常涉及储存、装卸、运输、保险、商检、清关等诸多环节，每个环节都会产生相应的责任、费用和风险。如果每笔交易都对上述责任、费用和风险进行磋商，势必影响合同的及时签订。为了简化手续，避免争议，节省时间和费用，在长期的国际贸易实践中逐渐形成了各种贸易术语。如何正确理解和选用贸易术语对明确买卖双方的权利和义务至关重要。

3.1.1　贸易术语的含义和作用

贸易术语（Trade Terms），又称价格术语、贸易条件，是指用一个简短的概念或英文缩写字母来说明商品价格构成，是买卖双方有关责任、费用和风险划分的专门用语。贸易术语不仅可以确定卖方交货地点、商品价格构成，还可以解决买卖双方责任、费用和风险的划分问题。因而，在国际贸易中得到了广泛应用。其具体作用如下：①有利于买卖双方洽商交易和订立合同；②有利于买卖双方核算成本和报价；③有利于买卖双方解决履约中的争议。

3.1.2　《2010 年国际贸易术语解释通则》

为了统一各有关方对贸易术语的解释，规范贸易术语的含义和内容，一些国际组织或团体制定了有关贸易术语的国际惯例，以减少贸易纠纷，促进国际贸易的顺利进行。其中，影响最大、适用范围最广的是《国际贸易术语解释通则》。

2010 年 9 月，国际商会根据国际贸易的发展情况，考虑到免税贸易区的不断增加，电子沟通在国际商务中的普遍应用，以及货物在运输中的安全被日益重视等问题，公布了新修订的《2010 年国际贸易术语解释通则》（以下简称《2010 通则》），于 2011 年 1 月 1日正式生效。

1）《2010 通则》对贸易术语的分类

《2010 通则》将 11 种贸易术语按照适用范围的不同分为两类（见表 3-1）。

表 3-1　　　　　　　　　　《2010 通则》中的 11 种贸易术语

类别	代码	英文全称	中文含义	交货地点	风险转移
适用于各种运输方式的术语	EXW	Ex Works（insert named place of delivery）	工厂交货（插入指定交货地点）	商品所在地	货交买方处置时
	FCA	Free Carrier（insert named place of delivery）	货交承运人（插入指定交货地点）	出口国指定地点	货交承运人处置时

续表

类别	代码	英文全称	中文含义	交货地点	风险转移
适用于各种运输方式的术语	CPT	Carriage Paid to（insert named place of destination）	运费付至（插入指定目的地）	出口国指定地点	货交承运人处置时
	CIP	Carriage and Insurance Paid to（insert named place of destination）	运费和保险费付至（插入指定目的地）	出口国指定地点	货交承运人处置时
	DAT	Delivered at Terminal（insert named terminal at port or place of destination）	运输终端交货（插入指定港口或目的地的运输终端）	进口国指定地点	货交买方处置时
	DAP	Delivered at Place（insert named place of destination）	目的地交货（插入指定目的地）	进口国指定地点	货交买方处置时
	DDP	Delivered Duty Paid（insert named place of destination）	完税后交货（插入指定目的地）	进口国指定地点	货交买方处置时
适用于水运的术语	FAS	Free alongside Ship（insert named port of shipment）	装运港船边交货（插入指定装运港）	装运港船边	货交指定装运港船边时
	FOB	Free on Board（insert named port of shipment）	装运港船上交货（插入指定装运港）	装运港船上	货交指定装运港船上时
	CFR	Cost and Freight（insert named port of destination）	成本加运费（插入指定目的港）	装运港船上	货交指定装运港船上时
	CIF	Cost Insurance and Freight（insert named port of destination）	成本、保险费加运费（插入指定目的港）	装运港船上	货交指定装运港船上时

2）《2010 通则》新增的贸易术语

《2010 通则》删除了《2000 通则》中的四个 D 组术语，即 DDU、DAF、DES、DEQ，增加了以下两种术语：

（1）DAT，该术语类似于 DEQ 术语，指卖方在指定目的地（或目的港）卸货后，将货物交给买方处置，即完成交货。由卖方承担将货物运至指定目的地的一切风险和费用（除进口费用外），该术语适用于任何运输方式。

（2）DAP，该术语类似于 DAF、DES 和 DDU 术语，指卖方在指定的目的地（或目的港）交货，只需做好卸货准备（由买方安排卸货），即完成交货。由卖方承担将货物运至指定目的地的一切风险和费用（除进口费用外），亦适用于任何运输方式。

3）《2010 通则》取消了"船舷"的概念

在 FOB、CFR 和 CIF 术语中，改变了以"船舷"作为交货点的表述，而以货物交到

"船上"即完成交货,风险划分以装运港船上为界,这种修改更符合实际业务操作。

4)《2010 通则》进一步确认了电子信息的效力

《2010 通则》在双方约定或符合惯例的情况下,赋予任何电子记录或程序与纸质信息同等的效力。

5)《2010 通则》扩大了适用范围

随着全球区域经济一体化的发展,贸易同盟国之间国际货物买卖的做法更加接近于国内货物买卖的做法。为此,《2010 通则》规定,该通则不仅适用于国际销售合同,也适用于国内销售合同。

> **小思考**
>
> 在 CIF 条件下,因卖方负责办理货运保险,所以由卖方承担货物运输途中灭失或损坏的风险;在 CFR 条件下,因买方投保,则由买方承担货物运输途中的风险。这种说法对吗?
>
> 评析:CIF 和 CFR 术语的风险划分以装运港船上为界,无论谁办理保险,都由买方承担货物运输途中的风险。

3.1.3　贸易术语的选用

使用贸易术语不仅可以简化交易手续,缩短磋商时间,而且能够明确买卖双方在一些重要责任、费用和风险上的划分。因此,正确选择和运用贸易术语至关重要。实际业务中,在选择贸易术语时,应考虑以下因素:

(1)运输方式

《2010 通则》对每种贸易术语所适用的运输方式都作出了规定。在实践中,如果不考虑运输方式而选用贸易术语,会给交货带来不便,甚至会使交易一方陷入困境。而且,随着集装箱运输和国际多式联运的广泛运用,外贸企业应按交易的实际情况,适当地多选用 FCA、CPT 和 CIP 术语。尤其在出口业务中,使用此类术语可以减少出口方的风险责任和费用,及早获得运输单据以便及时结汇。

(2)运输成本

运费是货价的组成部分,货物经由不同的运输线路收取的运费不相同,而且运费还会受航运市场整体运价变动的影响。因此,在选用贸易术语时应考虑运费因素。一般情况下,运价上涨时,出口货物采用 FOB 术语,进口货物采用 CFR 或 CIF 术语,可以避免承担运价上涨的风险。

(3)运输条件

在实际业务中,当事人还应考虑自身的运输力量以及安排运输有无困难等因素。如果自身有足够的运输能力或者安排运输无困难,可争取在出口时采用 CIF、CFR 或 CIP 条件成交,进口时采用 FOB 或 FCA 条件成交;否则,为了达成交易和顺利履行合同,可以酌情考虑按对方安排运输的条件成交,如按 FOB 或 FCA 术语出口,按 CIF、CFR 或 CIP 术语进口。

（4）运输风险

国际贸易货物在长途运输过程中可能会遇到各种难以预料的风险，如自然灾害、意外事故甚至是战争。因此，在对外洽谈交易时应充分考虑不同时期、不同运输方式以及不同运输路线可能遇到的各种风险，谨慎选用适当的贸易术语。

（5）货源情况

由于国际贸易中的货物种类繁多，在选择适用的贸易术语时，应考虑不同货物自身的特点、运输要求和运费开支的差异。同时，还应考虑成交量的大小对安排运输的难易和经济是否合算的影响。比如，在成交量太小又无班轮通航的情况下，负责安排运输的一方势必会增加运输成本。

（6）办理进出口货物清关手续有无困难

在国际贸易中，关于进出口货物的清关手续，有些国家规定只能由清关所在国的当事人安排或代为办理，此时进口不宜采用 EXW 术语，出口不宜采用 DDP 术语。

总之，选用何种贸易术语，要考虑的因素有多方面。当事人应根据交易的具体情况综合考虑，既要有利于达成交易，又要避免因承担的风险较大而造成损失。

案例分析

某公司对外出售一级大米 300 公吨，按 FOB 条件成交，装船时货物经法定检验，符合合同规定的品质条件。卖方在装船后及时发出装船通知，但运输途中由于海浪过大，大米被海水浸泡，品质受到影响。当货物到达目的港后，只能按三级大米的价格出售，买方遂要求卖方赔偿差价损失。问：卖方是否应对该项损失负责，本案应如何处理？

评析：本案双方在合同中约定的价格条件是 FOB，风险划分以装运港货装船上为界。根据《2010 通则》的规定，卖方的责任是提供符合合同规定的一级大米 300 公吨，装船时已取得经法定检验合格的证明，并在装船后及时通知了买方。因此，卖方不负责货物在装运港装上船后产生的一切风险损失。本案中，造成大米品质下降的直接原因是大米在运输途中海浪过大，被海水浸泡，品质受到影响，不属于卖方的责任，应由买方联系运输公司和保险公司索赔。

3.2　进出口报价与核算

在国际贸易中，商品价格是买卖双方洽谈的核心问题，是进出口合同的主要条款。一笔进出口交易的完成，不仅需要考虑商品的进货成本、国内费用、买卖双方的预期利润，还涉及国际运输、保险、商检、进出口清关、跨国银行结算等涉外环节产生的费用。因此，如何正确核算成本，计算费用，合理报价，直接关系到买卖双方的切身利益，并最终决定能否成交。

3.2.1　出口报价与核算

出口商品对外报价需要根据商品的成本、费用和预期利润、国际市场价格水平，并结合企业的经营意图等多方面因素综合考虑，确定合理的价格。具体报价之前，应首先了解商品的价格构成。

1）出口价格构成

出口货物的价格一般包括成本、费用和利润三部分。成本是价格的主要组成部分。费用在价格中的比重不大，但种类繁多。而利润则是价格最重要的部分，直接关系到出口方订立合同的目的。

小资料

出口货物的费用

出口货物的费用主要分为国内费用和国外费用。国内费用是指货物离开出口口岸之前产生的各种费用，一般包括货物的包装费、检验费、国内仓储及整理费、国内运费及装船费、出口关税及各种税捐、领取有关证件的费用及办理托运报关结汇手续费、各种杂费等。国外费用是指货物离开出口口岸之后产生的各种费用，一般包括国外运费（装运港至目的港的海运、陆运或空运的货物运输费用）、国外保险费（装运港至目的港的海运、陆运或空运的货物保险费用）、佣金等。

出口报价时，有些费用尚未发生，而有些费用虽然发生，但具体分摊也需经过一段时间。因此，出口报价中的费用仅是估算，而且如何确定费用还需考虑贸易条件、货物种类和特性以及交易的具体情况。

2）出口成本核算

一般来说，出口货物的成本包括生产成本、加工成本和采购成本。在我国出口业务中，外贸公司多为中间商，一般从生产企业采购货物用于出口，采购时支付的货款就是外贸公司的采购成本，又称外销商品收购价，其中含有增值税或消费税。因为国家鼓励企业出口，实行出口退税政策，即对出口货物采用按增值税或消费税全部或一定比例退还税额的做法，因此，在核算出口成本时，应将出口退税额从中减去。

与出口成本有关的计算公式：

（1）实际购货成本＝外销商品收购价（含税）－出口退税额

＝外销商品收购价（含税）×（1＋增值税率－出口退税率）÷（1＋增值税率）

（2）出口总成本（FOB成本价）＝实际购货成本＋国内费用

＝外销商品收购价（含税）×（1＋增值税率－出口退税率）÷（1＋增值税率）＋国内费用

3）班轮运费核算

海运运费因船舶营运方式的不同，主要分为租船运费和班轮运费两类。租船运费的高低取决于国际租船市场上的船、货供求情况，波动幅度较大，仅适用于大宗货物，一般在租船合同中约定。而班轮运费则比较固定，通常是班轮公司以运价表的形式公布，由基本运费和附加费两部分组成。基本运费包括货物从装运港到目的港的正常运费和装卸费，其计算方法因所运货物种类的不同而不同，主要适用于一般件杂货和集装箱货物班轮运输。

（1）班轮运费的计收标准

①重量法，是指按货物的毛重计算运费。在运价表中用"W"表示，以重量吨作为运费计算单位。

②体积法，是指按货物的体积计算运费。在运价表中以"M"表示，以尺码吨作为运费计算单位。

③按重量和体积中收费较高的计收运费，在运价表中以"W/M"表示。

④从价法，是指按货物的 FOB 价格乘以从价费率计算运费，在运价表中以"A. V"或"Ad. Val"表示。

⑤选择法，是指从上述几种方法中选择一种收费最高的方法计算运费，在运价表中以"W/M or Ad. Val"表示。

⑥综合法，指按货物的毛重或体积计算收费较高者，再加上从价运费，在运价表中以"W/M Plus Ad. Val"表示。

⑦按件法，是按货物的实体件数或个数计算运费。

⑧议定法，是按承运人和托运人双方临时议定的费率计算运费，以"Open"表示。

提醒您

1. 重量吨、尺码吨统称为运费吨。

2. 一重量吨不一定是一公吨，一尺码吨不一定是一立方米。

3. 班轮公司是按货物的毛重计算运费，而价格计算是按净重，所以要把按毛重计算的运费分摊到按净重计算的货物价格中去。

实际业务中，班轮公司为了防范航运市场经常变动的风险，保障收益不受损失，除了收取基本运费外，还会根据需要征收附加费。常见的附加费有：超重附加费、超长附加费、选卸附加费、燃油附加费、港口拥挤附加费等。

（2）班轮运费的计算公式

班轮运费 = 基本运费 + 附加费 = FQ + FQ（S1 + S2 + S3 + … + Sn）

$\qquad$ = FQ（1 + S1 + S2 + S3 + … + Sn）

其中，F 代表单位基本运费；Q 代表总货运量；S1…Sn 代表附加费率。

【例 3-1】

某公司出口一批货物，数量是 500 箱，每箱体积为 0.025 立方米，毛重 30 千克，按 W/M 10 级计收运费。已知，基本运费为每运费吨 450 港元，另加收燃油附加费 20%，港口拥挤附加费 10%。问：该批货物的运费为多少？

解：①按"W"计算：30×500÷1 000 = 15（公吨）

②按"M"计算：0.025×500 = 12.5（立方米）

③∵ 1 公吨相当于 1 立方米，"M" < "W"

∴按"W"重量吨计算运费

④总运费 = FQ（1+S1+S2）

$$= 15 \times 450 \times （1+20\% +10\%） = 8\ 775（港元）$$

4）保险费核算

在 CIF 或 CIP 合同项下，由卖方办理保险，保险费是货价的组成部分。保险费是指投保人办理保险时，根据其投保时既定的保险费率，向保险人交付的费用。计算公式如下：

保险金额 = CIF 价或 CIP 价×（1+保险加成率）

保险费 = 保险金额×保险费率 = CIF 价或 CIP 价×（1+保险加成率）×保险费率

【例 3-2】

我方以每件 1.8 美元 CIF 纽约出口某商品 60 000 件，自装运港至目的港的运费总计 3 240 美元，投保金额为发票金额的 110%，投保险别为水渍险和战争险，查得水渍险的保险费率为 0.3%，战争险的保险费率为 0.4%，对该批货物应缴纳多少保险费？

解：保险费 = CIF 价×（1+保险加成率）×保险费率

$$= 1.8 \times 60\ 000 \times 110\% \times （0.3\% +0.4\%） = 831.6（美元）$$

在进出口贸易中，CIF 合同项下，保险加成率通常为 10%。卖方也可根据买方的要求与保险公司约定不同的保险加成率，但超出的保险费由买方负担。

5）银行手续费核算

银行手续费通常指出口议付结汇时银行收取的费用。在国际贸易中，只要有银行作中介，就会产生银行手续费。而且采用不同的结汇方式，银行收取的费用不同，即使是同一结汇方式，不同银行收取的费用也不尽相同。一般的计算公式如下：

银行手续费 = 出口报价×银行手续费率

6）佣金核算

佣金是指卖方或买方付给中间商为其对货物的销售或购买提供中介服务的酬金。其包括明佣和暗佣两种。

（1）佣金的表示方法

①以百分比表示。例如，每公吨 100 美元 CIF 纽约包括 3% 佣金或每公吨 100 美元 CIFC3% 纽约。佣金通常以英文缩写字母"C"表示。

②以绝对数表示。例如，每公吨佣金 25 英镑。

在实际业务中，佣金的比率大小，一般掌握在 1% ～5% 之间。

（2）佣金的支付方法

在进出口业务中，佣金的支付方法有两种：一种由中间商直接从货价中扣除；另一种由出口方收到货款后再支付给中间商。后者较常使用。

（3）佣金的计算

单位货物佣金额 = 计算佣金的基数（成交价）×佣金率

$$= 含佣价×佣金率$$

净价 = 含佣价-单位货物佣金额

$$= 含佣价-含佣价×佣金率 = 含佣价×（1-佣金率）$$

净价与含佣价之间的换算关系：

含佣价 = 净价÷（1-佣金率）

按成交价的百分率计算是一种最常见的计算佣金的方法。此外还有按成交数量计算佣金、按 FOB 或 FCA 价的净价为基数计算佣金以及按累计佣金（Accumulated Commission）

计算等方法。

【例3-3】

某公司向英国某商人出口一批货物，报价为 CIF 曼彻斯特 800 英镑，后英商要求改报含佣价 CIFC4％。问：我方报价应为多少？我方应付多少佣金额？

解：含佣价=净价÷（1-佣金率）

$$=800÷（1-4\%）=833.33（英镑）$$

应付佣金额=含佣价×佣金率

$$=833.33×4\%=33.33（英镑）$$

7）折扣核算

折扣是指卖方按原价给予买方一定百分比的减让，即在价格上给予适当的优惠。折扣也有两种，即明扣和暗扣。

（1）折扣的表示方法

①以百分比表示。例如，每公吨 150 美元 CIF 伦敦包括 3％ 折扣或每公吨 150 美元 CIFD3％ 伦敦。

②以绝对数表示。比如，每码折扣 10 美元。卖方在开具发票时，应标明折扣，并在总价中将折扣减去。

（2）折扣的支付方法

折扣一般在买方支付货款时预先扣除。

（3）折扣的计算

单位货物折扣额=含折扣价（原价）×折扣率

实际净收入=含折扣价-单位货物折扣额

$$=含折扣价×（1-折扣率）$$

【例3-4】

我方向外商报价为 CIF 香港价，每箱 480 美元，含折扣 2％。那么，我方实际净收入是多少？

解：实际净收入=含折扣价×（1-折扣率）

$$=480×（1-2\%）=470.4（美元）$$

总之，合同中是否约定佣金和/或折扣，直接影响商品实际价格的高低，也关系到进出口双方以及有关第三方的经济利益。

8）利润核算

利润是企业生存的基础，指在一定时期内该企业所获得的经营成果，是出口报价最关键的部分。出口商必须根据商品的特征、行业和市场的现状以及企业自身的需要综合考虑对外报价，既要保持一定的利润率，维护企业的发展壮大，又要有一定的市场竞争力。实际业务中，利润的核算因计算的基准不同而不同，常见的计算方法有以下两种：

（1）以成本为基数

利润=购货成本×预期利润率

（2）以销售价格为基数

利润=销售价×预期利润率

9）出口报价

出口商的对外报价一般包括单价和总值两部分。商品单价一般由四个部分组成，即计量单位、计价货币、单位数量金额和标明地点的贸易术语。比如，每公吨 500 美元 CIF 纽约。总值是指整批货物的成交数量乘以单价得出的总金额。

在我国的出口业务中，常见的出口报价有 FOB 价、CFR 价和 CIF 价。

（1）FOB、CFR 和 CIFC 报价

①FOB 价＝出口总成本（FOB 成本价）＋预期利润

　　　＝（实际购货成本＋国内费用）÷（1–预期利润率–银行手续费率）

②CFR 价＝出口总成本＋国外运费＋预期利润

　　　＝（实际购货成本＋国内费用＋国外运费）÷（1–预期利润率–银行手续费率）

③CIFC 价＝出口总成本＋国外运费＋国外保险费＋预期利润＋佣金

　　　＝（实际购货成本＋国内费用＋国外运费）÷［1–（1＋保险加成率）×保险费率–预期利润率–佣金率–银行手续费率］

（2）FOB、CFR 和 CIF 价格换算

在进出口贸易中，有时当卖方向买方报出某一术语的价格，而对方要求改报其他价格时，卖方可以根据实际情况予以考虑。

CFR 价＝FOB 价＋国外运费

CIF 价＝CFR 价÷［1–（1＋保险加成率）×保险费率］

【例 3–5】

某出口公司按每公吨 250 美元 CIF 旧金山报出某商品，国外客户要求改按 CFR 报价，问我方应报多少？（已知：保险加成率 10%，保险费率 0.7%）如果每公吨运费 5 美元，改按 FOB 报价是多少？

解：①CFR 价＝CIF 价×［1–（1＋保险加成率）×保险费率］

　　　　＝250×（1–110%×0.7%）

　　　　＝248.075（美元）

②FOB 价＝CFR 价–国外运费

　　　＝250×（1–110%×0.7%）–5

　　　＝243.075（美元）

3.2.2　进口报价与核算

1）进口报价构成

和出口报价一样，进口报价也由成本、费用和利润构成，但各自的含义、内容与出口有明显的区别。

（1）进口成本

进口报价中的商品成本，也称进口基价，实际上就是国外出口商的报价，可以是 FOB 价、CFR 价、CIF 价或其他贸易术语报出的价格。

（2）进口税费

商品的进口税费项目繁多，一般包括进口国内费用、进口税和国外费用。

（3）预期利润

进口商的预期利润一般按预定的利润率计算，和出口利润的计算一样，也要考虑是以成本为基准还是以销货价格为基准计算。

2）进口关税核算

进口关税是指进口货物通关时由海关直接征收的税种。

进口货物应纳关税＝进口货物完税价格×进口关税税率

其中，进口完税价格一般是进口货物的 CIF 价。

小资料

进口货物的税费

因进口报价采用的贸易术语不同，进口涉及的费用也不同。以 FOB 价格条件进口时，进口税费主要有：

1. 进口国内费用，是指货物到达进口口岸之后产生的各种费用，一般包括卸货费、驳船费、码头建设费、码头仓租费等费用；进口商品的检验费和其他公证费用；银行费用；进口提货费；国内运费、仓租费；从开证付款至收回货款之间所发生的利息支出；其他费用等。

2. 进口税，是货物在进口环节由海关征收或代征的数目，包括进口关税、进口环节消费税、增值税等。

3. 国外费用，是指货物到达进口口岸之前产生的各种费用，包括国外运费、国外保险费和佣金。

3）进口环节消费税核算

消费税是指政府向消费品征收的税项，是以消费品的流转额作为课税对象的各种税收的统称。在货物的进口环节由海关代征。

进口消费税＝消费税计税价格×消费税税率

　　　　　＝（CIF 完税价＋关税）÷（1−消费税税率）×消费税税率

　　　　　＝CIF 完税价×（1＋进口关税税率）÷（1−消费税税率）×消费税税率

4）进口环节增值税核算

增值税是指对销售货物或者提供加工、修理修配劳务以及进口货物的单位和个人就其实现的增值额征收的一个税种。

进口增值税＝增值税计税价格×增值税税率

　　　　　＝（CIF 完税价＋关税＋消费税）×增值税税率

　　　　　＝CIF 完税价×（1＋进口关税税率）×增值税税率÷（1−消费税税率）

5）进口货物采购成本核算

进口货物的采购成本包括国外进价、国内进口税和进口国内费用。计算公式如下：

进口货物采购成本＝国外进价＋进口税＋进口国国内费用

　　　　　　　　＝国外进价＋进口关税＋进口环节消费税＋进口环节增值税＋进口国国内费用

其中，国外进价＝CIF 单价×结算日的外汇买入价。如果进口是通过中间商进行的，还要加上佣金。

3.3　进出口合同的签订

进出口合同的签订，是指进出口双方通过一定程序，就各项条款协商一致建立合同关系的一种法律行为。合同一旦依法成立即具有法律约束力，并成为当事人享受权利和承担义务的依据。

3.3.1　进出口合同的含义与种类

进出口合同（Import and Export Contract），又称国际货物买卖合同，是指营业地处于不同国家的当事人之间由卖方向买方交付货物并转移货物所有权、买方向卖方支付货款的合同。其具有交易复杂、风险性大等特点，是企业开展对外贸易最基本的手段，在我国对外贸易业务中占有十分重要的地位。常见的分类如下：

（1）按照当事人所在国或货物流向不同，分为进口合同和出口合同。

（2）按照合同的内容形式繁简不同，分为正式合同（Contract）、协议书（Agreement）、销售确认书（Confirmation）、备忘录（Memorandum）、订货单（Order）等。

（3）按照当事人运用的国际贸易术语不同，分为 FOB 合同、CFR 合同、CIF 合同等。

（4）按照合同载体不同，分为传统纸质合同和电子商务合同。

3.3.2　进出口合同的形式与内容

1）合同的形式

合同的形式是指当事人之间所订立合同内容的外在表现形式。主要包括书面形式、口头形式和其他形式，这三种形式具有相同的法律效力。

（1）书面形式

依照我国《合同法》规定，书面形式是指合同书、信件和数据电文（包括电报、电传、传真、电子数据交换和电子邮件）等可以有形地表现所载内容的形式，是合同订立的主要形式。采用书面形式订立合同，最大的优点是便于保存、产生纠纷时有据可查，有利于交易的安全性。

小常识

书面合同的发展

目前，在国际贸易中通过计算机网络系统订立合同十分普遍，我国的网上交易发展也相当迅速。其主要形式有电子邮件（E-mail）和电子数据交换（EDI）。

1. 电子邮件，又称电子信箱，是通过电子计算机系统来完成的。其内容可以是文本文件、数据文件以及传真、语音和图像文件等。

2. 电子数据交换，又称电子资料通联，是一种在公司、企业间传输订单、发票等商业文件进行贸易的电子化手段。

（2）口头形式

口头形式是指当事人用谈话的方式所订立的合同，比如，面对面谈判、电话联系等。采用口头形式订立合同，既符合我国当代经济贸易发展的需要，也与国际上的通常做法相适应，使交易更方便，更快捷。但因缺乏有形的依据，在双方产生争议时，往往不易判明是非，分清责任。

（3）其他形式

其他形式是指除了书面形式、口头形式以外其他可以表现合同内容的形式。最常见的是以行为订立合同。

关于订立合同的形式问题，我国《合同法》采取了自愿的原则。但在实际业务中，究竟采用何种形式，对当事人权利和义务的确定意义重大，因此进出口双方应根据交易情况确定合同的形式。一般来说，口头形式多适用于能即时清结的合同关系，而对于关系复杂的合同或价款数额较大、期限较长的合同，当事人最好采用书面形式。此外，我国加入《联合国国际货物销售合同公约》时对合同形式做了保留，即不同意用书面以外的其他形式订立、修改和终止合同。

2）合同的内容

由于国际贸易的复杂性，进出口合同的种类繁多、形式多样，但其基本内容和结构相对固定，一般包括下列三部分：

（1）首文部分

首文部分，通常包括合同名称、合同编号、订约双方的名称和地址、合同签订时间和地点，是对合同本身和当事人的说明。

（2）正文部分

进出口合同的正文是记载合同当事人各方具体权利和义务的地方，由若干条款组成，是合同的主体部分，包括序言、主体、附件。

①序言，又称开头语，用来简要说明签订合同的目的或依据，以引起下文。

②主体，即合同的具体条款。涉及品名、品质、规格、数量、价格、包装、运输、保险、货款的收付等基本条款和商检、索赔、不可抗力和仲裁等一般条件。

③附件，合同如果有图纸、表格、实物等附件，应在正文后注明附件的名称及件数。

（3）尾文部分

合同的尾部，一般列明合同生效时间、合同的份数、使用的文字和效力以及落款和签署等内容。进出口合同或确认书通常一式两份，双方各执一份。

3.3.3 进出口合同成立的时间

我国《合同法》明确规定，承诺生效时，合同成立。但应注意两种情况：

采用合同书形式订立合同的，自双方当事人签字或盖章时合同成立；如果双方签字或盖章不在同一地点，则一方当事人最后在合同上签字或盖章时合同成立。

采用信件、数据电文形式订立合同的，可在合同成立前签订确认书，签订确认书时合同成立；如果未签订，则以承诺的数据电文到达要约人的时刻为合同成立的时间。

《联合国国际货物销售合同公约》规定，接受于送达发盘人时生效，接受生效的时间就是合同成立的时间。

3.3.4 进出口合同的拟制

进出口合同包括主要条款和一般条款，其主要条款的内容和拟制规范见表3-2。售货确认书参见范例3-1，进口购货合同参见范例3-2。

表 3-2   进出口合同主要条款的内容和拟制规范

合同条款	主要内容	拟制规范	英文表述举例
1. 合同名称与号码（Name & No.）	包括合同名称和编号	合同名称位于合同的正上方。合同编号由年份、公司代码、部门代码等构成，在合同名称后或右下方	Sales Contract；Sales Confirmation
2. 卖方和买方（Sellers and Buyers）	包括买卖双方的名称、国籍、法定住址、联系方式	买卖双方的名称应为全称，地址为主营业场所或住所	
3. 签约日期和地点（Date and Place）		一般位于合同右上方，地点在前，日期在后。应注意英语日期的表示法	Done and signed in Dalian on this 21th day of May 2017
4. 品名与品质条款（Commodity and Quality）	包括货物名称、等级、规格、牌号等	作为合同的要件之一，必须明确、具体、合法。进出口货物的品质如有国家标准的，必须符合国家标准	Art. No. 107；Coffee in cans of 250 grams；Colors：white and yellow
5. 包装条款（Packing）	包括包装方式、规格、材料、费用和运输标志等	明确规定包装材料和方式，不宜笼统、模糊；明确包装费用由谁负担；明确运输标志的内容和式样	In cases；In wooden cases of 50 dozen each
6. 数量条款（Quantity）	包括交货数量、计量单位和方法	主要的计量单位有：重量、数量、长度、面积、体积和容积。数量条款要明确、具体，不宜采用"大约""左右"等字样	500 dozen/dz.；500 cases/c/s；1 000 cartons；10 000M/T
7. 装运条款（Shipment）	包括运输方式、装运时间、装运港与目的港、是否分批装运和转船及装运通知等	注意合理选择运输方式和运费的计算标准；避免笼统规定装运期、装运港和目的港；大宗商品买卖中应规定滞期速遣条款	From Shanghai to London；With transhipment at；Partial shipment allowed；During January 2017
8. 保险条款（Insurance）	包括投保人、投保险别、保险金额及保险标准	明确规定货物投保的险别和保险加成，并确定保险费用由谁承担	To be covered by the sellers for 110% of the invoice value against All Risks as per CIC dated January 1, 1981
9. 价格条款（Price）	包括货物单价和总值	注意单价的四项内容缺一不可。总价要英文大写，以 Say 开头，Only 结尾，数字全部用英文表示	Unit Price：At HK $ 3.00 per yard CIF Singapore Total Value：SAY…ONLY
10. 支付条款（Terms of Payment）	包括支付工具、支付方式、支付时间和地点等	说明该合同的支付工具是现金还是汇票等；支付方式是信用证、托收还是汇付。一般用"by"引导。我国进出口业务大多数采用信用证支付，主要包括信用证的种类、金额；汇票付款日期；信用证开到时间、有效期及议付地点	By 100% irrevocable sight L/C to reach the Sellers 30 days before the date of shipment and to remain valid for negotiation in China till the 15th day after the final date of shipment.
11. 其他（Others）	包括生效日期、合同份数、使用的文字和效力及双方当事人的签字等	多以中、英两种文字签订，且规定两种文字具有同等效力	This Contract is made out in original, each copy written in Chinese and English languages, both text being valid.

进出口合同除了具备以上基本条款外，还包括商检条款（Inspection）、异议与索赔条款（Discrepancy and Claim）、不可抗力条款（Force Majeure）、仲裁条款（Arbitration）等一般条款。

范例 3-1

售货确认书

上海正朗商贸有限公司

SHANGHAI ZHENGLANG TRADING CO.，LTD

KANGYUAN 103#，SHANGHAI, P. R. CHINA

售货确认书

SALES CONFIRMATION

合同号

Contract No. : ......

日期

Date : ......

Post code：200032

Fax：（21）47156193

Tel：（21）47156193

TO MESSRS：

谨启者：兹确认售予你方下列货品，其成交条款如下：

Dear Sirs：

We hereby confirm having sold you the following goods on terms and conditions as specified below：

唛头 SHIPPING MARK	品名、规格及包装 COMMODITY，SPECIFICATION AND PACKING	数量 QUANTITY	单价 UNIT PRICE	总值 AMOUNT

装运港/目的港

LOADING PORT & DESTINATION：

装运期限

TIME OF SHIPMENT：

可否转船及分批

ALLOWING TRANSSHIPMENT AND PARTIAL SHIPMENT：

保险

INSURANCE：

付款条件

TERMS OF PAYMENT：

买方须于_____年_____月_____日前开出本批交易的信用证，并在信用证上填注本确认书号码。

The buyers shall establish the covering Letter of Credit (or notify the Import License Number) before_____ . And quote THE NUMBER OF THIS SALES CONFIRMATION in the Letter of Credit to be opened in favour of the Seller.

卖方（THE SELLERS）　　　　　　　　　　买方（THE BUYERS）

范例 3-2　　　　　　　　　　**进口购货合同**
购货合同
PURCHASE CONTRACT

合同编号　　　　　　　　　签订日期　　　　　　　　签订地点
Contract No. ：　　　　　　Date：　　　　　　　　　Signed at：
买方
The Buyers：
地址
Address：
电话（Tel）：　　　　　　　传真（Fax）：
卖方
The Sellers：
地址
Address：
电话（Tel）：　　　　　　　传真（Fax）：
经买卖双方确认根据下列条款订立本合同：
The undersigned Sellers and Buyers have confirmed this contract is in accordance with the terms and conditions stipulated below：

商品名称及规格 Name of Commodity & Specification	数量 Quantity	单价 Unit Price	总金额 Amount

总值（大写）：
Total Value（in words）：
允许溢短_____% 。
_____% more or less in quantity and value allowed.
成交价格术语：
Terms：□ FOB　□ CFR　□ CIF　□ DAP
包装：
Packing：
运输唛头：

Shipping Mark：

运输起讫：由＿＿＿＿＿（装运港）到＿＿＿＿＿＿（目的港）。

Shipment from＿＿＿＿（Port of Shipment）to＿＿＿＿（Port of Destination）.

转运：□允许 □不允许 分批：□允许 □不允许

Transshipment：□allowed □not allowed Partial shipment：□allowed □not allowed

运输时间

Shipment Time：

保险：由＿＿＿＿方按发票金额的＿＿＿％投保＿＿＿＿，加保＿＿＿从＿＿＿到＿＿＿。

Insurance：To be covered by the＿＿＿＿for＿＿＿％ of the invoice value covering＿＿＿＿＿

additional＿＿＿＿＿＿from＿＿＿to＿＿＿.

付款条件：

Terms of Payment：

□买方应不迟于＿＿＿＿年＿＿＿＿月＿＿＿＿日前将 100% 货款用即期汇票/电汇支付给
卖方。

The buyers shall pay 100% of the sales proceeds through sight（demand）draft/by T/T
remittance to the sellers not later than＿＿＿＿.

□买方应于＿＿＿＿年＿＿＿月＿＿＿日前通过＿＿＿＿银行开立以卖方为受益人的
＿＿＿＿天不可撤销信用证，有效期至装运后＿＿＿＿天在中国议付，并注明合
同号。

The buyers shall issue an irrevocable L/C at＿＿＿＿sight through＿＿＿＿in favour of the
sellers prior to＿＿＿＿indicating L/C shall be valid in China for negotiation within＿＿＿＿
days after the shipment effected，the L/C must mention the Contract Number.

□付款交单：买方应凭卖方开立给买方的＿＿＿＿期跟单汇票付款，付款时交单。

Documents against payment（D/P）：The buyers shall dully make the payment against
documentary draft made out to the buyers at＿＿＿＿sight by the sellers.

□承兑交单：买方应凭卖方开立给买方的＿＿＿＿期跟单汇票付款，承兑时交单。

Documents against acceptance（D/A）：The buyers shall dully accept the documentary draft
made out to the buyers at＿＿＿＿days by the sellers.

装运通知：一旦装运完毕，卖方应立即电告买方合同号、品名、已装载数量、发票总金
额、毛重、运输工具名称及启运日期等。

Shipping advice：The sellers shall immediately，upon the completion of the loading of the goods
advise the buyers of the Contract No，names of commodity，loaded quantity，invoice value，
gross weight，names of vessel and shipment date by TLX/FAX.

检验与索赔：

Inspection and Claims：

①卖方在发货前由＿＿＿＿检验机构对货物的品质、规格和数量进行检验，并出具检
验证明。

The buyer shall have the qualities，specifications，quantities of the goods carefully
inspected by the＿＿＿＿＿＿Inspection Authority，which shall issues Inspection

Certificate before shipment.

②货物到达目的口岸后，买方可委托当地的商品检验机构对货物进行复验。如果发现货物有损坏、残缺或规格、数量与合同规定不符，买方须于货物到达目的口岸的_____天内凭检验机构出具的检验证明书向卖方索赔。

The buyers have right to have the goods inspected by the local commodity inspection authority after the arrival of the goods at the port of destination. If the goods are found damaged/short/their specifications and quantities not in compliance with that specified in the contract, the buyers shall lodge claims against the sellers based on the Inspection Certification issued by the Commodity Inspection Authority within_____ days after the goods arrival at the destination.

③如买方提出索赔，凡属品质异议，须自货物到达目的口岸之日起_____天内提出；凡属数量异议，须自货物到达目的口岸之日起_____天内提出。对船装货物所提任何异议应由保险公司、运输公司或邮递机构负责的，卖方不负任何责任。

The claims, if any regarding to the quality of the goods, shall be lodged within_____ days after arrival of the goods at the destination, if any regarding to the quantities of the goods, shall be lodged within_____ days after arrival of the goods at the destination. The sellers shall not take any responsibility if any claims concerning the shipping goods in up to the responsibility of Insurance Company/Transportation Company/Post office.

不可抗力：如因人力不可抗拒的原因造成本合同部分或全部不能履约，卖方概不负责，但卖方应将上述发生的情况及时通知买方。

Force Majeure：The sellers shall not hold any responsibility for partial or total non-performance of this contract due to Force Majeure. But the sellers shall advise the buyers on time of such occurrence.

争议的解决方式：任何因本合同而发生或与本合同有关的争议，应提交中国国际经济贸易仲裁委员会，按该委员会的规则进行仲裁。仲裁裁决是终局的，对双方均有约束力。

Disputes Settlement：All disputes arising out of the contract or in connection with the contract shall be submitted to the China International Economic and Trade Arbitration Commission for arbitration in accordance with its Rules of Arbitration. The arbitral award is final and binding upon both parties.

法律适用：本合同的签订地或发生争议时货物所在地在中华人民共和国境内或被诉人为中国法人的，适用于中华人民共和国法律，除此规定外，适用《联合国国际货物销售合同公约》。

Law Applications：It will be governed by the law of The People's Republic of China under the circumstances that the contract is signed or the goods while the disputes arising are in The People's Republic of China or the defendant is Chinese legal person, otherwise it is governed by United Nations Convention on Contract for the International Sale of Goods.

本合同使用的贸易术语系根据国际商会《INCOTERMS 2010》。

The terms in the contract based on INCOTERMS 2010 of the International Chamber of Commerce.

文字：本合同中、英文两种文字具有同等法律效力，在文字解释上，若有异议，以中文解释为准。

Versions：This contract is made out in both Chinese and English of which version is equally effective. Conflicts between these two languages arising therefrom, if any, shall be subject to Chinese version.

附加条款：本合同上述条款与本附加条款有抵触时，以本附加条款为准。

Additional Clauses：Conflicts between contract clause here above and this additional clause, if any, it is to subject this additional clause.

本合同共_____份，自双方代表签字/盖章之日起生效。

This contract is in_____copies, effective since being signed/sealed by both parties.

买方代表人：　　　　　　　　　　卖方代表人：

Representative of the buyers：　　　Representative of the sellers：

签字　　　　　　　　　　　　　　签字

Authorized signature：　　　　　　Authorized signature：

（买方公司盖章）　　　　　　　　（卖方公司盖章）

3.4　进出口合同的审核

在国际贸易实践中，当合同签订后，时常会出现一些因合同效力有问题或合同条款不明确、不完整，致使当事人在履行合同过程中发生法律纠纷甚至导致合同无效的情况。为此，在拟制好的进出口合同交与对方会签之前，当事人应及时对照前期磋商的结果以及相关的法律、法规和国际条约，逐字推敲、逐条审核合同的各项条款和生效条件，以确保交易安全和合同的顺利履行。

3.4.1　对合同效力的审核

1）合同有效成立的条件

一项进出口合同必须具备下列条件才是法律上有效的合同。

（1）进出口双方应当具有实施法律行为的资格和能力

我国《对外贸易法》规定，没有进出口经营权的企业或其他经济组织必须委托有进出口经营权的企业代理签订国际货物买卖合同。《合同法》规定，法人可以通过其代理人在其经营权范围内签订合同，超越经营权限签订的合同是无效的。

（2）进出口合同必须是双方在自愿基础上协商一致的结果

进出口合同的签订是买卖双方的法律行为，只有双方当事人的意思表示一致，合同才能成立。当事人一方用诈骗、威胁或暴力等行为使另一方被迫达成的合同，在法律上是无效的。

（3）进出口双方必须互享权利，互负义务

进出口合同是双务合同，是互为有偿的，买卖双方都拥有权利，又都承担义务。

（4）进出口合同的标的和内容必须合法

合同的标的必须是法律允许进出口的商品。合同的内容必须符合进出口双方所在国的法律和国际条约。

（5）进出口合同的形式必须符合法律规定

我国在加入《联合国国际货物销售合同公约》时对合同的形式作了保留，买卖合同必须采用书面形式。

2）无效合同问题

按照我国《合同法》第五十二条的规定，有下列情形之一的，合同无效：

（1）一方以欺诈、胁迫的手段订立合同，损害国家利益的，合同无效。

（2）恶意串通，损害国家、集体或者第三人利益的，合同无效。

（3）以合法形式掩盖非法目的的，合同无效。

（4）损害社会公共利益的，合同无效。

（5）违反法律、行政法规的强制性规定的，合同无效。

在外贸实践中，如果进出口双方订立的合同具有上述情况之一，即属于无效合同，不受法律保护和承认。因此，在签订合同时，当事人必须严格遵守两国的法律、法规和相关国际条约。

3）法律适用问题

进出口合同在履行过程中如果发生纠纷，当事人需要寻求法律予以解决，但究竟适用何国何地的法律来解决纠纷常常会成为一个问题。我国《合同法》明确规定，涉外合同的当事人可以协商选择处理合同争议所适用的法律，如果当事人没有选择的，可适用与合同有最密切联系的国家的法律。因此，为了避免争议，确保合同顺利履行，进出口双方在签订合同时最好明确合同的法律适用问题。

3.4.2　对合同条款的审核

合同中各项条款的规定，是进出口双方权利和义务的具体体现。这些条款的内容是否完整，表述是否明确具体，制定是否合理，直接关系到买卖双方的切身利益和合同的顺利履行，必须认真、仔细地审核。

1）品名、品质条款问题

（1）货物名称应明确具体，尽可能使用国际上的通用名称。

（2）实际业务中，应根据商品的特性，正确选用表示品质的方法。常见的表示品质的方法有两类：凭实物表示法和凭文字说明表示法。凡是能用一种方法表示品质的，就不宜采用两种或两种以上的方法，以免增加交货困难。

（3）品名和品质条款的文字表述应具体、明确，避免使用"大约""左右""合理误差"等笼统文字。

（4）凡需要采用品质机动幅度或品质公差的货物，应订明幅度的上下限或公差的允许值。如所交货物的品质超出了合同规定的幅度或公差，买方有权拒收货物或提出索赔。

案例分析

我方与日商在谈判过程中，曾向对方寄送样品，订约后又电告对方成交货物与样品相似。结果货到目的港后经检验，虽然品质达到了合同要求，但买方拿出了货物的品质规格比样品低5%的检验报告，要求我方赔偿3 000英镑。我公司辩称，在交货时商品是经过挑选的，因该商品系农产品，不可能做到与样品完全相符，但不至于规格比样品低5%。由于我方已将留存的样品丢失，对自己的陈述无法证明，仲裁机构难以处理，最后我方只好赔付。请问我方失误在哪里？

评析：（1）签合同时是按规格买卖，后我方又确定所交货物与寄送样品相似，变成既凭规格又凭样品成交的买卖。（2）失误是不该寄样品给对方，表示品质的方法最好采用一种，能按规格交易时就按规格交易；为了宣传产品，在寄样时要注明"for reference sample"，并注明有效期。而且在寄样后要保留样品，作为处理索赔和理赔的依据。

2）数量与包装条款问题

（1）应明确规定商品具体数量和采用的计量单位。目前，世界各国因使用的度量衡不同，其计量单位也有差异。比如，表示重量的"吨"，就有"公吨""长吨""短吨"之分。

（2）按重量计算的商品应明确计重的方法，比如按毛重、净重、公量等。

（3）如果是散装货物，应合理规定溢短装条款。

（4）要根据商品的特点和不同的运输方式确定包装材料和方式，为避免不同理解引起争议，应尽量不采用"适合海运包装""习惯包装"等术语。

（5）应明确包装费用由谁负担。其一般包括在商品价格中，不另计收。如果买方要求特殊包装，卖方应考虑能否接受，并确定增加的包装费用由谁负担。

（6）运输标志（唛头），一般由卖方确定，如果买方有要求，应规定标志到达时间（标志内容须经卖方同意）及逾期不到时买方应负的责任等。

小资料

合同中的运输标志

运输标志又称唛头（Shipping Mark），是买卖合同和货运单据中有关货物标志事项的基本内容。它由一个简单的几何图形和一些英文字母、数字及简单的文字组成，通常印刷在运输包装的明显部位。其作用在于使货物在装卸、运输、保管过程中容易被有关人员识别，以防错发错运。

按照《公约》的规定，在商品特定化以前，风险不转移到买方。而商品特定化最常见的有效方式是在商品外包装上刷制运输标志。此外，国际贸易多为凭单付款方式，主要结汇单据如发票、提单、保险单上，都必须显示出运输标志。

按照国际标准化组织（ISO）的建议，运输标志的主要内容包括以下4项：收货人代号或简称；参照号码，如合同号、信用证号、订单号等；目的港（地）名称；件数、批号。

3）价格条款问题

（1）应考虑影响价格的各种因素，合理确定商品的单价，避免过高或偏低。

（2）应正确选用国际贸易术语。

（3）应争取选择有利的计价货币，防止汇率波动带来的风险。

（4）应灵活运用各种不同的作价办法，以避免价格变动的风险。

（5）应参照国际贸易的习惯做法，注意佣金和折扣的合理运用。

（6）如果合同规定溢短装、品质机动幅度，对于机动部分的作价应作明确规定。

（7）如果包装材料费另行计价，应对其计价办法作出规定。

4）装运条款问题

（1）装运期的规定应具体明确。

（2）应注意装运期和信用证有效期的关系，防止"双到期"的发生，以免影响及时收汇。

（3）应明确规定装运港和目的港，可以只规定一个港口，也可以规定两个或两个以上港口，装运前再最后选择。不能接受我国政府禁止贸易往来国家的港口为装卸港。

（4）应根据交易需要，在合同中明确可否分批装运和转运。

（5）出口合同中一般不能接受由买方指定装某国籍船、某班轮公司船及限制船型、船级或航线等条款。

案例分析

我方公司向欧洲客户出口某商品 15 000 箱，合同规定 4 月—9 月按月等量装运，每月 2 500 箱，凭不可撤销即期信用证付款，客户按时开来信用证，来证上总金额与总数量均与合同相符，但装运条款规定为"最迟装运期 9 月 30 日，分数批装运"。我方 4 月份装出 3 000 箱，5 月份装出 4 000 箱，6 月份装出 8 000 箱。客户发现后，向我方提出异议。我方这样做是否可以？为什么？

评析：我方这样做是可以的。因为信用证的装运条款规定"最迟装运期 9 月 30 日，分数批装运"，并未规定按月等量装运。虽然合同规定 4 月—9 月按月等量装运，但信用证是独立于合同之外的契约，是一种自足文件，因此，我方必须按照信用证的规定装运。

5）保险条款问题

（1）应明确由谁办理保险，一般根据合同中所使用的贸易术语确定。在 FOB、CFR 或 FCA、CPT 合同下，如双方协议由卖方代办保险，则需订明保险费由买方负担。

（2）应明确保险加成率的多少。CIF 合同下，保险加成率通常为 10%，如果买方要求更高的加成率，卖方应与保险公司协商确定。

（3）必须明确保险险别。投保什么险别，关系到保险货物受损时可能获得多少补偿，是与买方利益攸关的问题，但不同险别又同卖方支付的保险费有关，双方当事人应协商一致，列入保险条款。

（4）必须明确保险适用的条款。各国保险公司都有自己的保险条款，可在合同中明确规定适用的条款。

（5）应注意保险期限，"仓至仓条款"不适用战争险和罢工险。

6）支付条款问题

支付条款的内容因采用的支付方式不同而不同。我国进出口业务中常见的支付方式有汇付、托收和信用证。

（1）采用汇付方式时，应在买卖合同中明确规定汇款的到达时间和具体的汇付方式。在预付货款情况下，汇款到达时间应与合同规定的交货时间相衔接。

（2）采用托收方式时，应在买卖合同中明确规定凭卖方开立的汇票或提交的单据付款以及交单条件、付款时间等内容。

（3）以信用证方式付款时，应在买卖合同中明确规定信用证的开到时间、开证银行、信用证种类、金额和有效期限等内容。

（4）注意灵活选用各种支付方式。

上岗操作

岗位情境中，大连服装进出口公司业务员张山在4月下旬收到了加拿大 ABD 有限公司的订单后，核算了此次交易的各项成本和费用，开始着手拟写出口销售合同交公司主管审阅。

【出口销售合同】

大连服装进出口公司

DALIAN GARMENTS IMPORT & EXPORT CORPORATION

30 LUXUN ROAD, DALIAN, CHINA

SALES CONTRACT

TEL：0411-84713333   S/C NO.：DLG100535

FAX：0411-84713332   DATE：APRIL 28，2016

E-MAIL：DLGIE@126.COM

TO：

    ABD CO.，LTD.

    362 JALAN AVE.

    TORONTO，CANADA

Dear Sirs,

    We hereby confirm having sold you the following goods on terms and conditions as specified below：

MARKS & NOS.	DESCRIPTIONS OF GOODS	QUANTITY	UNIT PRICE	AMOUNT
			CIF TORONTO	
ABD DALIAN C/NO.1-780	DRAGON BRAND MEN'S SHIRTS STYLE NO.001 STYLE NO.002 COLORS：WHITE，BLUE AND YELLOW EQUALLY ASSORTED	300 DOZS 480 DOZS	USD 55.00 PER DOZ USD 70.00 PER DOZ	USD 16 500.00 USD 33 600.00
TOTAL		780 DOZS		USD 50 100.00

PACKING: PACKED IN CASES

PORT OF LOADING: DALIAN, CHINA

PORT OF DESTINATION: TORONTO, CANADA

TIME OF SHIPMENT: LATEST DATE OF SHIPMENT JUNE 30, 2016.

PARTIAL SHIPMENT: NOT ALLOWED

TRANSSHIPMENT: ALLOWED

INSURANCE: TO BE COVERED BY THE SELLERS FOR 110% OF THE INVOICE VALUE AGAINST INSTITUTE CARGO CLAUSES (A) 1/1/82.

TERMS OF PAYMENT: BY 100% IRREVOCABLE SIGHT L/C TO REACH THE SELLERS 30 DAYS BEFORE THE DATE OF SHIPMENT AND REMAIN VALID FOR NEGOTIATION IN CHINA UNTILL THE 15TH DAY AFTER THE FINAL DATE OF SHIPMENT.

COMMODITY INSPECTION: IT IS MUTUALLY AGREED THAT THE CERTIFICATE OF QUALITY AND WEIGHT ISSUED BY THE GENERAL ADMINISTRATION FOR QUALITY SUPERVISION AND INSPECTION AND QUARANTINE OF P. R. CHINA AT THE PORT OF SHIPMENT SHALL BE TAKEN AS THE BASIS OF DELIVERY.

DISCREPANCY AND CLAIM: ANY CLAIM BY THE BUYERS ON THE GOODS SHIPPED SHALL BE FILED WITHIN 30 DAYS AFTER THE ARRIVAL OF THE GOODS AT THE PORT OF DESTINATION AND SUPPORTED BY A SURVEY REPORT ISSUED BY A SURVEYOR APPROVED BY THE SELLERS. CLAIMS IN RESPECT TO MATTERS WITHIN THE RESPONSIBILITY OF THE INSURANCE COMPANY OR OF THE SHIPPING COMPANY WILL NOT BE CONSIDERED OR ENTERTAINED BY THE SELLERS.

FORCE MAJEURE: IF SHIPMENT OF THE CONTRACTED GOODS IS PREVENTED OR DELAYED IN WHOLE OR IN PART DUE TO FORCE MAJEURE, THE SELLERS SHALL NOT BE LIABLE FOR NON-SHIPMENT OR LATE SHIPMENT OF THE GOODS UNDER THIS CONTRACT. HOWEVER, THE SELLERS SHALL NOTIFY THE BUYERS BY FAX OR E-MAIL AND FURNISH THE LATTER WITHIN 15 DAYS BY REGISTERED AIRMAIL WITH A CERTIFICATE ISSUED BY THE CHINA COUNCIL FOR THE PROMOTION OF INTERNATIONAL TRADE ATTESTING SUCH EVENT OR EVENTS.

ARBITRATION: ALL DISPUTES ARISING OUT OF THE PERFORMANCE OF OR RELATING TO THIS CONTRACT SHALL BE SETTLED AMICABLY THROUGH NEGOTIATION. IN CASE NO SETTLEMENT CAN BE REACHED THROUGH NEGOTIATION, THE CASE SHALL THEN BE SUBMITTED TO THE FOREIGN ECONOMIC AND TRADE ARBITRATION COMMISSION OF THE CHINA COUNCIL FOR THE PROMOTION OF INTERNATIONAL TRADE, BEIJING, CHINA, FOR ARBITRATION IN ACCORDANCE WITH ITS PROVISIONAL RULES OF PROCEDURE. THE AWARD OF THE ARBITRATION IS FINAL AND BINDING UPON BOTH PARTIES.

THE BUYER：   THE SELLER：大连服装

ABD CO. , LTD   DALIAN GARMENT IMPORT & EXPORT CORPORATION 进出口公司

迈克·史密斯   张山

操作指导：经与往来函电核对，发现合同中存在以下错误：

①包装条款有误，应将 "PACKED IN CASES" 改为 "PACKED IN 780 CARTONS, EACH CONTAINING 1 DOZEN"。

②唛头有误，应将 "ABD/DALIAN/C/NO. 1-780" 改为 "ABD/ TORONTO/C/NO. 1-780"。

③分批装运条款有误，应将 "NOT ALLOWED" 改为 "ALLOWED"。

④转运条款有误，应将 "ALLOWED" 改为 "NOT ALLOWED"。

⑤保险条款有误，应将 "AGAINST INSTITUTE CARGO CLAUSES（A）1/1/82" 改为 "AGAINST ALL RISKS AND WAR RISK AS PER CIC DATED JAN. 1, 1981 OF PICC."。

张山将修改好的出口销售合同一式两份连同拟写的签约函寄给了加拿大 ABD 有限公司，不久收到了对方寄来的经会签确认的合同。随后，张山制订采购计划，联系厂家落实货源。

【签约函】

DALIAN GARMENTS IMPORT & EXPORT CORPORATION

30 LUXUN ROAD, DALIAN, CHINA

TEL：0411-84713333   FAX：0411-84713332   E-MAIL：DLGIE@126. COM

April 28th, 2016

ABD CO. , LTD.

362 JALAN AVE.

TORONTO, CANADA

Dear Mr. Smith,

We would like to express our pleasure in doing business with you and are sending you our signed sales contract NO. DLG100535 in duplicate. Please return one copy with your countersignature for our file.

You can be assured that we will try our best to execute the order, and that the good quality of our commodities will meet your request.

As the shipment date is approaching, please open the relevant L/C to reach us before 31st May so that we can effect shipment on time.

We are awaiting the early arrival of your L/C.

Yours faithfully,

DALIAN GARMENTS IMPORT & EXPORT CORPORATION
Zhang Shan

操作指导：签约函也称出口成交函，是出口商向进口商寄送出口合同或售货确认书时随附的一封信函，其主要目的是通知进口商有关会签合同事宜。在拟写签约函时，首先，要表达谢意，并对成交表示高兴；其次，要告知对方合同已寄出，希望对方会签确认。在信用证结算方式下，还应催促对方如期或尽快开证。

岗位实操

（一）单选题

1. 唛头一般不包括（　　　）。

A. 收货人简称或代号　　　　　　B. 参考号

C. 件号　　　　　　　　　　　　D. 装运港

2. 贸易术语 CIFC 表示的是（　　　）。

A. 含定金价　　　　　　　　　　B. 含预付款价

C. 含折扣价　　　　　　　　　　D. 含佣金价

3. 我公司出口某大宗货物，按 CIF Nhava Sheva 成交，合同规定采用租船运输，若我公司不想负担卸货费，应选择的贸易术语变形是（　　　）。

A. CIF Liner Terms Nhava Sheva　　B. CIF Landed Nhava Sheva

C. CIF Ex Tackle Nhava Sheva　　　D. CIF Ex Ship's Hold Nhava Sheva

4. 我方报价 CIF 纽约 USD2 500/MT，对方要求 5% 佣金，改报后的含佣价为（　　　）。

A. USD2 361.58　　　　　　　　B. USD2 631.58

C. USD2 613.85　　　　　　　　D. USD2 658.13

5. 我方报价 CIF 安特卫普 USD2 000/MT，对方要求 2% 折扣，则折后实售价为（　　　）。

A. USD1 960　　　　　　　　　B. USD1 690

C. USD1 069　　　　　　　　　D. USD40

6. 货物外包装上贴有一张标志，其上有白底黑字：Poison 和骷髅图案，这种标志属于（　　　）。

A. 有毒危险性标志　　　　　　　B. 有腐蚀危险性标志

C. 易爆危险性标志　　　　　　　D. 易燃危险性标志

7. 上海某进出口公司对外以 CFR 报价，如果公司采用多式联运，应采用（　　　）术语为宜。

A. FCA　　　　　　　　　　　　B. CIP

C. CPT　　　　　　　　　　　　D. DDP

8. 按照国际惯例，如果合同中没有相关规定，则运输标志一般由（　　）提供。

A. 开证行　　　　　　　　　　　B. 卖方

C. 买方　　　　　　　　　　　　D. 船方

9. 对工业制成品交易，一般在品质条款中灵活制定品质指标，通常使用（　　）。

A. 品质公差　　　　　　　　　　B. 品质机动幅度

C. 交货品质与样品大体相等　　　D. 规定一个约量

（二）多选题

1. 下列贸易术语中，（　　）的风险划分以货交第一承运人为界，并适用于各种运输方式。

A. FAS　　　　　　　　　　　　B. CPT

C. CIF　　　　　　　　　　　　D. FCA　　　　　　　　E. DDP

2. 在国际贸易中，合同成立的有效条件是（　　）。

A. 当事人必须有签订合同的行为能力

B. 合同必须有对价或约因

C. 合同的形式和内容必须合法

D. 合同当事人的意思表示必须真实

3. 贸易术语，又称为价格术语，用来说明（　　）。

A. 价格构成　　　　　　　　　　B. 物权所有

C. 风险划分　　　　　　　　　　D. 费用划分　　　　　E. 责任划分

4. 包装标志主要包括（　　）。

A. 运输标志　　　　　　　　　　B. 指示性标志

C. 警告性标志　　　　　　　　　D. 识别标志

5. 溢短装数量的计价方法包括（　　）。

A. 按合同价格结算

B. 按装运时国际市场的价格计算

C. 按货物到目的地时的国际市场价格计算

D. 由仲裁机构解决

（三）判断题

1. 根据《UCP600》的规定，如果信用证中没有规定是否可以分批装运与转运，应理解为不允许分批装运与转运。　　　　　　　　　　　　　　　　　　（　　）

2. 我某公司从美国旧金山进口木材，如按 FOB 条件成交，需我方指定船只到旧金山接运货物，而按 CIF 条件成交，则由旧金山供应商负责租船、订舱，将木材运往我国。由此可见，按 FOB 进口比按 CIF 进口风险大。　　　　　　　　　　　　　　（　　）

3. 货物外包装上的运输标志须在有关的托运单、商业发票、装箱单、提单上显示，但指示性标志、警告性标志和危险性标志无须在上述文件上显示。　　　　　　（　　）

4. 在 FOB 贸易术语成交条件下，由买方指定承运人并安排运输，因此如果合同中未规定"装船通知"条款，卖方在装船后允许不发装运通知给买方。　　　　　　（　　）

5. 采用班轮运输时，凡 FOB 后未加"理舱"或"平舱"字样，则由买方负担理舱或平舱的费用。　　　　　　　　　　　　　　　　　　　　　　　　　　　　（　　）

6. 仲裁协议一定要在争议发生前签订，否则仲裁机构将不予受理。　　　（　　）

7. FOB、CFR、CIF 三个贸易术语都属于象征性交货的贸易术语。　　　（　　）

8. 我国出口报价时，单价可写为每箱 200 美元 CIF 上海。　　　（　　）

答案及解析

第4章

信用证的开立与审核

在国际商务实践中，交易双方处于不同国家或地区，相距遥远，缺乏了解和信任，为了缓解这一矛盾，使交易双方平等地承担商务合同项下的责任，实现一手交钱、一手交货的钱货两清，由银行开立信用证，为交易双方提供信用担保，当出口方提供符合信用证规定的相关单证时，银行履行第一性付款责任，而进口方取得全套合格的货运单据后再付款。信用证的银行信用不仅免去了进出口双方的顾虑，还为双方提供了资金融通的便利，推动了国际贸易的顺利发展，因而成为当今国际贸易中广泛使用的一种结算方式。由于信用证方式强调"相符交单"的付款原则，当进口方委托银行开出信用证后，出口方必须认真对照合同审核信用证并及时改证，以避免交单与信用证不符，确保安全及时收汇。

知识目标

★ 了解信用证的当事人、开立形式及国际惯例；
★ 熟悉信用证的含义、特性、作用、业务流程及分类；
★ 掌握信用证的基本内容、SWIFT 信用证的格式、《UCP600》的有关规定；
★ 掌握开证申请书和改证函的内容、信用证审核与修改的依据和要点。

技能要求

★ 掌握信用证开立的一般程序；
★ 学会填制开证申请书和拟写改证函；
★ 依据合同和相关国际惯例准确审核与修改信用证。

岗位情境

大连服装进出口公司与加拿大 ABD 有限公司签订合同后，后者向加拿大多伦多 NATIONAL BANK 申请开证，于 2016 年 5 月下旬开来编号为 LC41165130 的信用证。通知行中国银行大连分行核对了信用证的真伪后通知大连服装进出口公司并转递了信用证。单证员刘敏立即对照合同逐条审核信用证，发现信用证中有多项条款与合同规定不符，于是详细列出需要修改的内容，拟写了改证函，着手办理改证事宜。

【思考】

什么是信用证？其包含哪些内容？如何开立信用证？进口商开来的信用证如果与合同不符，出口商应如何处理？

【任务】

以下是加拿大 NATIONAL BANK 开立的信用证，请以大连服装进出口公司单证员刘敏的身份，对照第 3 章双方签订的销售合同和《UCP600》的相关规定，审核信用证，拟写改证函。

【国外来证】

2016 MAY 26 11：42：10	LOGICAL TERMINAL
E102	
MT S700	ISSUE OF A DOCUMENTARY CREDIT PAGE
00001	

FUNC MSG700

UMR 03207642

BASIC HEADER　　　　　　　　F 01 BKCHCNBJA 940　　9690 630742

APPLICATION HEADER　　　　　O700 1474 110525 BOFMCATTBMTL 3510 567935

110526 0820 N

* NATIONAL BANK

* TORONTO，CANADA

USER HEADER　　　　　　　　SERVICE CODE 103：

BANK PRIORITY 113：

MSG USER REF. 108：

INFO. FORM CI 115：

SEQUENCE OF TOTAL　　　　　*27：　1/1

FORM OF DOCUMENTARY CREDIT　*40A：IRREVOCABLE

DOC. CREDIT NUMBER　　　　　*20：LC41165130

DATE OF ISSUE　　　　　　　31C：160525

DATE AND PLACE OF EXPIRY　　*31D：DATE 160705 PLACE CHINA

APPLICANT　　　　　　　　　*50：ABD CO.，LTD.

362 JALAN AVE.

TORONTO，CANADA

ISSUING BANK　　　　　　　52A：NATIONAL BANK

BENEFICIARY　　　　　　　　*59：DALIAN GARMENTS IMP. & EXP. CORP.

30 LUXUN ROAD

DALIAN，CHINA

CURRENCY CODE，AMOUNT　　　*32B：CURRENCY USD AMOUNT 50 100.00

AVAILABLE WITH⋯BY⋯　　　　*41D：ANY BANK IN CHINA

BY NEGOTIATION

DRAFTS AT⋯　　　　　　　　42C：DRAFTS AT 30 DAYS AFTER SIGHT

FOR FULL INVOICE COST

DRAWEE　　　　　　　　　　42A：OURSELVES

PARTIAL SHIPMENT　　　　　　43P：NOT ALLOWED

TRANSSHIPMENT	43T：NOT ALLOWED
LOADING IN CHARGE	44A：DALIAN，CHINA
FOR TRANSPORTATION TO…	44B：TORONTO，CANADA
LATEST DATE OF SHIPMENT	44C：160630
DESCRIPTION OF GOODS	45A：

DRAGON BRAND MEN'S SHIRTS

STYLE NO. 001	300DOZS	USD55.00/DOZ
		USD16 500.00
STYLE NO. 002	480DOZS	USD70.00/DOZ
		USD33 600.00
TOTAL	780DOZS	USD50 100.00

DOCUMETNS REQUIRED   46A：

+ SIGNED COMMERCIAL INVOICE IN TRIPLICATE INDICATING S/C NO. AND L/C NO. .

+PACKING LIST IN TRIPLICATE.

+CANADA CUSTOMS INVOICE IN DUPLICATE.

+CERTIFICATE OF ORIGIN GSP FORM A IN TRIPLICATE ISSUED BY AUTHORIZED INSTITUTION.

+QUALITY INSPECTION CERTIFICATE IN TRIPLICATE.

+ FULL SET OF NEGOTIABLE INSURANCE POLICY OR CERTIFICATE, BLANK ENDORSED FOR 110 PCT OF THE INVOICE VALUE COVERING ALL RISKS AND WAR RISK AS PER CIC DATED JAN.01, 1981 OF PICC.

+3/3 SET OF CLEAN ON BOARD OCEAN BILLS OF LADING MADE OUT TO ORDER AND BLANK ENDORSED AND MARKED "FREIGHT COLLECT" NOTIFY APPLICANT.

+ SHIPPING ADVICE FAXED TO APPLICANT IMMEDIATELY AFTER SHIPMENT.

+BENEFICIARY'S CERTIFICATE CERTIFYING THAT ONE SET OF COPIES OF SHIPPING DOCUMENTS HAVE BEEN SENT TO APPLICANT WITHIN 3 DAYS AFTER SHIPMENT.

ADDITIONAL CONDITIONS   47A：

1. T. T. REIMBURSEMENT IS NOT ALLOWED.

2. THIRD PARTY AS SHIPPER IS NOT ACCEPTABLE, SHORT FORM/ BLANK BACK B/L IS NOT ACCEPTABLE.

3. BENEFICIARY'S CERTIFICATE IS ISSUED BY THE BENEFICIARY AND COUNTERSIGNED BY BUYER'S REPRESENTATIVE MR. SMITH, HIS SIGNATURE MUST BE VERIFIED BY ISSUING BANK.

CHARGES   71B：ALL BANKING CHARGES OUTSIDE CANADA ARE FOR ACCOUNT OF BENEFICIARY.

PERIOD FOR PRESENTATION 　　　　48：DOCUMENTS MUST BE PRESENTED WITHIN 15 DAYS AFTER THE DATE OF SHIPMENT BUT WITHIN THE VALIDITY OF THE CREDIT.

CONFIRMATION 　　　　＊49：WITHOUT

INSTRUCTIONS 　　　　78：

NEGOTIATING BANK MUST FORWARD THE DRAFTS AND ALL DOCUMENTS BY REGISTERED AIRMAIL DIRECT TO US IN TWO CONSECUTIVE LOTS. ON RECEIPT OF THE DRAFTS AND DOCUMENTS IN ORDER, WE WILL REMIT THE PROCEEDS AS INSTRUCTED BY THE NEGOTIATING BANK.

TRAILER 　　　　ORDER IS <MAC：><PAC：><ENG：><CHK：><TNG：><PDE：>

MAC：46E8C676

CHK：982922E807BA

4.1 信用证基础知识

由于信用证"凭单证相符履行付款责任"的特性，信用证在一笔交易中具有举足轻重的作用。不论是进口商还是出口商都要对信用证进行详细的了解和认真分析，正确制定条款或彻底搞懂来证，以便在国际贸易中占据有利地位。

4.1.1 信用证的含义与特性

根据国际商会 2007 年第 600 号出版物《跟单信用证统一惯例》（Uniform Customs and Practice for Documentary Credits）的解释：信用证意指一项约定，无论其如何命名或描述，该约定不可撤销并因此构成开证行对相符提示予以承付的确定承诺。

承付（Honour）意指：①对即期付款信用证即期付款；②对延期付款信用证发出延期付款承诺并到期付款；③对承兑信用证承兑由受益人出具的汇票并到期付款。

相符提示意指：与信用证中的条款及条件、本惯例中所适用的规定及国际标准银行实务相一致的提示。

小思考

议付与承付有什么区别？

评析：按照《UCP600》，议付是指定银行在相符交单下，在其应获偿付的银行工作日当天或之前向受益人预付或者同意预付款项，从而购买汇票（其付款人为指定银行以外的其他银行）及/或单据的行为。

议付：是商议下付款，本质是一种融资，议付行有追索权。

承付：是承诺下付款，其付款是"终局"性的。

简单地讲，信用证是一种银行有条件地承诺付款的书面保证，具有下列特性：

1）信用证不得随意撤销

《UCP600》规定，信用证是不可撤销的，即使信用证中对此未作指示也是如此。所谓不可撤销，是指自开立信用证之日起，开证行就受到其条款和承诺的约束，未经受益人、议付行以及保兑行（如有）等有关当事人同意，不得随意修改或撤销。

2）信用证是一种银行信用

在信用证业务中，开证行以自己的信用作出付款承诺，承担第一性付款责任，且不受开证申请人的支配。只要受益人向开证行或被指定银行提交符合信用证规定的各项单据，银行就必须付款，而无须向开证申请人（进口商）要求付款。

3）信用证是一种自足文件

信用证是以买卖合同为基础开立的，其内容应与合同条款相一致。但信用证一旦开立，就成为独立于买卖合同的另一种契约，即"自足文件"。银行在作出承付、议付或履行信用证项下其他义务的承诺时以信用证为依据，而不受买卖合同的约束。

4）信用证是一种单据交易

在信用证业务中，银行处理的是单据，而不是单据所涉及的货物、服务或其他行为。银行仅负责审核单据是否与信用证表面相符，只要单证相符，开证行就应无条件付款。至于单据是否真正代表了所要求的货物或者是否具有欺诈性都与银行无关。

提醒您

《UCP600》关于信用证与合同关系的规定

1. 就性质而言，信用证与可能作为其依据的销售合同或其他合同，是相互独立的交易。即使信用证中提及该合同，银行亦与该合同完全无关，且不受其约束。受益人在任何情况下，不得利用银行之间或申请人与开证行之间的契约关系。

2. 开证行应劝阻申请人将基础合同、形式发票或其他类似文件的副本作为信用证整体组成部分的做法。

4.1.2　信用证的当事人、业务流程及作用

1）信用证的当事人

（1）开证申请人（Applicant），是指发出开立信用证申请的一方，通常为国际贸易中的进口商。其负责依照合同向银行申请开立信用证，并在出口商向开证行相符交单后，向开证行付款赎单。

（2）开证行（Opening Bank，Issuing Bank），是指应申请人要求或代表其自身开立信用证的银行，通常为进口商所在地银行。其负责根据申请书条款正确及时地开出信用证，并对其承担第一性的付款责任。

（3）通知行（Advising Bank），是指应开证行要求通知信用证的银行，通常为出口商所在地银行。其负责核实信用证表面的真实性，并向受益人通知和转递信用证。

（4）受益人（Beneficiary），是指信用证中受益的一方，通常为国际贸易中的出口商。

其负责审核信用证条款，并按照信用证条款备货、装运、制单、交单和收款。

（5）被指定银行（Nominated Bank），是指有权使用信用证的银行，对于可供任何银行使用的信用证而言，任何银行均为被指定银行，比如付款行、偿付行、代付行。其负责按照开证行的授权对受益人付款。

（6）议付行（Negotiating Bank），是指购买信用证项下的汇票、单据，提供出口融资的银行。其负责在受益人提交相符单据时，先行买单垫款。

（7）保兑行（Confirming Bank），是指应开证行的授权或请求对信用证加具保兑的银行。其负责在受益人提交相符单据时，履行第一性付款责任。

（8）提示人（Presenter），是指作出单据提示的受益人、银行或其他方。

2）信用证的业务流程

在国际贸易结算中，因信用证的种类不同，其手续繁简不同，业务流程也各有特点。一般需经过申请开证、开证、通知、审证、交单、审单、索偿、偿付、付款、赎单等基本环节。议付信用证的业务流程如图 4-1 所示。

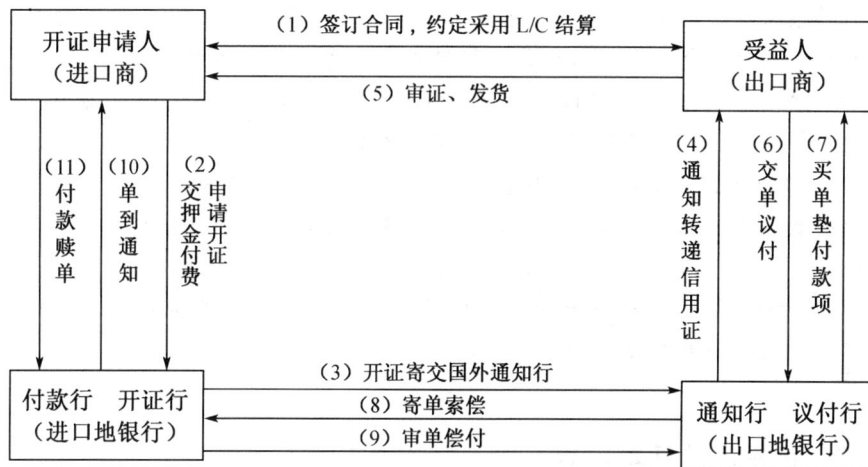

图 4-1　议付信用证的业务流程

3）信用证的作用

（1）信用证是一种结算工具

对出口商而言，信用证可以保证在其交货后，只要向银行提交符合信用证的单据即可取得货款，即使进口国实行外汇管制，也可保证凭单收到外汇。

对进口商而言，信用证可以保证在其支付货款时即可取得代表货物的单据，并可通过信用证条款来控制出口商按量、按时交货。

对银行而言，仅为进出口双方提供信用担保，即可赚取服务费用。

（2）信用证是一种融资工具

对出口商而言，可凭信用证或单据向银行申请融资，在开证行付款之前即可先行取得货款安排生产、备货，以加速资金周转。

对进口商而言，开证时可以仅缴纳部分押金，单据到达后再向银行赎单付清差额；也可向银行申请开立假远期信用证，即期贸易，远期付款，以减少资金占用。

┌─ **小资料** ─────────────────────────────────┐

常见的信用证融资方式

对出口商的融资：

1. 打包放款，是指在信用证方式下，出口商凭收到的合格信用证正本作抵押向银行贷款用于备货、装运的一种装船前的融资方式。

2. 出口押汇，是指即期信用证项下，受益人以符合信用证的单据作质押，向银行申请在途资金融通的融资方式。

3. 出口贴现，是指远期信用证项下，受益人发货取得开证行承兑的汇票后，申请银行有追索权地买入远期汇票的融资方式。

4. 福费廷，即包买票据，是指包买商（银行或金融公司）从出口商那里无追索地购买由进口商已经承兑的，并通常由进口地银行担保的远期汇票或本票的融资方式。

对进口商的融资：

1. 减免保证金，即授信开证，是指在信用证业务中，开证行在开证前根据开证申请人的授信额度减免收取保证金为其提供资金融通的融资方式。

2. 进口押汇，是指在信用证方式下，开证申请人以进口项下的货物为抵押，向开证行申请资金融通用于尽早提货、对外销售的融资方式。

3. 假远期信用证，是指开证申请人请求开证行在信用证中规定受益人开立远期汇票，由付款行进行贴现，贴现利息和费用由申请人负担，即在银行的支持下，受益人即期收汇，申请人取得了延期付款的融资便利。

4. 提货担保，是指在近洋运输中货物早于单据到达时，开证申请人申请银行出具书面提货担保以便及时提货的融资方式。

└──────────────────────────────────────┘

4.1.3　信用证的基本内容

信用证是以买卖合同为基础开立的，是受益人和开证行之间的契约。因此，其内容应体现买卖合同的基本条款、要求受益人提交的单据和银行的保证。其一般包括下列条款和文句（见表4-1）。

表4-1　　　　　　　　　　　**信用证的基本条款和文句**

基本条款	具体项目	
信用证本身的说明	信用证的类型	Form of Documentary Credit
	信用证的号码	Documentary Credit Number
	开证日期	Date of Issue
	信用证的有效期限和到期地点	Date and Place of Expiry
	信用证的币别和金额	Currency Code, Amount
	信用证的承付方式和指定银行	Available with... by...
	信用证的交单期	Period for Presentation

基本条款	具体项目		
信用证的当事人	基本当事人	开证申请人	Applicant
		开证行	Issuing Bank
		受益人	Beneficiary
		通知行	Advising Bank
	其他当事人：议付行、付款行等		Negotiating Bank，Paying Bank…
汇票条款	出票人		Drawer
	付款人		Drawee
	付款期限		Drafts at…
	付款金额		Amount
货物说明	品名、品质、规格、数量、包装、单价以及合同号码等		Description of Goods and/or Services
运输条款	装运港		Loading on Board/Dispatch /Taking in Charge at /from…
	目的港		For Transportation to…
	最迟装运日期		Latest Date of Shipment
	可否分批装运、可否转运		Partial Shipment
			Transhipment
保险条款	保险险别		Insurance Conditions
	保险金额		Insured Amount
	保险条款执行依据		Insurance Clause
单据要求	单据的种类、份数、内容、是否签注等		Documents Required
其他规定	附加条款		Additional Conditions
	银行费用的说明		Charges
	银行间的指示或授权		Instructions
			Confirmation Instructions
	开证行签字或电开证中的密押		
责任文句	说明根据《跟单信用证统一惯例》开立以及开证行保证付款的承诺，电开证中可省略		This credit is issued subject to the UCP 600
			Clauses on Warranties of Issuing Bank

小思考

　　我某出口公司以 CIF 旧金山向美国出口一批货物，3 月 18 日由美国商业银行开来一份即期不可撤销信用证。信用证金额为 160 000 美元，装船期为 4 月份。我中行收到信用证后，于 3 月 22 日通知出口方，3 月底我公司获悉进口方因资金问题濒临倒闭。问：在此情况下我方应如何处理？

　　评析：因信用证项下，开证行承担第一付款人责任，不受开证申请人的支配，我出口方应按时装船，制作全套结汇单据在有效期和交单期内到银行办理交单结汇手续。

4.1.4　信用证的国际惯例

1)《跟单信用证统一惯例》

《跟单信用证统一惯例》(Uniform Customs and Practice for Documentary Credits)，是国际商会为了明确信用证有关当事人的权利、义务、付款的定义和术语，统一信用证业务的做法，减少因解释不同而引起各有关当事人之间的争议和纠纷，于1930年拟订并于1933年正式公布的。为了适应国际金融、贸易的发展变化，该惯例在总结实践经验的基础上被不断补充和完善，成为全世界公认的、到目前为止最为成功的一套国际惯例。现行的版本是2007年7月1日生效的国际商会第600号出版物，简称《UCP600》，由39个条款组成，大致分为总则、定义和解释；银行责任；单据和杂项等几部分。

2)《审核跟单信用证项下单据的国际标准银行实务》

《审核跟单信用证项下单据的国际标准银行实务》(International Standard Banking Practice for the Examination of Documents under Documentary Credits)，简称《ISBP》，是一个供单据审核员在审核跟单信用证项下提交的单据时使用的审查项目清单。《ISBP》详细规定了跟单信用证操作中的一些细节，填补了《UCP》概括性的规则与信用证使用者日常操作之间的差距，成为银行、进出口商、律师、法官和仲裁员在使用《UCP600》处理信用证实务和解决争端时的重要依据，对各国国际业务从业人员正确理解和使用《UCP600》，统一和规范信用证单据的审核实务、减少不必要的争议具有重要意义。其最新修订版是2013年4月在国际商会银行委员会葡萄牙里斯本春季年会上表决通过的《ISBP745》，主要包括先期问题、一般原则和分项单据三部分。与其前身《ISBP681》相比，《ISBP745》补充或明确了诸多常用表达的定义，加大了开证行的责任，确保信用证开立时语言的准确性；运用丰富的实例展现了信用证实务的最新变化，对银行来说在相似情境下能有据可依；全文措辞严谨、条理明晰，有助于银行从业人员仔细研读国际惯例，让单证人员能根据相应的情境快速查找到所需要的条文，提升了单证操作的便利性和可行性。

此外，与信用证有关的国际惯例还有《跟单信用证项下银行间偿付统一规则》(《URR725》)、《国际备用信用证惯例》(《ISP98》)，都为信用证的解释和实践提供了重要的依据。

小思考

如果受益人所交的单据与信用证条款、《UCP600》、《ISBP745》三者之间规定不一致，应如何处理？

评析：如果受益人所交的单据与信用证条款、《UCP600》、《ISBP745》三者之间的规定不一致，信用证条款优于《UCP600》，《UCP600》优于《ISBP745》。

4.1.5　信用证的基本分类

为了适应国际结算业务不断发展变化的需要，信用证的种类可谓纷繁复杂，常见分类见表4-2。

表 4-2　　　　　　　　　　　　信用证的常见分类

分类依据	信用证种类	信用证含义
按照贸易背景不同分类	商业信用证（Letter of Credit）	银行根据申请人的请求向受益人开立的，当受益人提交符合信用证要求的货运单据时，由银行承诺付款的一种信用证，适用于货物贸易
	备用信用证（Standby Letter of Credit）	银行根据申请人的请求开立的，在申请人未履行某项义务的前提下，由银行担保履约或赔付的信用证，适用于非货物贸易
按照银行付款方式不同分类	即期付款信用证（Sight Payment L/C）	开证行或其指定银行在收到受益人的相符交单后，在银行的 5 个工作日内履行付款义务的信用证
	延期付款信用证（Deferred Payment L/C）	开证行或其指定银行在收到受益人的相符交单后，在规定的将来某一日期履行付款义务的信用证，受益人交单时无须提交汇票
	承兑信用证（Acceptance L/C）	开证行或其指定银行在收到受益人的相符交单后，先对远期汇票作出承兑，待汇票到期日再付款的信用证，承兑信用证要求受益人必须出具远期汇票
	议付信用证（Negotiation L/C）	某一指定银行在开证行付款之前，通过向受益人预付款项的方式购买相符提示项下的汇票及/或单据的信用证，议付信用证可分为公开议付信用证和限制议付信用证
	《UCP600》指出："所有信用证都必须清楚地表明该证是否适用即期付款、延期付款、承兑或议付。"	
按照汇票是否随附货运单据分类	光票信用证（Clean L/C）	开证行或其指定银行仅凭不附货运单据的汇票付款的信用证，汇票如果附有不包括运输单据的发票、货物清单等，仍属光票
	跟单信用证（Documentary L/C）	开证行或其指定银行凭跟单汇票或单纯凭单据付款的信用证，此处的单据指代表货物所有权的单据（如海运提单），或证明货物已交运的单据（如铁路运单、航空运单、邮包收据）
按照信用证是否有另一家银行保兑分类	保兑信用证（Confirmed L/C）	开证行开出的信用证，经另一家银行保证对符合信用证条款规定的单据承诺付款的信用证
	不保兑信用证（Unconfirmed L/C）	开证行开出的信用证没有经另一家银行保兑的信用证
按照受益人对信用证的权利可否转让分类	可转让信用证（Transferable L/C）	受益人有权要求银行将信用证的权利全部或部分转让给一个或数个第三者（即第二受益人）使用的信用证。可转让信用证只限转让一次，受让人可将信用证转回给第一受益人
	不可转让信用证（Non-transferable L/C）	指受益人不能将信用证的权利转让给他人的信用证

小思考

国外 F 银行开来一张保兑信用证，请国内 E 银行加以保兑，E 银行将该证通知受益人 H 公司，未加任何批注，这是不是说明 B 银行已默认对信用证的保兑？

评析：不是。如果 B 行同意保兑，在通知受益人时，须明确书面声明。

4.2 信用证的开立

在国际贸易中，如果采用信用证方式结算货款，进口商必须按照合同的规定履行开证义务，即填写开证申请书，向开证行申请开证。开证行根据进口商的要求开立信用证是进出口合同履行的第一步，是出口商及时收汇的保证。

4.2.1 信用证开立的一般程序

合同签订以后，进口商应在规定的开证时间内向经营外汇业务并和企业关系较密切的银行申请开立信用证，信用证开立时间过早会造成资金的积压占用，过迟则影响出口商的装运。信用证开立的一般程序如图 4-2 所示。

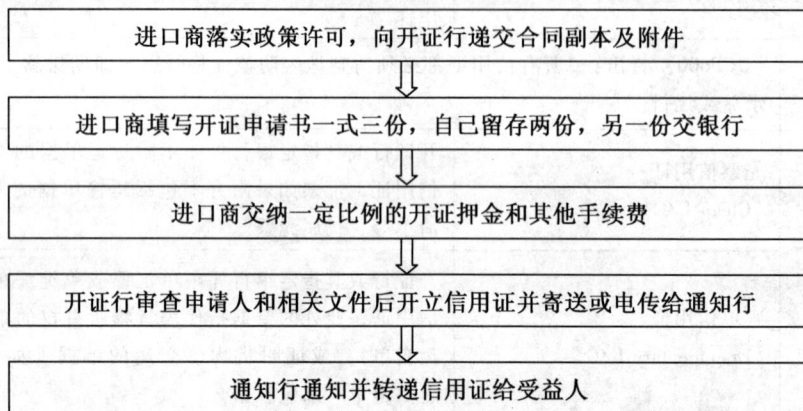

```
┌─────────────────────────────────────────────────┐
│     进口商落实政策许可，向开证行递交合同副本及附件      │
└─────────────────────────────────────────────────┘
                        ↓
┌─────────────────────────────────────────────────┐
│   进口商填写开证申请书一式三份，自己留存两份，另一份交银行 │
└─────────────────────────────────────────────────┘
                        ↓
┌─────────────────────────────────────────────────┐
│       进口商交纳一定比例的开证押金和其他手续费         │
└─────────────────────────────────────────────────┘
                        ↓
┌─────────────────────────────────────────────────┐
│  开证行审查申请人和相关文件后开立信用证并寄送或电传给通知行 │
└─────────────────────────────────────────────────┘
                        ↓
┌─────────────────────────────────────────────────┐
│          通知行通知并转递信用证给受益人             │
└─────────────────────────────────────────────────┘
```

图 4-2 信用证开立的一般程序图

4.2.2 信用证开立的形式

信用证根据开立方式和记载内容的不同，分为信开本信用证和电开本信用证两种形式。

1）信开本信用证

信开本信用证（Mail Credit），是指银行以信函形式开立并以航空邮寄方式送达通知行的信用证。其记载的内容比较全面，一般开立一式两份或两份以上。由于现代通信方式的日新月异，这种开证形式已很少使用。

2）电开本信用证

电开本信用证（Teletransmission Credit），是指银行以加押电报、电传或 SWIFT 等电信方式开立并传达给通知行的信用证，又分为全电本和简电本。

（1）全电本（Full Cable），是指以电文形式开立的完整信用证。其内容详细齐全，无任何保留条件，具有法律效力，可以作为交单付款/承兑/议付的依据。

（2）简电本（Brief Cable），是指以电文形式开立的信用证，仅包含信用证的部分主要条款，供受益人备货时参考，不具有法律效力，不能作为交单付款/承兑/议付的凭据。简电本上通常会注明"随寄证实书"（Mail confirmation to follow）字样。

有时，为了明确信用证是否有效，银行在电文中会注明"This is an operative instrument"或"No airmail confirmation will follow"，则这样的电开本就是有效文本，可以作为交单议付的依据。如果电文中注明"随寄证实书"，则以邮寄的证实书作为有效文本及交单议付的依据。

电开本信用证在实际业务中的应用十分广泛。但是随着现代通信业的快速发展，电报、电传开具的信用证因费用较高，手续烦琐，条款文句缺乏统一性，容易造成误解等原因，已逐渐被 SWIFT 信用证取代。

小资料

环球同业银行金融电信协会

环球同业银行金融电信协会（Society for Worldwide Interbank Financial Telecommunication，SWIFT），是一个非营利性的国际银行间的合作组织，总部设在比利时的布鲁塞尔，从事传递各国之间的非公开性的国际金融电信业务，其中包括外汇买卖、证券交易、开立信用证、办理信用证项下的汇票业务及托收等。该组织自投入运行以来，以其高效、可靠、快捷和标准化的服务，在促进国际贸易的发展，加速全球范围内的货币流通和国际金融结算，促进国际金融业务的现代化和规范化方面发挥了积极的作用。目前，全世界已有超过 200 个国家/地区的 8 000 多个银行在使用 SWIFT 协议。中国是 SWIFT 会员国，中国银行、中国工商银行、中国建设银行、中国农业银行、中国交通银行、中信银行都已加入了 SWIFT 组织，开通了 SWIFT 网络系统。

3）SWIFT 信用证

SWIFT 信用证，也称环银电协信用证，是指根据国际商会所制定的电信信用证格式，利用 SWIFT 系统所设计的特殊格式开立和通知的信用证，具有方便、迅速、安全性高、格式统一、条款明确、费用低廉、服务范围广、实行会员制等特点。

采用 SWIFT 信用证，必须遵守 SWIFT 使用手册的规定，使用专门的代码和格式，而且除非有特别注明，必须符合《跟单信用证统一惯例》。

目前，世界范围内的绝大多数银行都采用 SWIFT MT7 字头的格式开立信用证。通常由报头（Header Block）、正文（Text Block）和报尾（Trailer Block）组成，并标明发报银行（Sender）和收报银行（Receiver）。

（1）SWIFT 信用证电文表示方式

①项目表示方式。SWIFT 电文由项目（Field）组成，包括项目代码和项目名称。比如，59 Beneficiary（受益人）。项目代码可以用两位数字表示，也可以用两位数字加上字母来表示，不同的代码表示不同的含义。比如，20：信用证号码；31C：开证日期。项目规定了一定的格式，分为必选项目（Mandatory Field）和可选项目（Optional Field）。比如，31D：到期日及到期地点是信用证必须具备的项目，而 42A：汇票付款人则不是必须规定的项目。

②日期表示方式。SWIFT 电文的日期由 6 位数字组成，即 YYMMDD（年月日）。比如，2017 年 3 月 12 日，表示为 170312。

③数字表示方式。在 SWIFT 电文中，阿拉伯数字不使用分格号，小数点用逗号","表示。比如，13，472，501.09 表示为 13472501，09；1/2 表示为：0，5；3% 表示为：3 Percent。

④货币表示方式。在 SWIFT 电文中，通常使用由 3 个字母构成的国际贸易中通用的货币符号。常见的国际货币符号有 USD（美元）；EUR（欧元）；AUD（澳大利亚元）；JPY（日元）；GBP（英镑）；CAD（加拿大元）；HKD（港元）；CNY（人民币元）等。

（2）SWIFT 信用证常见项目表示方式

表 4-3 是 MT700 格式的跟单信用证常见项目的表示。

表 4-3　　　　　　　　　MT700 格式的跟单信用证常见项目的表示

M/O	项目代码	项目名称	
M	27	Sequence of Total	报文页次
O	23	Reference to Pre-Advice	预先通知号码
M	40A	Form of Documentary Credit	跟单信用证类型
M	20	Documentary Credit Number	跟单信用证号码
O	31C	Date of Issue	开证日期
M	40E	Applicable Rules	适用规则
M	31D	Date and Place of Expiry	到期日及到期地点
O	51A	Applicant Bank	申请开证银行
M	50	Applicant	开证申请人
M	59	Beneficiary	受益人
M	32B	Currency Code, Amount	信用证币别代号，金额
O	39A	Percentage Credit Amount Tolerance	信用证金额上下浮动百分率
M	41a	Available with…by…	指定银行及承付或议付方式
O	42C	Drafts at…	汇票期限
O	42A	Drawee	汇票付款人
O	43P	Partial Shipment	是否分批装运
O	43T	Transshipment	是否转运

续表

M/O	项目代码	项目名称	
O	44A	Place of Taking in Charge/Place of Receipt	启运地/接收地
O	44B	Place of Final Destination/ Place of Delivery	最终目的地/交货地
O	44E	Port of Loading/Airport of Departure	装运港/发运机场
O	44F	Port of Discharge/Airport of Destination	目的港/到达机场
O	44C	Latest Date of Shipment	最迟装运日
O	45A	Description of Goods and /or Services	货物和/或服务描述
O	46A	Documents Required	单据要求
O	47A	Additional Conditions	附加条件
O	48	Period for Presentation	交单期限
M	49	Confirmation Instructions	保兑指示
O	71B	Charges	费用
O	53A	Reimbursement Bank	偿付银行
O	57A	Advise through Bank	通知银行
O	72	Sender to Receiver Information	附言
O	78	Instructions to the Paying/Accepting/Negotiating Bank	对付款/承兑/议付银行的指示

注：①M/O 分别是 Mandatory Field 和 Optional Field 的缩写；

②报文页次指信用证的页次，表明来证共几页，此页是第几页。

提醒您

MT700 格式的跟单信用证中 41a 条款（Available with…by…）的两种形式

（1）41D：指定银行用名称和地址。例如，Bank of HangZhou, HangZhou, China。

（2）41A：指定银行用代码（BIC）。例如，HZCBCN2H×××。

"BIC" 即 SWIFT 银行识别代码，由银行代码、国家代码、地区代码和分行代码四部分构成。例如，杭州银行总行的识别代码为 HZCBCN2H×××。其中，"HZCB" 为银行代码；"CN" 为国家代码；"2H" 为地区代码；"×××" 为分行代码。

（3）使用 SWIFT 格式开立信用证应注意的问题

①正确选择 SWIFT 格式。SWIFT 专门为信用证业务设计了 MT7 字头的格式。如果开立跟单信用证应选择 MT700 和 MT701 格式，开立可转让信用证应选择 MT710 格式，修改信用证需选择 MT707 格式，开立备用信用证则采用 MT765 或 MT799 格式等。如果信用证的内容繁多，超过了 MT700 报文的容量，应选择 MT701 格式续写，并加列报文的页次，但最多只能使用 3 个 MT701 报文传送信用证条款。

②严格填写 SWIFT 项目。采用 SWIFT 格式，应严格按照 SWIFT 系统的规则选择相应的代码，填写相关的项目内容。此外，在 SWIFT 信用证中可省去开证行的承诺条款，但不能免除银行所承担的义务。

4.2.3 开证申请书的填写

开证申请书（Irrevocable Documentary Credit Application）是指进口方委托银行开立信用证的书面文件，是开证行开立信用证的依据，也是进口商凭以审核收到的货运单据并据此向开证行付款赎单的凭证。

开证申请书一般是银行预先印好格式，各银行的格式不完全相同，但基本内容相似，通常包括两部分：一是正面条款，即开证申请人按照买卖合同的内容，要求开证行在信用证上列明的条款。二是背面承诺，即开证申请人对开证行的声明，包括双方约定的权利和义务，用以明确责任。开证申请书的内容与规范见表4-4。

表4-4 开证申请书的内容与规范

基本项目	内容与规范
1. 致： （To：）	填写开证银行名称，比如，BANK OF CHINA, DALIAN BRANCH
2. 开证日期 （Date）	在申请书右上角填写申请日期，应在合同规定的最晚开证日期前
3. 传递信用证方式	传递方式已在申请书中列出，即信开、全电开、简电开后随寄电报证实书，申请人只需在三种方式前括号内打"×"任选一种即可
4. 信用证号码 （Credit No.）	本栏留空，由银行填写
5. 信用证有效期和到期地点 （Date and place of expiry）	应按照合同填写信用证的有效期及到期地点；一般有效期是最迟装运日后15天；到期地点在受益人所在国
6. 开证申请人 （Applicant）	填写开证申请人（合同中的进口商）的全称及详细地址，并注明联系方式
7. 受益人 （Beneficiary）	填写受益人（合同中的出口商）的全称及详细地址，并注明联系方式
8. 通知行 （Advising bank）	本栏留空，由开证行填写
9. 商品描述和唛头 （Description of goods, Shipping mark）	本栏填写合同规定的商品名称、规格、包装、单价、数量条款、唛头等，必须与合同内容一致；包装条款如有特殊要求，应具体、明确规定
10. 信用证金额 （Amount）	填写合同规定的总值，分别用数字和英文大写两种形式表示，并且表明币制；如果允许有一定比率的上下浮动，应在信用证中明确表示
11. 分批装运与转运 （Partial shipment and transshipment）	本栏应明确是否允许分批装运和/或转运，在选择项目前的括号内可打"×"，表示同意与否
12. 装运条款 （Loading on board/dispatch/taking in charge at/from … not later than … for transportation to）	本栏填写装运地（港）和目的地（港）的名称、最迟装运日期；如果允许转运，应列明转运港

续表

基本项目	内容与规范
13. 信用证的承付方式 （Credit available with…by…）	申请书中已列明四种付款方式，即即期付款信用证、承兑信用证、议付信用证、延期付款信用证，根据合同，选择其中一种
14. 汇票金额、付款期限和付款人 （Beneficiary's draft for ____ % of invoice value at ____ drawn on _____ ）	首先按照合同规定在"for"后面的横线上填写信用证项下应支付发票金额的百分之几；如合同规定所有货款都用信用证支付，则应填写信用证项下汇票金额是发票金额的 100%
	汇票付款期限分即期和远期，如果是即期汇票，需在"at"后面的横线上填 sight；如果是远期汇票，必须在"at"后面的横线上填写具体的天数，如 30 days after date 或 60 days after sight；如果是议付信用证或承兑信用证，应在"Beneficiary's draft"前面的括号里打"×"；如果是即期付款信用证或延期付款信用证，不需要在"Beneficiary's draft"前面的括号里填符号
	按照《UCP600》，汇票付款人应是开证行或其指定银行，申请人在"drawn on"后面的横线上填写开证行或被指定银行的名称
15. 贸易术语 （Price term）	本栏根据货物成交的情况，选择已列出的贸易术语（FOB、CFR、CIF 或 Other terms）中的一种
16. 单据条款 （Documents required）	申请书中已印就单据条款 13 条，包括商业发票、海运提单、航空运单、铁路运单、保险单据、装箱单、数量或重量证书、品质证书、原产地证书、装运通知、受益人证明、船公司证明；第 13 条是"其他单据"，上述 12 条中没有的单据可全部填写在该处以下；申请人应在所需要的单据前打"×"选择，并在该单据条款后填写具体份数和其他要求；不得随意提出超出或降低合同规定的要求
17. 附加指示 （Additional instructions）	申请书中已印就附加条款 7 条；申请人根据需要打"×"选择，如果各条内容不够完整，可根据需要填写清楚；第 7 条是"其他条款"，如果还有需要，应填写在该条款中
18. 开证申请人签字（法人代表）及账号、电话、传真等 （Applicant：name，signature of authorized person，account no.，tel no.，fax）	在申请书最下方，由申请人签字，并加盖公章，注明账号及联系电话和传真号码

4.2.4　申请开证应注意的问题

（1）申请开证前，要落实进口政策许可及外汇来源。

（2）开证时间的确定应以卖方收到信用证后能在合同规定的装运期内出运为原则。

（3）申请开立的信用证必须以对外签订的买卖合同为依据，一般不能使用"参阅第×××号合同"或"第×××号合同项下货物"等条款，也不能将有关合同作为信用证附件附在信用证后，因为信用证是一个独立的文件，不依附于买卖合同。

（4）信用证应明确规定各类单据的出单人及各单据应表述的内容。

（5）因为信用证业务是单据买卖，在申请开证时，进口商应按合同规定，将对出口商的要求转化成单据，具体规定在信用证中。如果信用证申请书中含有某些条件而未列明应提交与之相应的单据，银行将认为未列此条件，对此将不予理会。

（6）为确保交货的品质、数量，进口商应在信用证中明确规定货物的规格品质，并要求出口商提供商品检验机构出具的装船前检验证书。

（7）对我方开出的信用证，如出口商要求由其他银行保兑或由通知行保兑，我方原则上不能同意。

（8）国外通知行由开证行指定，进口商不能指定；但如果出口商在订立合同时，坚持指定通知行，进口商可在开证申请书上注明，供开证行在选择通知行时参考。

（9）我国银行一般不开立可转让信用证，因为对第二受益人的资信难以了解，缺乏交易的安全性。

（10）我国银行一般也不开有电汇索偿条款（T/T Reimbursement Clause）的信用证。

开证申请书的正面参见范例4-1，背面参见范例4-2。

范例4-1　　　　　　　　　开证申请书（正面）

IRREVOCABLE DOCUMENTARY CREDIT APPLICATION

To:　　　　　　　　　　　　　　　　　　　　　　　Date：

（　） Issued by airmail （　） With brief advice by teletransmission （　） Issued by teletransmission	Irrevocable Documentary Credit No. Date and place of expiry
Applicant	Beneficiary
	Advising bank
Description of goods： Shipping mark：	Amount
Partial shipment （　） allowed （　） not allowed	Transshipment （　） allowed （　） not allowed	Credit available with （　） By sight payment （　） By acceptance （　） By negotiation （　） By deferred payment at＿＿days after＿＿ against the documents detailed herein and （　） Beneficiary's draft for ＿＿% of invoice value at ＿＿＿
Loading on board/dispatch/taking in charge at/from Not later than For transportation to	
Price term： （　）FOB　（　）CFR　（　）CIF　（　）Other terms	Drawn on ＿＿＿

Documents required：（marked with ×）

1. （　） Signed Commercial Invoice in＿＿＿copies indicating this L/C No. and Contract No. .
2. （　） Full set of clean on board Ocean Bill of Lading made out to order and blank endorsed marked freight （　） prepaid/ （　） collect notify＿＿＿ .
3. （　） Air Waybill issued by＿＿＿showing freight （　） prepaid/ （　） collect and consigned to＿＿＿ .
4. （　） Rail Waybill issued by＿＿＿showing freight （　） prepaid/ （　） collect and consigned to＿＿＿ .
5. （　） Full set of Insurance Policy/Certificate for 110% of the invoice value showing claims payable in ＿＿＿, in currency of the drafts, blank endorsed, covering （□ocean marine transportation/□air transportation/□overland transportation） All Risks and War Risk.
6. （　） Weight Memo/Packing List in ＿＿＿ copies indicating quantity, gross and net weights of each package.

7. （　） Certificate of Quantity/Weight in_____ copies issued by_____.

8. （　） Certificate of Quality in_____ copies issued by_____.

9. （　） Certificate of Origin in_____ copies issued by_____.

10. （　） Beneficiary's certified copy of fax/telex dispatched to the applicant within_____ hours after shipment advising name of vessel, date of shipment, name, quantity, weight and value of goods.

11. （　） Beneficiary's Certificate certifying that extra_____ copies of documents have been dispatched according to the contract terms.

12. （　） Shipping Co.'s Certificate attesting that the carrying vessel is chartered or booked by Applicant or its shipping agents.

13. Other documents, if any.

Additional instructions:

1. （　） All banking charges outside the opening bank are for beneficiary's account.

2. （　） Documents must be presented within_____ days after the date of issuance of the transport documents but within the validity of this credit.

3. （　） Third party as shipper is not acceptable. Short form/Blank Back B/L is not acceptable.

4. （　） Both quantity and amount for each item_____% more or less are allowed.

5. （　） Prepaid freight drawn in excess of L/C amount is acceptable against presentation of original charges voucher issued by shipping Co./Air Line/or it's agent.

6. （　） All documents to be forwarded in one cover, unless otherwise stated above.

7. （　） Other terms, if any.

Account No.:

Transacted by:

Telephone No.:

Applicant:（name, signature of authorized person）

（with seal）

范例 4-2　　　　　　　　　**开证申请书（背面）**

开证申请人承诺书

×××银行：

　　我公司已办妥一切进口手续，现请贵行按我公司开证申请书内容开出不可撤销跟单信用证，为此我公司愿不可撤销地承担有关责任如下：

　　一、我公司同意贵行依照国际商会第 600 号出版物《跟单信用证统一惯例》办理该信用证项下一切事宜，并同意承担由此产生的一切责任。

　　二、我公司保证按时向贵行支付该证项下的货款、手续费、利息及一切费用等所需的外汇和人民币资金。

　　三、我公司保证在贵行"单到通知书"中规定的期限之内通知贵行办理对外付款/承兑，否则贵行可认为我公司已接受单据，同意付款/承兑。

　　四、我公司保证在单证表面相符的条件下办理有关付款/承兑手续。如因单证有不符之处而拒绝付款/承兑，我公司保证在贵行"单到通知书"中规定的日期之前将全套单据如数退还贵行并附书面拒付理由，由贵行按国际惯例确定能否对外拒付。如贵行确定我公司所提拒付理由不成立，或虽然拒付理由成立，但我公司未能退回全套单据，或拒付单据退到贵行已超过"单到通知书"中规定的期限，贵行有权主动办理对外付款/承兑，并从我公司账户中扣款。

五、该信用证及其项下业务往来函电和单据如因邮电或其他方式传递过程中发生遗失、延误、错漏，贵行当不负责。

六、该信用证如需修改，由我公司向贵行提出书面申请，由贵行根据具体情况确定能否办理修改。我公司确认所有修改当由信用证受益人接受时才能生效。

七、我公司在收到贵行开出的信用证、修改书副本后，保证及时与原申请书核对，如有不符之处，保证自接到副本之日起，两个工作日内通知贵行。如未通知，当视为正确无误。

八、如因申请书字迹不清或词意含混而引起的一切后果由我公司负责。

开证申请人（签章）

年　月　日

4.3　信用证的审核

在信用证项下，各有关方的权利和义务仅以信用证条款为依据，银行只对信用证负责。如果开到的信用证与买卖合同不符或有其他问题，将直接影响出口商的按时履约和安全结汇，甚至带来不必要的经济损失。为此，出口商和银行必须严格按照相关规定认真、全面地审核信用证。

4.3.1　信用证审核的原因

实际业务中，常出现国外来证与买卖合同不相符的情况，甚至设置了受益人无法接受或履行的条款，究其原因，主要有以下几种：

（1）由于开证人或开证行的工作疏忽、电文传递错误造成的。

（2）由于进出口双方贸易习惯的不同，对信用证的规定和理解产生了矛盾。

（3）由于进口国当局政府或海关的特殊规定，信用证中出现了买卖合同所未规定的条款。

（4）由于市场行情的变化或者不良企图，一些进口商利用开证的主动权故意加列对自己有利的条款或设置圈套使出口商无法做到单证相符，以达到拖延付款或拒付的目的。

4.3.2　信用证审核的依据

1）应以国际货物买卖合同为基础

国际货物买卖合同是审核信用证的主要依据，受益人应首先对照合同审证。如果信用证条款的规定严于合同的规定，受益人为确保单证相符及时结汇应该提出修改，除非受益人主动向对方作出让步。如果信用证条款能保证受益人的利益不低于合同的规定，受益人应予以接受。

2）应以《跟单信用证统一惯例》为准则

《UCP600》是各国银行处理信用证结算业务必须遵循的基本准则，适用于所有在正文中标明按本惯例办理的跟单信用证（包括本惯例适用范围内的备用信用证）。除非信用证中另有规定，本惯例对一切有关当事人均具有约束力。因此受益人审证时应遵循《UCP600》的有关规定确定可否接受信用证中的某些条款，如信用证的性质、种类、有效期、到期地点、交单期、可否分批装运和转运等。

3）应考虑交易具体情况和商业习惯

对于买卖合同未规定而根据《UCP600》也无法作出判断的信用证条款，受益人应根据对安全收汇的影响程度、进出口国的法律和法规以及商业习惯等实际情况来审核，决定是否接受。如果信用证中的文字、条款仍不明确的，可联系通知行向开证行查询。

具体审核信用证时，出口商应先"横审"，审核信用证各项条款是否与合同规定相符；再"竖审"，审查信用证本身是否存在软条款、条款之间是否矛盾及是否符合《UCP600》等。

4.3.3　信用证审核的步骤

信用证审核的步骤如图 4-3 所示。

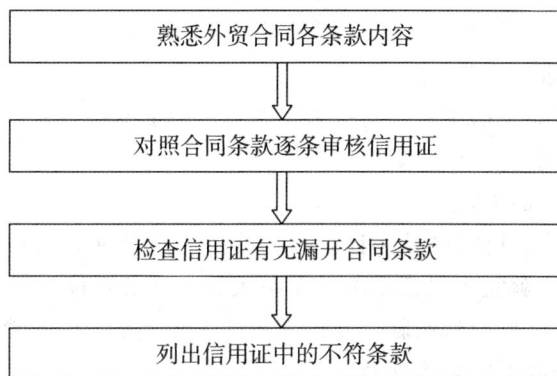

熟悉外贸合同各条款内容

↓

对照合同条款逐条审核信用证

↓

检查信用证有无漏开合同条款

↓

列出信用证中的不符条款

图 4-3　信用证审核的步骤图

4.3.4　信用证审核的要项

信用证的审核（Examination of Letter of Credit）是由银行和出口商共同合作完成的，由于二者的分工不同，审核的侧重点也不同。

1）银行对信用证的审核

审核信用证的银行主要有通知行、议付行或其他被指定银行。审核的具体内容如下：

（1）有关信用证真伪的核实

辨别信用证的真伪是银行审证的首要任务。通知行应对来证的密押或印鉴进行核实，辨别真假，防止欺诈。如果来证上的印鉴或密押相符，通知行应在来证上注明"印押相符"；如果有问题，通知行则应在来证上注明"印鉴不符，待证实后办理出运"或"密押不符，请勿出运"等字样，提醒受益人注意，并及时查询开证申请人，待证实后，书面通知受益人。

（2）有关开证行资信的审核

银行收到来证后，应对开证行的政治背景、资金实力、信誉度、经营作风、与我国的往来关系等情况进行审查。如果发现开证行资信较差，应提醒出口方采取由大银行加以保兑或要求加列电索条款等措施，防止小行开大证，确保安全及时收汇。

（3）有关国家政策的审核

银行应审核信用证中是否有影响国家主权或对我国有歧视性的语句、货物是否是国家违禁商品或进口国是否是联合国制裁的国家或地区等。如果有，应及时联系开证行要求修改或说明无法操作。

（4）有关信用证效力的审核

银行需要审核信用证中是否附加生效条件或由开证申请人单方控制等影响信用证效力的软条款，并提醒受益人注意。例如：以电信声明"详情后告"（或类似用语）或声明以邮寄确认书为有效的信用证，则该电信不被视为有效信用证或修改。开证行必须毫不迟延地开立有效信用证，其条款不得与该电信矛盾。

（5）有关开证行付款保证的审核

银行需要审核开证行的付款保证条款是否受《UCP600》的约束，是否加列限制性条款以减少开证行的付款责任；索汇路线、索汇方式是否便捷、安全等。如果上述条款影响开证行的付款有效性和可行性，应及时查询开证行，要求澄清。

2）出口商对信用证的审核

实际业务中，出口商是信用证的受益人，作为信用证的执行者，对信用证的审核是审证工作的重点。其审核的重点项目如下：

（1）有关信用证性质的审核

由于《UCP600》明确规定"信用证是不可撤销的，即使信用证中对此未作指示也是如此"，信用证一经开立就是不可撤销的，受益人对此不必审核，但应特别注意信用证中是否加注了限制信用证性质的软条款，使得信用证表面上是不可撤销的，但实质上已成为可撤销的信用证，造成收汇安全无保障。

（2）有关开证人和受益人名称、地址的审核

信用证中开证申请人和受益人的名称、地址必须与合同相符，而且名称和地址要统一，以免交单结汇产生困难。《UCP600》还规定，在缮制结汇单据时，申请人和受益人的地址可以和信用证中的内容不一致，但必须与信用证中规定的相应地址在同一国。

> **小思考**
>
> 国外开来信用证，受益人名称写的是我出口商在加拿大的一家公司，地址却是我出口商在上海办事处的地址，这样的信用证是否需要修改？
>
> 评析：应该修改受益人，确保公司名称和地址相一致，以免单证不符影响收汇。

（3）有关信用证期限、地点的审核

信用证中涉及的期限主要有开证日期、装运期、交单期和有效期。必须审核这些期限的规定是否合理，各期限之间是否匹配。

①开证日期（Issue Date）。它是指银行开出信用证的日期，按时开证是执行合同的必要前提。受益人首先应确定对方是否在合同规定期限内开到信用证，以免影响其后的生产、备货时间。

②装运期（Shipment Date）。其必须符合合同规定。如果备货困难或装运期太短应申请延期。《UCP600》规定，如果信用证允许在指定的时间段内分期发运，任何一期未按信用证规定期限发运时，信用证对该期及以后各期均告失效。

如果信用证未规定装运期，则为"双到期"，即"最迟装运期"视为与"信用证有效期"同一天。实际业务中，一般不接受这种做法，受益人应要求对方改证，以免影响制单结汇。

③交单期（Presentation Period）。如果信用证规定了交单期，应审核能否在交单期内制单、交单。如果未规定交单期，《UCP600》指出，向银行交单的日期不迟于装运日后的 21 个工作日内，但无论如何不得迟于信用证的到期日。

④有效期（Expiry Date）。信用证中必须规定有效期，否则无效。实际业务中，通常为装运期后 15 天。《UCP600》规定，除非确需在单据中使用，银行对诸如"迅速""立即""尽快"之类的词语将不予置理。

注意展延信用证有效期时，应同时展延装运期，因为最迟装运期的展延并不因信用证有效期的展延而顺延。

⑤交单地点、到期地点。应审核交单地点、到期地点是否在受益人所在地，是否方便交单。如果规定信用证在国外到期，因无法掌握单据到达国外银行的时间，一般不接受。

提醒您

信用证中主要期限的确定

信用证中下列期限的确定对交易顺利履行至关重要。

开证日期的确定：通常在装运期之前，加上生产、备货的时间，加上申请人落实开证保证的时间，再加上银行开证所需的 3 个工作日，以这段时间的总和确定最迟开证日期。

装运期限的确定：装运期一般与开证日期相差一个月。

交单期限的确定：交单期以装运期为起点，加上受益人制单和交单时间，并且以有效期为终点，不得超过信用证到期日。

（4）有关汇票条款的审核

①付款期限。其应与合同规定相符。如果成交时约定即期支付，而来证却要求远期付款，应及时要求对方修改，以免收汇延迟造成资金占压。

还需注意，除了议付信用证，信用证按承付方式不同分为即期付款信用证，付款期限应填写"sight"；延期付款信用证，付款期限应填写"××× days after B/L date"或"××× days after the date of presentation"；承兑信用证，付款期限应填写"××× days after sight"。

②币别和金额。付款金额是信用证的核心。首先应审核信用证的币别和金额是否正确，与合同是否一致。此外，还应注意：

金额的大小写内容要一致，两者均应表明币别及信用证规定的情况。

如果来证在数量、单价、金额前使用了"大约""约""大概"之类的词语，应理解为不超过 10%的增减幅度。对附有数量溢短装条款的信用证，应注意总金额有无增减幅度，二者增减幅度要一致，或者后者略大于前者。

如果有佣金或折扣，应核对是按减除佣金或折扣后的净值开证，还是按不扣佣金或折扣的毛值开证。

来证所使用的货币应是可以自由兑换的货币，如果信用证要求金额为合同规定的货币，而偿付时用另一种货币付款，一般不接受。

③付款人。应审核付款人是否是开证行或其指定付款行。《UCP600》规定："不得开立包含有以申请人为汇票付款人条款的信用证。如果信用证要求提交以开证申请人为付款人的汇票，银行将视此种汇票为一项额外的单据。"通常，信用证中未明确付款人时，付款人应是开证行。

（5）有关装运条款的审核

信用证的装运条款规定得是否合理直接关系到装运工作能否顺利进行。审核时应注意：

①运输船只。在以 CIF 或 CFR 成交时，如果来证规定货物限制某班轮公司所属船只或某班轮运载货物，受益人应先向船公司了解装运期内船只及航次情况、目的港航次情况等，如果认为操作困难，应要求改证。如果来证规定需装快船（Fast Steamer）或限定 15 年以内船龄的船只，应事先联系船公司，如果不能出具快船证明或配到 15 年以内船龄的船只，则不能接受，需要改证。

②装运方式。如果来证规定货物由集装箱整箱装运，应查看是否有集装箱船驶往目的港，且货量是否与箱容匹配，如不合适，需及时改证。

③装运港和目的港。信用证中的装运港和目的港必须与合同规定相符，为防止发生地理位置上的混淆，最好在装运港和目的港后加注港口所在国或地区。如果是笼统的范围，比如，"中国港口、欧洲主要港口"，可以接受，不必改证。

④分批装运和转运。如果合同中禁止分批装运或转运而来证中却允许，此时无须修改信用证。如果来证规定不准在某港口装船，只要能从其他港口中转又不增加运费的，可以接受。

（6）有关保险条款的审核

首先，应核对该笔交易所采用的价格条件是否应由受益人办理保险；其次要核对信用证中的保险条款、保险金额、保险险别、赔付地点等的规定是否与合同约定一致。如果超出了合同规定，而受益人又无法办到，应要求改证。此外，保险勘察代理人应由保险公司自主选择，如果来证指定保险勘察代理人，应要求修改。

（7）有关货物描述的审核

信用证中有关货物描述是受益人装船交货和制单结汇的依据。这些内容必须与合同一致，否则出口商在执行合同时会发生困难或造成损失。因此，审证时应对照合同逐一审核品名、规格、数量、包装、单价、价格术语等内容；应注意对货物的描述是否过于笼统；数量、单价与总金额是否匹配；价格术语与合同以及单据条款是否一致。

（8）有关单据要求的审核

满足信用证要求，提交相符单据，是受益人安全结汇的前提，因而是出口审证的重点和难点。

首先，由受益人自己直接出具的单据，比如发票、包装单据、装运通知、受益人证明等，因完全由受益人自己做主，所以较容易根据实际操作情况来判断单据的可操作性。

其次，由信用证规定的第三方出具的单据，比如提单、保险单、原产地证明书、检验检疫证书、船公司证明等，因必须遵从第三方的规则，所以需要根据经验识别单据的可操作性。如果缺乏经验，应咨询第三方，以判断能否满足信用证的要求。

最后，如果是开证人控制出单主动权的单据，而受益人又无法满足的，属于软条款。比如客检证、验收证明等，此类单据应拒绝接受。

(9) 有关特别条款的审核

①适用惯例。信开证中应该有"This credit is subject to UCP600."等类似文句，以避免产生争议。升级后的 SWIFT 报文格式也增加了所适用的惯例。

②付款承诺。应注意信开证或一般电开证中必须有银行保证付款的责任文句。而 SWIFT 信用证无此要求，但应注意是否有免除银行第一性付款责任的软条款，这类条款与信用证的银行信用性质相背离，影响受益人安全收汇，应及时要求改证。

③银行费用。应注意银行费用负担的规定是否公平合理，不合理的，应拒绝接受。

④特殊条款。应对信用证中的特殊条款多加注意，尤其要查看是否有软条款，如有，应及时通知改证以消除隐患。

> **小思考**
>
> 　国外来证规定在货物装船 3 天后，将所有应交银行的正本单据寄给进口商一份。请问这种规定有无问题？
>
> 　评析：有问题，这种规定属于信用证软条款，这样出口商交银行的单据只能是副本或非全套正本，出口商存在货款两空的风险。

4.3.5　信用证中的软条款及其防范

何谓信用证软条款，国际上并没有统一的标准，一般是指在信用证中规定一些对受益人不利的弹性条款，或陷阱条款，致使信用证项下开证行付款与否不是取决于单证是否表面相符，而是取决于第三者的履约行为。这种做法赋予了开证申请人或开证银行单方面撤销付款责任的主动权，置受益人于完全被动的境地。

1) 常见的信用证软条款

信用证软条款的隐蔽性很大，形式多样，没有固定模式，一般不容易察觉。常见的软条款有以下几类：

(1) 暂不生效条款，拖延信用证的执行时间

信用证开出后并未生效，要待开证行另行通知或以修改书通知方可生效。比如，进口商要取得进口许可证或其他有关文件后，信用证才能生效；信用证规定暂不生效，何时生效由开证行通知等。

(2) 开证行免去第一性付款责任

当开证行在某种条件得不到满足时，可利用条款随时单方面解除其保证付款的责任。比如，在收到进口方的汇款或保函之前不能付款；货物清关后才付款；只有在货物抵达目的港，由进口商检验合格后才付款等。

（3）开证申请人控制条款

信用证中规定一些不经开证申请人指示就不能按正常程序进行的条款。比如，出口商发货需等申请人通知；运输工具、启运港或目的港要由申请人确认等。

（4）以本国法律干预信用证业务

在信用证中规定，审证的标准除了《UCP600》外，还应符合进口国的法律。

（5）规定苛刻条款，使出口商难以履行

信用证规定的条款相当苛刻，受益人稍不留意就可能提交与信用证不相符的单据，遭到开证行拒付。比如，信用证中指定船龄、船籍、船公司或不准在某港口转船；来证规定检验证书要由申请人会签，而且其签字需与开证行保留的记录相符。

（6）故意设置隐蔽性的陷阱条款

信用证中规定前后矛盾的条款，使受益人怎么做都不符合信用证内容。比如，来证要求受益人将1/3正本提单直接寄送申请人；合同规定保险应由进口商办理，而信用证中却要求提供保险单等。

2）对信用证软条款的风险防范

在出口实务中，信用证中的软条款一直是出口商难以把握的问题。一旦处理不当，或者遭遇国际市场变化，就会引发收汇风险，甚至导致更严重的经济损失。因此，出口商必须高度重视，并加强风险防范。

（1）应慎重选择交易对象

出口商交易之前，应对进口商资信进行全面调查，慎重选择交易对象，是解决风险防范问题的根本。

（2）应严格审证改证

出口商收到来证后应严格对照合同审核信用证，一旦发现软条款应及时要求对方修改，这是安全收汇的保障。

（3）应寻求银行协助

虽然银行不是进出口合同的当事人，但可以根据自己的经验为出口商提供建议和帮助。出口商如有疑问，应及时向通知行或付款行查询，有助于规避软条款风险。

4.4　信用证的修改

受益人审核信用证后，如果发现有影响安全收汇、不宜接受或不能做到的条款，应向开证申请人发出改证函，协商改证事宜。开证申请人填写改证申请书，向开证行申请改证，并缴纳改证手续费。开证行审核申请通过后，根据要求开立信用证修改书发给原证的通知行。该通知行再及时转递信用证修改书，通知受益人。信用证的修改（Amendment to Letter of Credit）可由开证申请人提出，也可由受益人提出，但都应持慎重态度，权衡轻重，灵活把握。

4.4.1　对信用证中问题条款的处理

对于审证中发现的问题条款，受益人应遵循既不影响开证申请人的正当利益，又能维护自己合法权益的原则给予处理。

（1）对己方有利又不影响对方利益的问题条款，一般不需要修改。

（2）对己方有利但会严重影响对方利益的问题条款，必须修改。

（3）对己方不利但能在不增加或少许增加成本的情况下完成的问题条款，可以不修改。

（4）对己方不利但需要在增加较大成本的情况下完成的问题条款，需与对方协商，决定是否改证。

（5）对己方不利若不改会严重影响安全收汇的问题条款，必须修改。

（6）信用证的修改不宜修改当事人。实际业务中，如果进口商将受益人改成另外一个受益人，则原受益人会很难配合做这样的修改。

（7）信用证中的某些条款虽然表述与合同不一样，但效果相同，并不影响合同顺利履行，可以不必修改。比如，合同规定允许转运，而信用证未规定，根据《UCP600》规定："信用证没有禁止转运，就可以转运。"

4.4.2 《UCP600》有关信用证修改的规定

（1）除本惯例第 38 条另有规定外，未经开证行、保兑行（如有）以及受益人同意，信用证既不能修改也不能撤销。

（2）自发出信用证修改之时起，开证行就不可撤销地受其发出修改的约束。保兑行可将其保兑承诺扩展至修改，且自其通知该修改之时起，即不可撤销地受到该修改的约束。然而，保兑行也可选择仅将修改通知受益人而不对其加具保兑，但必须不延误地将此情况通知开证行和受益人。

（3）在受益人向通知修改的银行表示接受该修改内容之前，原信用证（或先前已被接受修改的信用证）的条款对受益人仍然有效。受益人应发出接受或拒绝接受修改的通知。如受益人未发出上述通知，当其提交至指定银行或开证行的单据与信用证以及尚未表示接受的修改的要求一致时，则该事实即视为受益人已作出接受修改的通知，并从此时起，该信用证已被修改。

（4）通知信用证修改的银行应当告知向其发出修改书的银行任何有关接受或拒绝接受该修改的通知。

（5）不允许部分接受修改，部分接受修改将被视为拒绝接受修改的通知。

（6）修改书中作出的除非受益人在某一时间内拒绝接受修改，否则该修改将开始生效的条款将被不予置理。

此外，凡是需要修改的内容，最好一次性提出，避免多次修改增加手续和费用；而且明确修改费用由谁承担，并应通过原通知行转递修改书。

4.4.3 拟写改证函

改证函是指受益人向开证申请人提出改证要求时拟写的规范函电。改证函的基本内容与常见英文表述见表 4-5。

表 4-5   改证函的基本内容与常见英文表述

基本内容	常见英文表述
1. 感谢对方开来信用证	①Thank you for your L/C No. WT345 issued by West Country Bank, Los Angeles Branch dated DEC. 15, 2016. ②We are very pleased to receive your L/C No. SG999 against S/C No. D156.
2. 指出信用证存在的问题	①But we find the following points are in discrepancy with the stipulations of our contract. ②We are sorry to find it contains the following discrepancies.
3. 说明如何修改信用证	①Please amend the amount in figure to US$32 235.00. ②The price term is CIF London, instead of FOB Tianjin.
4. 感谢对方合作, 并希望尽快修改	Thank you for your kind cooperation. Please adjust the L/C immediately so that we can effect shipment in time.

通知行转递信用证修改书时向受益人发出的信用证修改通知书参见范例 4-3。

范例 4-3   信用证修改通知书

中国银行
BANK OF CHINA 江苏分行

信用证修改通知书
NOTIFICATION OF AMENDMENT

ADDRESS: 148 ZHONGSHAN SOUTH ROAD NANJING

CABLE: CHUNGKUO

TELEX: 34116/34127 BOCJS CN

SWIFT: BKCHCNBJ940

FAX: 4208843   **DATE:**

TO 致:		WHEN CORRESPONDING PLEASE QUOTE OUT REF NO.	
ISSUING BANK 开证行		TRANSMITTED TO US THROUGH 转递行	
L/C NO. 信用证号	DATE 开证日期	AMOUNT 金额	EXPIRY PLACE 有效地
EXPIRY DATE 有效期	TENOR 期限	CHARGE 未付费用	CHARGE BY 费用承担人
RECEIVED VIA 修改方式	AVAILABLE 修改是否生效	TEST/SIG 修改印押是否相符	CONFIRM 我行是否保兑修改
AMEND. NO. 修改次数	AMENDMENT DATE 修改日期	INCREASE AMT. 增额	DECREASE AMT. 减额

DEAR SIRS 敬启者:
WE HAVE PLEASURE IN ADVISING YOU THAT WE HAVE RECEIVED FROM THE A/M BANK A (N) AMENDMENT TO THE CAPTIONED L/C, CONTENTS OF WHICH ARE AS PER ATTACHED SHEET (S).
(兹通知贵公司, 我行收自上述银行开到修改一份, 内容见附件)

续表

THIS AMENDMENT SHOULD BE ATTACHED TO THE CAPTIONED L/C ADVISED BY US, OTHERWISE, THE BENEFICIARY WILL BE RESPONSIBLE FOR ANY CONSEQUENCES ARISING THEREFROM.

（本修改须附于有关信用证，否则，贵公司须对因此而产生的后果承担责任）

PLEASE NOTE THAT THIS ADVICE DOES NOT CONSTITUTE CUT CONFIRMATION AT THE ABOVE L/C NOR DOSE IT CONVEY ANY ENGAGEMENT OR OBLIGATION ON OUR PART.

（本通知书不构成我行对此信用证之保兑及其他任何责任）

REMARK 备注：

THIS AMENDMENT CONSISTS OF ＿＿＿ SHEET（S）, INCLUDING THE COVERING LETTER AND ATTACHMENT（S）.

本修改连同面函及附件共＿＿＿页。

KINDLY TAKE NOTE THAT THE PARTIAL ACCEPTANCE OF THE AMENDMENT IS NOT ALLOWED.

本修改不能部分接受。

THIS AMENDMENT IS ADVISED SUBJECT TO ICC UCP PUBLICATION NO. 600.

本修改之通知系遵循国际商会《跟单信用证统一惯例》第 600 号出版物办理。

YOURS FAITHFULLY,
FOR BANK OF CHINA, JIANGSU BRANCH

上岗操作

　　岗位情境中，大连服装进出口公司单证员刘敏依据编号为 DLG100535 的合同，结合《UCP600》和《ISBP745》等国际惯例，仔细审核了信用证的性质、种类、进出口双方的名称和地址、开证期、有效期、装运期、交单期、付款期限、金额币别、付款人、货物描述、是否允许分批装运和转运、单据要求等各个项目，对有问题的项目进行标示，填写审核结果，并拟写了改证函。

【信用证审核结果】

信用证号	LC41165130
合同号	DLG100535
审证结果	1. 信用证的有效期太短，不利于交单，应改为"160716"； 2. 汇票的付款期限与合同不符，应改为"DRAFTS AT SIGHT"； 3. 分批装运条款的规定与合同不符，应改为"PARTIAL SHIPMENT ALLOWED"； 4. 货物描述条款与合同不符，应加上"WHITE, BLUE AND YELLOW EQUALLY ASSORTED"； 5. 运费条款与本 CIF 合同不符，应将"FREIGHT COLLECT"改为"FREIGHT PREPAID"； 6. 特别条款规定"BENEFICIARY'S CERTIFICATE IS COUNTERSIGNED BY BUYER'S REPRESENTATIVE MR. SMITH, HIS SIGNATURE MUST BE VERIFIED BY ISSUING BANK."是软条款，出口商很难做到，应删除。

操作指导：在实际业务中，信用证的审核和改证对出口商至关重要，直接影响其顺利交单和安全收汇。审证和改证的规范，我们已在【岗位认知】中详细介绍过。这里仍需注意以下几点：①外贸企业的单证员应重点审核信用证中贸易条款方面的问题；②应密切关注信用证的软条款，确实无法做到的，应及时通知删除或修改；③应正确理解并重视对信用证中"非单据条款"的审核，如有疑问及时联系开证人和开证行。

【改证函】

大连服装进出口公司

DALIAN GARMENTS IMPORT & EXPORT CORPORATION

30 LUXUN ROAD, DALIAN, CHINA

TEL：0411-84713333　　FAX：0411-84713332　　E-MAIL：DLGIE@126. COM

MAY 28, 2016

ABD CO. , LTD.

362 JALAN AVE.

TORONTO, CANADA

DEAR SIRS,

WE THANK YOU FOR YOUR L/C NO. LC41165130. WE ARE SORRY TO SAY THAT YOUR L/C CONTAINS THE FOLLOWING DISCREPANCIES：

1. THE EXPIRY DATE OF THE L/C SHOULD BE "JUL. 16, 2016", NOT "JUL. 05, 2016".

2. DRAFT TO BE "AT SIGHT " INSTEAD OF "AT 30 DAYS AFTER SIGHT".

3. "PARTIAL SHIPMENT NOT ALLOWED" SHOULD READ "PARTIAL SHIPMENT ALLOWED".

4. ADD THE WORDING "WHITE, BLUE AND YELLOW EQUALLY ASSORTED" TO THE DESCRIPTION OF GOODS CLAUSES.

5. THE FREIGHT CLAUSE SHOULD BE " FREIGHT PREPAID" NOT " FREIGHT COLLECT".

6. DELETE "BENEFICIARY'S CERTIFICATE IS COUNTERSIGNED BY BUYER'S REPRESENTATIVE MR. SMITH, HIS SIGNATURE MUST BE VERIFIED BY ISSUING BANK".

WE LOOK FORWARD TO RECEIVING YOUR AMENDMENT AS SOON AS POSSIBLE AND THANK YOU FOR YOUR KIND COOPERATION.

TRULY YOURS,

DALIAN GARMENTS IMPORT & EXPORT CORPORATION

LIU MIN

操作指导：①改证函的拟写应遵循礼貌、体谅、正确、完整、清楚和简洁原则。②信用证中的不符点应在改证函中一次提出，避免多次要求改证，增加费用支出，影响按时交货。

刘敏将审证结果和改证函交公司主管审阅无误后，通知进口商向开证行申请改证。不久大连服装进出口公司收到加拿大 NATIONAL BANK 通过中国银行大连分行转递来的信用证修改书。刘敏对信用证修改书进行审核无误后，通知业务员进行备货、装运。

岗位实操

（一）单选题

1. 在信用证业务中，有关当事方处理的是（　　）。

A. 服务　　　　　　　B. 货物　　　　　　　C. 单据　　　　　　　D. 其他行为

2. 根据《UCP600》的解释，信用证的第一付款人是（　　）。

A. 进口人　　　　　　B. 开证行　　　　　　C. 议付行　　　　　　D. 通知行

3. 信用证规定到期日为 2017 年 1 月 30 日，而未规定最迟装运期，则可理解最迟装运期为（　　）。

A. 2017 年 1 月 10 日　B. 2017 年 1 月 30 日　C. 2017 年 1 月 9 日　D. 该信用证无效

4. 下列关于信用证修改的表述错误的是（　　）。

A. 修改应由开证人向开证行提出申请

B. 经开证行、保兑行（如有的话）及受益人同意，才能生效

C. 受益人可对一份修改通知书中的内容有选择地接受

D. 原证的条款，在受益人向通知行发出接受修改前仍对受益人有效

（二）多选题

1. 下列信用证条款中属于软条款性质的有（　　）。

A. 商业发票需开证申请人签署

B. 货物样品寄交开证申请人认可并作为议付条件之一

C. 商检证书由开证申请人签发，并作为议付单据之一

D. 信用证规定货物清关后银行才支付货款

E. 承运船由买方指定，船名以信用证修改书的方式通知，交单时必须提交信用证修改书

2. 开证申请书上常见的付款方式有（　　）。

A. 即期付款　　　　　B. 延期付款　　　　　C. 承兑付款　　　　　D. 议付

3. 信用证的特点包括（　　）。

A. 银行信用　　　　　B. 商业信用　　　　　C. 单据买卖　　　　　D. 自足文件

（三）判断题

1. 某电开信用证附注"详情后告"，则它只能视作无效简电通知书，不能凭以议付。

（　　）

2. MT700 是 SWIFT 方式下开证的格式，MT707 是 SWIFT 方式下修改信用证的格式。

（　　）

3. 如果国外银行开来的信用证中金额比买卖合同的金额多了 1 000 美元，装运期比合同规定早了 20 天，受益人可要求对装运期进行修改，信用证金额不必修改。　　　　（　　）

4. 信用证支付方式下，如果国外开来的信用证条款与买卖合同互相矛盾，制单、审单时应以信用证为准。　　　　（　　）

5. 信用证可以不规定有效期，但必须规定装运期。　　　　（　　）

6. 保兑行在审核单证无误付款后，若开证行倒闭或无理拒付，则保兑行无权向受益人索回货款。　　　　（　　）

7. 若错过了信用证有效期到银行议付，受益人只要征得开证人的同意，即可要求银行付款。　　　　（　　）

8. "ONE SET OF ABOVE MENTIONED NON-NEGOTIABLE DOCUMENTS HAVE BEEN SENT TO THE APPLICANT BY DHL WITHIN 3 WORKING DAYS AFTER B/L DATE." 这一信用证条款属于单据条款。　　　　（　　）

9. 信用证项下汇票的受票人必须是开证行。　　　　（　　）

10. 原信用证的金额为 USD50 000，A 银行加保兑；现在 A 银行收到开证行的信用证修改通知，增加金额 USD5 000，则 A 银行必须要对信用证修改加保兑。　　　　（　　）

11. 如果开证行通过 A 银行向受益人通知信用证，不能选择 B 银行向受益人通知信用证修改。　　　　（　　）

（四）单证缮制与操作

根据合同内容审核信用证，指出不符之处并提出修改意见。

SALES CONTRACT

THE SELLER：　　　　　　　　　　　　　　NO.：YH08039

SHANDONG YIHAI IMP. & EXP. CO.，LTD.　　DATE：DEC. 1，2016

NO. 51 JINSHUI ROAD，QINGDAO，CHINA　　SIGNED AT：QINGDAO，CHINA

THE BUYER：

LINSA PUBLICIDAD, S. A.

VALENCIA，195 BAJOS. 08011. BARCELONA，SPAIN

This Sales Contract is made by and between the Sellers and the Buyers，whereby the sellers agree to sell and the buyers agree to buy the under-mentioned goods according to the terms and conditions stipulated below：

Commodity & Specification	Quantity	Price Terms	
		Unit price	Amount
CARD HOLDER DYED COW LEATHER BLACK BROWN	5 000PCS 8 000PCS	FOB QINGDAO USD1. 45/PC USD1. 50/PC	USD 7 250. 00 USD12 000. 00 ——————— USD19 250. 00
Total amount：U. S. DOLLARS NINETEEN THOUSAND TWO HUNDRED AND FIFTY ONLY			

Packing：1PC/POLYBAG，500PCS/CTN   Shipping Mark：L. P.

Time of Shipment：DURING JAN. 2017 BY SEA   BARCELONA

                                                       NOS. 1-26

Loading Port and Destination：FROM QINGDAO TO BARCELONA

Partial Shipment and Transshipment：ALLOWED

Insurance：TO BE EFFECTED BY THE BUYER.

Terms of Payment：THE BUYER SHALL OPEN THROUGH A BANK ACCEPTABLE TO THE SELLER AN IRREVOCABLE SIGHT LETTER OF CREDIT TO REACH THE SELLER 30 DAYS BEFORE THE MONTH OF SHIPMENT AND TO REMAIN VALID FOR NEGOTIATION IN CHINA UNTIL THE 15TH DAY AFTER THE FORESAID TIME OF SHIPMENT.

ISSUE OF DOCUMENTARY CREDIT

27：SEQUENCE OF TOTAL：1/1

40A：FORM OF DOC. CREDIT：IRREVOCABLE

20：DOC. CREDIT NUMBER：103CD137273

31C：DATE OF ISSUE：161215

40E：APPLICABLE RULES：UCP LATEST VERSION

31D：DATE AND PLACE OF EXPIRY：DATE 170202 PLACE IN SPAIN

51D：APPLICANT BANK：BANCO SANTANDER, S. A.

               28660 BOADILLA DEL BARCELONA, SPAIN

50：APPLICANT：LINSA PUBLICIDAD, S. A.

           VALENCIA, 195 BAJOS. 08011. BARCELONA, SPAIN

59：BENEFICIARY：SHANDONG YIHAI IMP. & EXP. CO. , LTD.

           NO. 51 JINSHUI ROAD, QINGDAO, CHINA

32B：AMOUNT：CURRENCY EUR AMOUNT 19 250. 00

41A：AVAILABLE WITH···BY ANY BANK IN CHINA BY NEGOTIATION

42C：DRAFTS AT···30 DAYS AFTER SIGHT

42A：DRAWEE：LINSA PUBLICIDAD, S. A.

43P：PARTIAL SHIPMENT：NOT ALLOWED

43T：TRANSSHIPMENT：NOT ALLOWED

44E：PORT OF LOADING：ANY CHINESE PORT

44F：PORT OF DISCHARGE：VALENCIA, SPAIN

44C：LATEST DATE OF SHIPMENT：170115

45A：DESCRIPTION OF GOODS

     GOODS AS PER S/C NO. YH08036 DATED DEC. 1, 2016

     CARD HOLDER DYED COW LEATHER

     BLACK COLOUR/8 000PCS AT USD1. 45/PC FOB QINGDAO

     BROWN COLOUR/5 000PCS AT USD1. 50/PC FOB QINGDAO

     PACKING：200PCS/CTN

46A: DOCUMENTS REQUIRED

1. SIGNED COMMERCIAL INVOICE IN 3 COPIES.

2. CERTIFICATE OF ORIGIN GSP FORM A ISSUED BY OFFICIAL AUTHORITIES.

3. PACKING LIST IN 3 COPIES.

4. FULL SET CLEAN ON BOARD BILLS OF LADING MADE OUT TO ORDER MARKED FREIGHT PREPAID AND NOTIFY APPLICANT.

5. INSURANCE POLICY/CERTIFICATE IN DUPLICATE ENDORSED IN BLANK FOR 110% INVOICE VALUE COVERING ALL RISKS AND WAR RISK AS PER CIC.

47A: ADDITIONAL CONDITIONS

BILL OF LADING ONLY ACCEPTABLE IF ISSUED BY ONE OF THE FOLLOWING SHIPPING COMPANIES: KUEHNE – NAGEL (BLUE ANCHOR LINE), VILTRANS (CHINA) INT'L FORWARDING LTD. OR VILTRANS SHIPPING (HK) CO., LTD.

71B: CHARGES: ALL CHARGES ARE TO BE BORN BY BENEFICIARY.

48: PERIOD FOR PRESENTATION: WITHIN 5 DAYS AFTER THE DATE OF SHIPMENT, BUT WITHIN THE VALIDITY OF THIS CREDIT.

49: CONFIRMATION INSTRUCTION: WITHOUT

答案及解析

第5章

国际货物运输单证制作与审核

在国际贸易中，货物的交付是通过国际物流来实现的。国际物流系统的核心是国际货物运输，即实现货物从贸易一方到另一方的国际空间位移的操作过程，是顺利履行合同、确保安全收汇和及时收货的关键。为了多快好省地完成国际货物运输任务，从事国际贸易的当事人应当掌握必要的运输知识，合理选用各种运输方式，订好合同中的各项装运条款，并正确地缮制和熟练运用各种运输单据。

知识目标

★ 了解国际货物运输方式和装运条款等基础知识；
★ 熟悉海运和航空货运单证的含义、种类、作用及《UCP600》《ISBP745》的规定；
★ 掌握托运单、海运提单、航空货运单和装运通知等货运单证的内容与规范。

技能要求

★ 掌握不同运输方式下货物托运的流程；
★ 熟练缮制和审核海运托运单、海运提单、装运通知和航空货运单。

岗位情境

大连服装进出口公司业务员张山在落实信用证后抓紧备货，同时了解从大连到多伦多的船期和运价等信息，安排刘敏填制出口托运订舱委托书，备好商业发票、装箱单等随附单据交给与本公司有常年业务关系的大连德诚综合物流有限公司，委托其办理出口货物托运手续。

【思考】

什么是托运？怎样办理进出口货物托运手续？常见的货运单证有哪些？如何缮制海运提单和航空货运单？

【任务】

请以大连服装进出口公司单证员刘敏的身份根据第 3 章出口销售合同、第 4 章修改后的信用证以及下列补充信息缮制海运订舱委托书、托运单、海运提单和装运通知。

【补充信息】

编号信息	日期信息	包装信息	其他信息
*发票号码： AB10/035 *提单号： COSU10118610 *集装箱号： CBHU3202732	*出口订舱委托书日期： JUN. 17，2016 *托运单日期： JUN. 18，2016 *提单日期： JUN. 29，2016	*PACKING： G. W：3.5KGS/CTN N. W：3.0KGS/CTN MEAS：0.05CBM/CTN PACKED IN ONE 20' CONTAINER （自重 2 200kg）	*船名、航次： SHUNFENG V. 901 *公司开户行： 中国银行大连分行 *银行账号： 4567891238

岗位认知

5.1 国际货运基础知识

国际货物运输是以运输服务为交易对象的国家与国家或国家与地区之间的贸易活动。其主要分为国际贸易物资运输和非贸易物资（如展览品、个人行李、办公用品、援外物资等）运输两种。其中，贸易物资的运输是国际运输部门的主流业务，是国际货物运输的核心。国际货物运输具有涉外性强、中间环节多、涉及面广、运输距离长、时间性强和风险大等特点。

5.1.1 运输方式

国际货物运输方式的种类很多，实际业务中具体选用哪种方式，需要根据货物的特点、数量、包装、港口条件及运输距离的远近，由买卖双方在交易磋商时约定。常见的国际运输方式如下：

1）海洋运输

海洋运输（Ocean Transportation）是利用船舶通过海上航道运送货物的一种运输方式，是国际贸易中最主要的运输方式，其货运量占国际货物运输总量的 2/3 以上。与其他运输方式相比，海洋运输具有通过能力强、运载量大和运费低等优点，但受气候和自然条件的影响较大，运输的速度也相对较慢。其按照船舶的营运方式不同分为班轮运输（Liner Shipping）和租船运输（Charter Shipping）。

2）航空运输

航空运输（Air Transportion）是一种利用飞机运送货物的现代化运输方式。与其他运输方式相比，具有运输速度快、货运质量高且不受地面条件的限制等优点，但是运价高，运输能力有限，受气候条件影响大，最适合运送急需物资、鲜活商品、精密仪器和贵重物品等。其按照飞机的营运方式不同分为班机运输（Scheduled Airline）、包机运输（Chartered Carrier）、集中托运（Consolidation）和航空急件传送（Air Express Service）等。

航空公司与航空货运代理公司

航空公司（Airlines）即承运人，是指以各种航空飞行器为运输工具，以空中运输的方式运载客、货的企业，仅负责将客、货从一个机场运送到另一个机场。

航空货运代理公司负责揽货、接货、订舱、报关及地面提货、货交收货人等工作，是货主和航空公司之间的桥梁，既可以是货主的代理，负责向航空公司订舱，又可以是航空公司的代理，签发航空运单给出口商。

3）铁路运输

铁路运输（Railway Transportation）是一种仅次于海洋运输的主要运输方式，分为国际铁路货物联运和国内铁路货物运输。国际铁路货物联运是一种使用一份统一的国际联运票据，不需要发货人和收货人参加，而由铁路部门负责办理两国或两国以上铁路全程运送货物的运输方式。

4）集装箱运输

集装箱运输（Container Transportation）是指将一定数量的单件货物合并装入具有一定规格和强度的专为周转使用的大型货箱进行运输的一种现代化运输方式。其具有便利货运、简化手续；提高装卸效率、加速船舶周转；提高货运质量；减少货损货差；降低营运成本等散货运输所不可比拟的优越性。

集装箱

集装箱（Container），我国香港地区称为"货箱"，台湾地区称为"货柜"，标箱为 TEU（Twenty-Foot Equivalent Unit）。

（一）集装箱的类型繁多，常见的有：

1. 标准集装箱（General Purpose），有 20′GP 和 40′GP 两种，1 * 20GP = 1TEU，1 * 40GP = 2TEU。

2. 干货集装箱（Dry），用于运输成件、贵重、高档、易碎等货物。

3. 高箱（High Cube），常见的有 40′HQ 和 45′HQ，1 * 40HQ = 2TEU，1 * 45HQ = 2TEU。

4. 冷箱（Reefer），用于运输需要低温保存的食品、海鲜和水果等。

5. 开顶箱（Open Top），用于运输装箱难度大/超高类等货物。

6. 框架箱（Flat Rack），用于运输超高/超宽/超长/超重类等大型货物。

7. 油罐箱（Fuel Tank），用于运输液体类产品。

（二）集装箱的交接方式有四种：

1. FCL/FCL（整箱交/整箱接）。集装箱装箱和拆箱均由货方负责，具体交接地点有四种情况：①Door-Door（门到门）；②CY-CY（场到场）；③Door-CY（门到场）；

④CY-Door（场到门）。

2. LCL/LCL（拼箱交/拆箱接）。集装箱装箱和拆箱均由承运人负责，具体交接地点有一种情况：CFS-CFS（站到站）。

3. FCL/LCL（整箱交/拆箱接）。集装箱装箱由货主负责，拆箱由承运人负责，具体交接地点有两种情况：①Door-CFS（门到站）；②CY-CFS（场到站）。

4. LCL/FCL（拼箱交/整箱接）。集装箱装箱由承运人负责，拆箱由货主负责，具体交接地点有两种情况：①CFS-Door（站到门）；②CFS-CY（站到场）。

其中，CY（Container Yard）：集装箱堆场；CFS（Container Freight Station）：集装箱货运站；Door：发货人/收货人仓库。

（三）集装箱的装箱方式有三种：

（1）门到门。（2）内装箱。（3）自拉自送。

5）国际多式联运

国际多式联运（International Multimodal Transportation）是指按照多式联运合同，以至少两种不同的运输方式，由多式联运经营人把货物从一国境内接运货物的地点运至另一国境内指定交付货物的地点的运输方式。它是在集装箱运输的基础上产生和发展起来的一种综合性的连贯运输方式，适用于运量灵活、门到门的货物运输。

6）大陆桥运输

大陆桥运输（Land Bridge Transportation）是指使用横贯大陆的铁路（公路）运输系统，作为中间桥梁，把大陆两端的海洋连接起来的集装箱连贯运输方式。目前，世界上主要的大陆桥有西伯利亚大陆桥、欧亚大陆桥和北美大陆桥。

此外，国际运输方式还有公路运输（Highway Transportation）、邮政运输（Parcel Post Transportation）、管道运输（Pipeline Transportation）等。

小资料

国际货物运输的关系人

国际货物运输的基本关系人有三方：承运人、货主和货运代理。三者在国际货物运输业务中的关系密不可分，但在工作性质上有所区别：

承运人（Carrier）是指专门经营水上、航空、铁路、公路等货物运输业务的交通运输部门，拥有运输工具，提供运输服务，如轮船公司、航空公司等。

货主（Cargo Owner）是指专门从事国际贸易业务的进出口商，组织办理进出口货物的运输，是国际货物运输工作中的发货人或收货人。

货运代理（Freight Forwarder）是指接受货主或承运人的委托，代办国际货物运输事宜并收取报酬的机构或公司，是承运人与托运人之间的桥梁。

以上关系人是国际货物运输工作的主体，此外还常涉及仓储、商检、海关、保险、银行等其他部门。

5.1.2　装运条款

装运条款是合同中的主要条款，其规定是否明确合理，直接关系到装运工作的顺利进行和进出口任务的及时完成。装运条款的内容及其具体订立与合同的性质和运输方式有着密切的关系。目前国际贸易中使用最多的合同是 FOB、CIF 和 CFR 合同，而且大部分的货物是通过海洋运输完成的。本章重点介绍海洋运输中上述常见合同的装运条款。

1）装运期

装运期（Time of Shipment）又称装运时间，是指出口方装运货物的期限。常见的规定方法有：

①明确规定具体装运时间，应用比较普遍，如 2017 年 2 月。

②规定在收到信用证后若干天或若干月装运，适用于特殊情况。比如，针对外汇管制较严格的国家或地区。

③规定最迟装运期，即规定要在某一具体日期之前装运，或最晚不得晚于某一日期。其一般早于或等于运输工具的起航日期。

《UCP600》规定，不能使用"迅速、立即、即刻、尽快"之类的词语表示装运时间，否则银行将不予受理。

2）装运港和目的港

装运港（Port of Loading）又称装货港，是指货物起始装运的港口。目的港（Port of Destination）又称卸货港，是指货物最终卸货的港口。

为了便于卖方根据货源情况安排装运和适应买方接收和转售货物的实际需要，一般装运港由出口商提出，经进口商同意后确定；目的港则由进口商提出，经出口商同意后确定。通常装运港和目的港应分别规定一个。有时根据实际业务需要，也可分别规定两个或两个以上。装卸港的规定不应与合同中的贸易术语相冲突。在运输工具启运后尽量不要变更港口。

3）分批装运和转运

（1）分批装运

《UCP600》规定，凡一笔成交的货物分若干批次装运，为分批装运（Partial Shipment）。但同一船只、同一航次中多次装运的货物，即使提单表示不同装船日期及（或）不同装货港口，也不作为分批装运。

如果信用证规定了每批装运时间和数量，其中任何一期未按信用证规定发运时，信用证对该期及以后各期均告失效。如果信用证没有禁止分批装运，即视为允许分批装运。

（2）转运

《UCP600》规定，转运（Transshipment）是指信用证规定的装货港到卸货港之间的海运过程中将货物从一艘船卸下再装上另一艘船。如果卸货和再装船不是发生在装货港和卸货港之间，则不视为转运。如果信用证没有禁止转运，即视为允许转运。

在国际货物运输中，如果没有直达船或一时无合适的船舶运输，而需通过某中途港转运时，进出口双方可以在合同中约定转运条款。

5.1.3　货运单证

　　货运单证（Cargo Transport Documents）是指在整个国际货物运输过程中，为了确保货物的安全交接，由承运人、进出口货物收发货人和货运代理人签发的用于货物运输操作、管理和证明的一切国际货运单据、证件、凭证和电子报文。常见的货运单证有托运单证（国际货物托运委托书、托运单、装货单、收货单等）；运输单据（海运提单、海运单、国际多式联运单据、航空运单、国际铁路联运运单、承运货物收据、公路运单、专递或邮包收据等）；装运通知及其他单据（装货清单、载货清单、提货单等）。

5.2　国际货物托运的办理

　　托运（Consign for Shipment）是物流的一种形式，指进出口商或货运代理将进出口货物委托给承运人运输到指定目的港（地）的工作流程。根据货物运输方式不同，可以分为海运托运、空运托运、陆路托运等。托运是实现出口货物空间位移的首要环节，是完成外贸运输和安全结汇的关键。

　　在实际业务中，大多数进出口商较难直接向运输公司办理托运事宜，一般都是委托货运代理办理托运手续。而且托运是比较繁杂的业务环节，涉及进出口商、货运代理、承运人以及海关等众多部门。

5.2.1　海运出口货物托运流程

　　海运出口货物的托运流程（如图 5-1 所示）因贸易条件的不同而不同。如果采用 FOB 条件成交，出口商无须办理出口托运手续；如果采用 CIF 或 CFR 条件成交，出口商需要租船订舱。我国出口贸易大多采用 CIF 条件成交，如果出口货量大，需要整船载运，应办理租船手续；如果出口货量小，可以委托货代公司代办订舱手续。实际业务中，出口商应在预期装运的前两个星期或前 10 天托运，如果在每年的 7、8、9 月份高峰期间，还需适当提前托运。

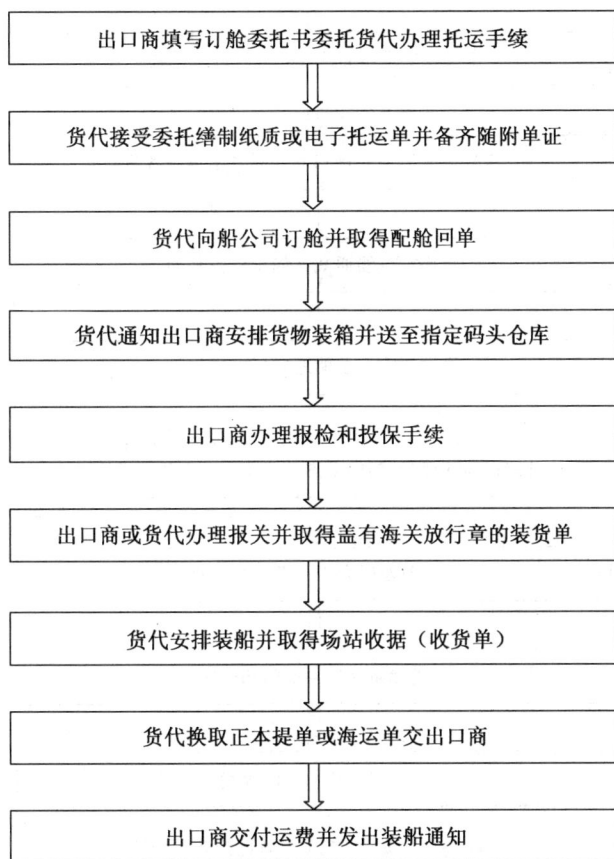

图 5-1　海运出口货物托运流程图

5.2.2　海运进口货物托运流程

海运进口货物托运流程（如图 5-2 所示）也视贸易条件的不同而不同。如果采用 CIF 或 CFR 贸易条件进口，由出口商负责租船订舱；如果采用 FOB 贸易条件进口，则由进口商负责安排舱位。我国进口业务大多采用 FOB 条件成交，而且根据货物的性质和数量决定办理租船或是订舱手续。

5.2.3　航空出口货物托运流程

在国际航空货运实践中，货主既可以委托货代办理托运手续，也可以自己直接办理托运手续。但是出运危险品时，航空公司只接受出口商的直接托运，不接受货代公司的间接托运。而且，航空出口货物的托运与海运出口货物的托运在时间上有所不同，一般在预期装运的前一周即可。如果是每年 11—12 月的高峰期，应适当提前托运。航空出口货物托运流程如图 5-3 所示。

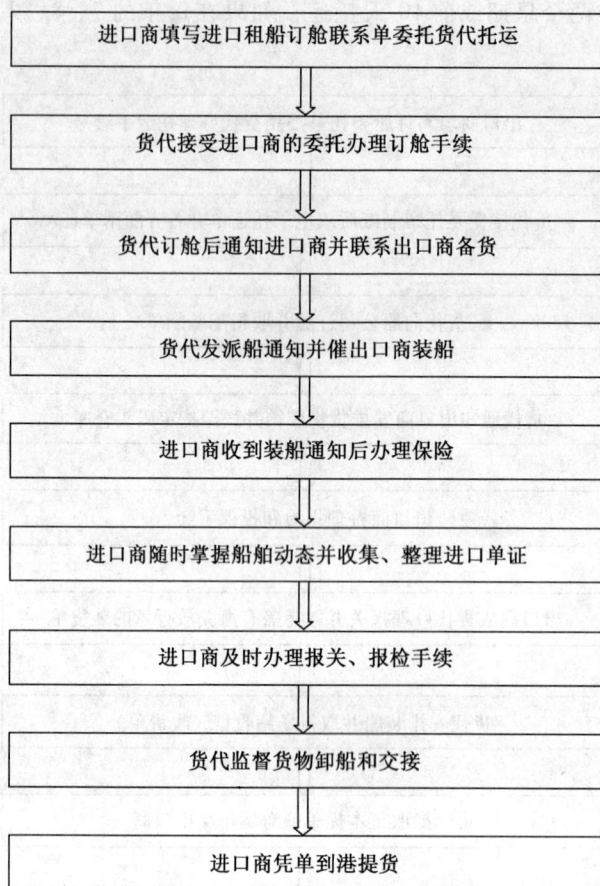

图 5-2　海运进口货物托运流程图

5.2.4　办理托运需要的单证

货物出口托运时需要的单证有：发票、装箱单、代理报关委托书、托运单，应该事先提交给货代。此外，凡是法定检验的商品，还应提交出境货物通关单。如果是设限纺织品出口，还需提交出口许可证。

> **小思考**
>
> **实际业务中，货到目的地后收货人凭哪种单据办理提货手续？**
>
> 答：如果是海洋运输，收货人凭正本提单向船公司在目的港的代理人处办理提货手续，付清有关费用后，收货人交回提单换取代理人签发的提货单即小提单（D/O），在码头仓库或船边提取货物。如果因为某种原因提单未到开证行或是远期付款交单，收货人无法取得提单换取小提单，这时需要收货人凭银行保函换取小提单。如果是航空运输，在货物抵达机场后，承运人或其代理向收货人发出到货通知书，收货人凭到货通知书提货，并在航空货运单上签收。

出口商填写国际货物托运委托书，委托航空货代办理托运手续

↓

航空货代落实货证齐备后接受委托，缮制纸质托运单
或发电子托运数据向航空公司办理托运手续

↓

航空货代制订预配舱方案办理预订舱

↓

接收出口商送交的相关单证，制定交接单并配总运单或分运单

↓

接收出口商送交的货物，过磅、丈量、贴分标签

↓

航空货代办理出口报检和报关手续

↓

航空货代完成配舱并向航空公司正式订舱

↓

填制航空货物总运单和分运单并将货物装箱装板

↓

交随机文件（集中托运清单、分运单、发票、箱单）并将货物贴上总标签

↓

将盖有海关放行章的航空运单与集装箱货物一起交航空公司装机

↓

出口商向海外发出装运通知并对航班货物进行跟踪，结算费用

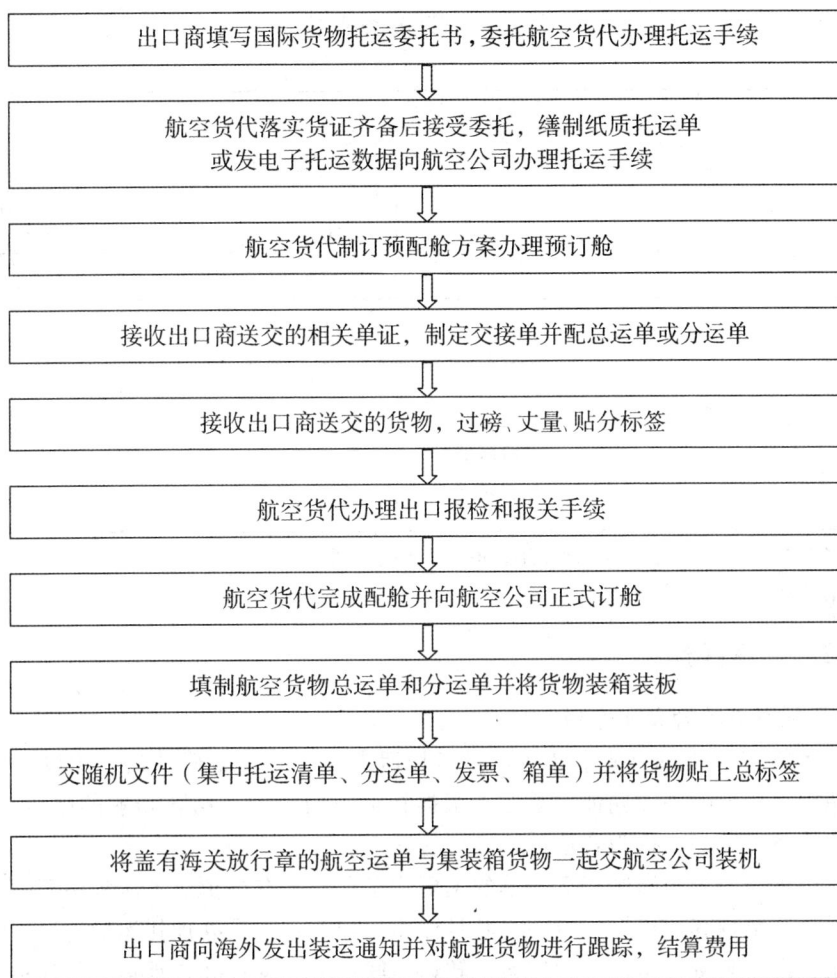

图 5-3　航空出口货物托运流程图

5.3　国际海洋货运单证的制作

5.3.1　海运订舱委托书

海运订舱委托书（Shipping Note），简称托书，是指进口商或出口商填制货物明细以委托货代办理海运进出口订舱手续的申请书。订舱委托书虽没有固定的格式，但各进出口公司缮制的托书主要内容基本一致。托书是缮制海运提单的原始依据，是办理托运的首要环节，也是最重要的书面指令，应严格按照合同或信用证的规定填制，具体参见范例5-1。

范例 5-1　　　　　　　　**海运进口订舱委托书**

编号：　　　　　　　　　　　　　　　　　　　　　　　　日期：

货名（英文）			
重量		尺码	
合同号		包装	
装卸港		交货期	
装货条款			
发货人 名称、地址			
发货人 电挂			
订妥船名		预抵港口	
备注		委托单位	

注：①危险品须注明性能，重大物件注明每件重量及尺码。
　　②装货条款须详细注明。

5.3.2　海运托运单

1）海运托运单的含义和作用

海运托运单（Booking Note，B/N）是指托运人填写并盖章确认的，用以向船公司或其代理办理货物托运的书面凭证。承运人根据托运单的内容，结合船舶的航线、挂靠港、船期和舱位等条件考虑，认为合适后，即接受托运。

海运托运单是船公司缮制海运提单的主要背景资料，在外贸业务流程中至关重要，如果制作有误，会影响其他单据的流转。其具体作用如下：①是办理托运的凭证；②是船公司接受订舱，调拨装货器材，组织装运、转运、联运的依据；③是承运人与托运人之间运输契约的书面记录；④是出口货物报关的货运单证；⑤是承运人签发提运单的原始凭证。

> **小资料**
>
> **电子托运单**
>
> 随着电子商务的飞速发展，各承运人利用先进的计算机技术和网络技术，将船期表、其他订舱信息和数据集中存放在公共数据中心或船公司网站上，为各托运人跨国家（地区）、跨公司、跨部门地查阅、选择和网上订舱提供了操作平台。
>
> 托运人可以在其办公场所将标准格式的托运电子报文数据，通过终端申报方式、EDI申报方式或网上申报方式，在"订舱托运"系统中向船公司或其代理的计算机系统发送托运单电子数据。船公司或其代理收到托运单电子数据后，根据船舶载货量和具体托运内容来安排舱位，船公司如果确认订舱，便发送"接受订舱"的电子回执给托运人，并将确定的船名、航次、关单号和船舶动态等信息数据发送给托运人，完成电子托运订舱的手续。电子托运单具有形式简单、订舱速度快、效率高和差错率低等特点，是我国未来"无纸化贸易运输"的发展方向。

2）海运托运单的种类

目前，班轮运输有两种运输方式，即散货班轮运输和集装箱班轮运输。两种运输方式使用不同格式的托运单，即散货班轮托运单（参见范例 5-2）和集装箱货物托运单（Container Booking Note）。

随着国际货物运输业的迅速发展，传统的杂货件运输在班轮运输中所占比重逐渐降低，取而代之的是大规模的集装箱班轮运输。集装箱货物运输作为一种新型的现代化运输方式，大大提高了货运质量和营运效果，因而被广泛使用。

集装箱班轮运输以场站收据（Dock Receipt）作为集装箱货物的托运单，由货代根据海运订舱委托书的内容缮制，通常一式十联，包括：第一联，货主留底；第二联，船代留底；第三联，运费通知（1）；第四联，运费通知（2）；第五联，装货单，即场站收据副本（1）；第五联附页联，缴纳出口货物港务费申请书；第六联，大副联，即场站收据副本（2）；第七联，场站收据正本；第八联，货代留底；第九联，配舱回单（1）；第十联，配舱回单（2）。其中，第五至第七联是关键联（见表 5-1）。

表 5-1　　　　　　　　　　　　　　　　场站收据的第五联至第七联

	单据名称	单据含义	单据作用	单据使用
第五联	场站收据副本（1）——装货单（Shipping Order，S/O）	是指船公司接受托运人的装运申请，签发给托运人凭以命令船长将承运货物装船的单据，是托运单的核心	①是船公司确认承运货物的证明 ②是船公司通知船舶接货装船的命令，俗称"下货纸" ③是海关对货物进行监管、放行的单据之一，又称"关单"	①船公司接受订舱后，在第五联上加列船名、航次和编号（日后提单号）并盖章确认订舱 ②货代持第五至第七联连同报关单和其他单证办理报关手续，海关查验后在第五联装货单上加盖放行章。如果企业选择"通关作业无纸化方式"，则海关无须在装货单上加盖放行章 ③货代负责将箱号、封志号、件数等内容填入第五至第七联，并将货物与这三联送交集装箱堆场或货运站 ④集装箱装船后经大副查验没有外表不良或缺陷，港口场站将第五联和第六联留底，并签发没有大副批注的场站收据正本返还货代以换取正本提单
第六联	场站收据副本（2）——大副联（Mates Receipt，M/R）		①是办理报关的单据之一 ②交港口外轮理货的凭证	
第七联	场站收据正本——收货单（Dock Receipt，D/R）	是船公司收到货物并已装船的凭证	①是划分船公司与托运人责任的重要依据 ②是确定"清洁提单"与"不清洁提单"的依据 ③是托运人换取正本提单的凭证	

3）海运托运单的缮制

无论是纸质托运单，还是电子托运单，其基本内容和缮制规范相同（见表 5-2）。

表 5-2   海运托运单的基本内容与规范

基本项目	内容与规范
1. 托运人 （Shipper）	填写托运人的名称、详细地址和联系方式，可以是出口商或其贸易代理，也可以是货代，在信用证项下填写受益人
2. 收货人 （Consignee）	根据信用证规定填写，为了便于流通，一般采用指示式收货人，即"To order"或"To order of…"
3. （被）通知人 （Notify Party）	填写预定的收货人或收货人委托的代理人的名称和地址，在信用证中一般为开证申请人或其指定的人
4. 前程运输 （Pre-Carriage by）	货物如需转运，本栏填写第一程的船名；如果不需要转运，本栏留空
5. 收货地点 （Place of Receipt）	货物如需转运，本栏填写运抵装货港前内陆收货的地点；如果不需要转运，本栏留空
6. 船名、航次 （Ocean Vessel, Voy. No.）	货物如需转运，本栏填写第二程船的船名和航次；如果不需要转运，填写实际运输船舶的船名和航次
7. 装货港 （Port of Loading）	货物如需转运，本栏填写中转港的名称；如果不需要转运，填写实际装货港名称
8. 卸货港 （Port of Discharge）	货物如需转运，本栏填写第二程卸货港名称；如果不需要转运，填写实际卸货港名称
9. 交货地点 （Place of Delivery）	填写货物最终交货地的城市或地区名称，如果最终交货地是卸货港，此栏留空
10. 集装箱号码、封志号或唛码 （Container No., Seal No./Marks & No.）	采用集装箱运输时，如果托运时是整箱货，本栏填集装箱号码；如果是拼箱货，先填具体唛头，再填集装箱号码；货物装箱完毕后要加封志，封志号一般在提单上显示，托运单上不填报；如果唛头内容较多而无法在此栏全部显示，允许贴唛但要盖上签单骑缝章；如果信用证或合同中未规定唛头，则填写"N/M"
11. 箱数或件数 （No. of Containers or Packages）	填写集装箱的箱数或货物最外包装的件数，用阿拉伯数字表示；对于不同种类的货物混装在一个集装箱内的，货物总件数是所有数字相加，其包装种类用"Packages"表示；采用托盘包装的货物，一般除了填写托盘数外，还在括号内填写每个托盘内货物的件数，例如，3 Pallets（S.t 15 Cartons）SAY THREE PALLETS ONLY
12. 包装种类和品名 （Kind of Packages, Description of Goods）	按信用证要求填写货物的包装材料、形式和品名规格，可以写统称，但不得与信用证相矛盾
13. 毛重 （Gross Weight）	填写货物的实际总毛重，按千克计算；如是裸装货，应注明货物的净重"N.W."及具体数量
14. 尺码 （Measurement）	填写货物的实际总体积，以立方米计算

基本项目	内容与规范
15. 集装箱数或件数合计 （Total No. of Containers or pkgs.）	用英文大写表示集装箱箱数或最外包装件数（以 SAY 开头，以 ONLY 结束），以防更改
16. 运费和附加费 （Freight & Charges）	由船公司或其代理填写
17. 运费预付或到付 （Prepaid or Collect）	如果运费由装运港托运人支付，则为"Freight Prepaid"；如果运费由目的港收货人支付，则为"Freight Collect"
18. 正本提单份数 （No. of Original B（s）/L）	填写信用证规定的正本提单份数，按惯例，正本提单通常一式两份或三份
19. 货物交接方式 （Service Type on Receiving）	一般有 9 种集装箱货物交接方式，应按运输条款如实填写
20. 冷藏方式温度 （Reefer-Temperature）	如果是冷藏货物需要填写
21. 种类 （Type of Goods）	根据货物实际情况填写
22. 分批装运 （Partial Shipment）	填写信用证规定的"允许"或者"不允许"
23. 转运 （Transshipment）	填写信用证规定的"允许"或者"不允许"
24. 装运期限 （Time of Shipment）	填写信用证或合同中规定的最晚装运期
25. 信用证有效期 （Expiry Date of L/C）	如用信用证支付，填写信用证的有效期，如装运期栏为空，则此栏也可留空
26. 制单日期 （Date）	填写托运单据的日期，必须早于最迟装运期和有效期
27. 特别条款 （Special Conditions）	填写信用证中有关运输的特殊要求
28. 托运单号码 （D/R No.）	由船公司或其代理填写，即以后的提单号码
29. 签字盖章 （Signature）	由托运人签字、盖章

5.3.3　海运提单

1）海运提单的含义和作用

海运提单（Ocean Bill of Lading，B/L）是指承运人船公司或其代理人在收到承运货物时签发给托运人的证明货物已装船并运往指定目的港的书面凭证。它体现了托运人和承运人的关系。

范例 5-2   **散货班轮出口托运单**

托运人：

Shipper _____

编号：   船名：

No. _____   S. S. _____

目的港：

For _____

标记及号码 Marks & Nos.	件数 Quantity	货名 Description of Goods	重量 Weight（Kilos）	
			净 Net	毛 Gross
包装件数总计（大写） Total No. of Packages in Writing			运费付款方式 Terms of payment	
运费计算 Freight & Charges	尺码 Measurement			
备注 Remarks				
通知	可否转船 Transshipment		可否分批 Partial Shipment	
收货人 Consignee	装期 Time of shipment		效期 Expiry Date of L/C	提单份数 No. of B/L
	金额 Amount			
配货要求	银行编号 Bank No.		信用证号 L/C No.	

制单   年   月   日

在国际货物运输中，提单是最具特色、最完整也最重要的运输单据，具有下列性质和作用：①是承运人签发给托运人的货物收据；②是托运人与承运人之间的运输契约证明；③是代表货物所有权的凭证，是一种有价证券；④是承运人有条件地为托运人运输货物的书面确认；⑤是办理银行结汇最重要的文件。

┌╌╌╌╌╌╌
╎ **小资料**
╎
╎   **提单与海运单的区别**
╎
╎   海运单（Sea Waybill），又称海上运送单或海上货运单，是指承运人向托运人或
╎ 其代理人签发的表明货物已收妥待装的一种凭证。提单与海运单的区别如下：
╎   1. 性质不同。提单是货物收据，是运输合同，也是物权凭证。而海运单只具有
╎ 货物收据和运输合同两种性质，不是物权凭证。
└╌╌╌╌╌╌

2. 抬头不同。提单可以作成指示性抬头，通过背书转让。而海运单是一种非流通性单据，其抬头不能作成指示性抬头，不能背书转让。

3. 内容不同。提单有正面内容和背面条款，而海运单只有正面内容。

4. 作用不同。提单的合法持有人和承运人分别凭提单提货和交货。而海运单上的收货人不能出示海运单，仅凭提货通知或其身份证明提货，承运人也是凭收货人出示的适当身份证明交付货物。

2）海运提单的种类

海运提单的种类繁多，可从不同角度划分，提单种类的划分及每种提单的含义和特点见表 5-3。

表 5-3　　　　　　　　　　　　提单种类的划分及每种提单的含义和特点

分类依据	提单种类	含义和特点
按照提单表现形式不同分类	纸质提单（B/L）	指传统的书面形式海运提单，在我国目前的国际贸易结算中，大多数提供的是纸质提单
	电子提单（Electronic B/L）	指通过电子数据交换系统（Electronic Data Interchange，EDI）传递的有关海上货物运输合同的数据，是无纸单证，安全性较高，便于收货人及时提货
按照收货人抬头不同分类	记名提单（Straight B/L）	指提单收货人一栏中填写具体收货人名称的提单，只能由提单上指定的收货人提货，不能背书转让，安全性强但流通性差，实际业务中使用较少
	指示提单（Order B/L）	指在提单收货人一栏内填上"凭指示"（To order）或"凭某人指示"（To order of ×××）字样的提单，可以背书转让，安全性和流通性都强，使用广泛
	不记名提单（Open B/L）	指提单收货人一栏留空，或注明"给提单持有人"（To Bearer）字样，风险很大，实际业务中基本不用
按照货物是否已装船分类	已装船提单（On Board B/L）	指货物装船后由承运人或其代理人根据大副收据签发给托运人的提单，对收货人按时收货有保证，信用证一般要求提供已装船提单
	收货待运提单（Received for Shipment B/L）	指承运人已收到托运人的货物但还没有装船时，应托运人的要求而签发的提单。不能保障按时装运和及时到货，信用证一般不接受
按照货物表面有无不良批注分类	清洁提单（Clean B/L）	指货物表面状况良好，没有任何不良批注的提单，银行仅接受清洁提单
	不清洁提单（Unclean B/L）	指承运人在提单上加注有货物表面状况不良批注的提单

分类依据	提单种类	含义和特点
按照运输方式不同分类	直达提单（Direct B/L）	指货物从装货港装船后，中途不经转船，直接运至目的港卸船所签发的提单
	转船提单（Transhipment B/L）	指货物从启运港装船后不直接驶往目的港，需要在中途港口换船转运至目的港卸货的海运提单
	联运提单（Through B/L）	指经由海运和其他运输方式的联合运输时，由第一承运人签发的包括全程运输并在目的港（地）凭以提货的提单；第一承运人仅对海运的第一段运输负责
	多式联运提单（Multimodal Transport B/L）	指货物由两种或多种运输方式进行联合运输而签发的适用于全程运输的提单；由多式联运经营人或无船承运人签发，对承运货物的全程负责；主要用于成组化的货物，特别是集装箱货物运输
按照提单内容简繁不同分类	全式提单（Long Form B/L）	指既有提单正面内容，又有背面条款的提单
	简式提单（Short Form B/L）	指仅有正面内容，没有背面条款的提单
按照船舶营运方式不同分类	班轮提单（Liner B/L）	指由班轮公司承运货物后签发给托运人的提单
	租船提单（Charter Party B/L）	指承运人根据租船合同签发的提单
按照提单使用效力不同分类	正本提单（Original B/L）	指提单上有承运人或其代理人签字盖章并注明签发日期的提单，是法律上有效的提单，必须注明"Original"字样
	副本提单（Copy B/L）	指提单上没有承运人或其代理人签字盖章的提单，仅供参考

此外，还有过期提单（Stale B/L）、预借提单（Advanced B/L）和倒签提单（Anti-dated B/L）、甲板提单（On Deck B/L）等。

小思考

我方向加拿大蒙特利尔出口一批货物，信用证规定禁止转船。我方向银行提交了直达提单，但船方因故在中途转船，加拿大方获悉后通知开证行拒付货款。试问开证行能否拒付货款？

评析：开证行无权拒付。《UCP600》规定，提单可以表明货物将要或可能被转运，只要全程运输由同一提单涵盖，银行仍可接受。

3）海运提单的内容

海运提单由正面内容和背面条款两部分组成。正面内容是可变部分；背面条款是运输契约和所运用的法律条款，一般不作变更。

（1）提单的正面内容

提单正面记载的内容主要包括"提单"字样；提单号码；承运人的名称和主要营业场所；船舶名称和航班号；托运人名称；收货人名称；通知人名称；装货港和卸货港；货物名称、标志、集装箱箱号和件号、包装、件数、重量、体积和运费支付方式；提单的签发日期、地点和份数以及承运人或其代理人的签字或盖章。

（2）提单的背面条款

提单背面印定的条款规定了承运人与托运人或提单持有人之间的权利、义务和责任豁免，是有关当事人处理争议时的主要法律依据，主要包括定义条款、管辖权条款、责任期限条款、包装和标志、运费和其他费用、自由转船条款、错误申报、承运人责任限额、共同海损条款。

（3）提单的印刷条款

提单的印刷条款也称契约文字，是根据国际公约、各国法律和承运人的规定印制的，用以约束托运人和承运人。不同的班轮公司根据需要在提单的正面和背面印刷不同的条款，常见的印刷条款有确认条款、不知条款、承诺条款等。

小资料

海运提单的背书

所谓背书（Endorsement）是指转让人在提单的背面写明受让人或不写明受让人，并签名转让提单的行为。按照国际惯例，记名提单不得转让，不记名提单无须背书即可转让，这两种提单上的盖章和签字仅是记载提货的表示。只有指示提单必须经过背书才能转让。指示提单的背书方式主要有以下几种：

1. 记名背书，是指背书人在提单背面写明被背书人的名称，并由背书人签名，同时注明背书日期的背书形式。

2. 不记名背书，又称空白背书，是指背书人在提单背面仅自己签名，并注明背书的日期，而不记载任何受让人的背书形式。

3. 指示背书，是指背书人在提单背面写明"凭×××指示"的字样，同时由背书人签名的背书形式。经过指示背书的指示提单还可以进行背书，但背书必须连续。

4）信用证中常见的海运提单条款

例1. Full set of clean on board ocean bill of lading marked "Freight prepaid" to order and blank endorsed notifying applicant.

全套清洁的已装船海运提单，注明"运费预付"，作成"空白抬头，空白背书"，并通知开证申请人。

例2. 2/3 set of clean on board marine B/L made out to order of shipper endorsed to ××× Bank and notify buyers calling for shipment from Shanghai to London marked "Freight collect".

已装船清洁提单3份正本，其中2份交银行，作成以托运人指示为抬头，背书给×××银行，通知买方要求货物从上海运往伦敦，注明运费到付。

例3. Shipper must send one copy of shipping documents directly to buyer.

托运人必须直接寄给买方一份已装船提单副本。

一般信用证中对海运提单条款的表述包括对提单抬头、通知人、种类、份数、运费支付的说明及特殊要求等。

相关链接

《ISBP745》有关海运提单的规定

1. 正本提单：适用《UCP600》第20条的运输单据必须注明所出具的正本的份数。提单标注"第一正本""第二正本""第三正本"或"正本""第二联""第三联"等类似字样，均为正本。

2. 装船批注："已发运且表面状况良好""已载于船""清洁已装船"或其他包含"已发运"或"已装船"之类字样的用语与已装船发运具有同等效力。

当提交预先印就"已装船"提单时，提单的出具日期将被视为装运日期，除非其载有单独注明日期的装船批注。在后一种情况下，该装船批注日期将被视为装运日期，不论其早于或晚于提单出具日期。装船批注日期也可以显示在指定栏位或方框中。

3. 货物描述：提单上的货物描述可以使用与信用证所规定的货物描述不相矛盾的统称。

4. 清洁提单：提单不应含有明确声明货物或包装状况有缺陷的条款。"清洁"字样没有必要在提单上显示，即便信用证要求提单标明"清洁已装船"或"清洁"字样。删除提单上"清洁"字样，并非明确声明货物或包装状况有缺陷。

---

5) 海运提单的缮制

目前，世界各国的班轮公司开具的提单格式不尽相同，但基本内容一致。而且《UCP600》规定"只要运输单据是港至港运输单据，单据不一定要使用'海运提单'、'海洋提单'或'港至港提单'等措辞"。简单地说，只要是为海运而签发的提单银行就接受，不论其如何命名。海运提单的基本项目及内容与规范见表5-4，缮制参见范例5-3。

表5-4　　　　　　　　海运提单的基本项目及内容与规范

基本项目	内容与规范
1. 托运人（Shipper）	填写托运人的名称、详细地址和联系方式，可以是出口商也可是货代，如无特殊规定，一般信用证项下为受益人，托收项下为出口商
2. 收货人（Consignee）	收货人是提单的抬头，必须根据信用证填写。一般有三种填法：①记名抬头，本栏直接填写收货人名称，这种提单无法转让，不易控制货权；②不记名指示抬头，又称空白抬头，本栏填写"To order"，凭托运人背书才能转让；③记名指示抬头，本栏填"To order of ×××"由"×××"背书。实际业务使用最多的是后两种

续表

基本项目	内容与规范
3. 被通知人 （Notify Party）	填写接受船方发出货到通知的当事人名称、地址和联系方式。信用证项下，按信用证要求填写，如果是记名提单本栏不填。非信用证项下，一般填写进口商
4. 前程运输 （Pre-carriage by）	如果是港至港提单，本栏留空。若是国际多式联运，填写第一程运输方式
5. 收货地点 （Place of Receipt）	如果是港至港提单此栏为空白。若是国际多式联运，填写运抵装货港前内陆收货的地点。如 CIP 术语，从大同经连云港到旧金山，大同到连云港用铁路运输，此栏填 Datong
6. 船名航次 （Ocean Vessel and Voy. No.）	填写货物实际装运的船舶名称和航次，应符合信用证要求，如无航次可不显示
7. 装货港 （Port of Loading）	填写货物实际装船的港口名称
8. 转运港 （Port of Transshipment）	填写到达目的港之前的中转港口名称，货物在海运途中发生转运时填写此栏，否则留空
9. 卸货港 （Port of Discharge）	填写实际卸货的港口名称
10. 交货地点 （Place of Delivery）	填写货物被最终运往的目的地名称。若是港至港提单则此栏留空
11. 集装箱号，封志号，唛头 （Container No., Seal No., Marks & Nos.）	如果是集装箱运输，应填写集装箱的箱号、封志号及唛头。如果信用证有规定应与其一致，否则以合同为准。如没有唛头用"N/M"（No Mark）显示
12. 箱数或件数 （No. of Contaniers or Packages）	填写集装箱箱数或货物外包装的件数，一般用阿拉伯数字表示。如果是散货，可填"In bulk"；如果是裸装货，应加上件数和量词，如一辆客车；如果是两种以上不同包装，应逐项列明包装，并注明合计数量，同时采用"Package"表示包装种类
13. 货物描述 （Description of Goods）	填写货物的名称和规格，可以写统称但不得与信用证相矛盾
14. 毛重 （Gross Weight）	填写货物的实际总毛重，计量单位为千克，如是裸装货，则应注明净重"N.W."及具体数量，小数要保留两位
15. 尺码 （Measurement）	填写货物的实际总体积，计量单位为立方米，小数要保留三位
16. 总箱数/货物总件数 Total No. of Containers/Packages（in words）	用英文大写字母表示，件数前须加"SAY"，结尾处应标明"ONLY"
17. 运费和费用 （Freight & Charges）	填写"Freight Prepaid"或"Freight Collect"，但不填写具体数额。应与采用的贸易术语一致

续表

基本项目	内容与规范
18. 装船批注与装船日期 （On Board Notation and Date）	填写"On Board"字样和装船完毕日期，不得迟于信用证规定的最迟装运日期
19. 正本提单份数 （No. of Original B/L）	填写信用证规定的正本提单的份数，并且用英文大写和数字分别表示，例如，THREE（3）
20. 签发地点和日期 （Place and Date of Issue）	签发地点一般为装运港口或者接受监管的地方。签发日期不得晚于信用证规定的装运期，如果提单正面条款有"已装船条款"，则签发日期就是装船完毕日期
21. 承运人或其代理人签字 （Signed for or on behalf of the Carrier）	《UCP600》规定，此栏应由承运人或代表承运人的具名代理人签署证实，或由船长或代表船长的具名代理人签署证实。例如，承运人本人签署提单 for PACIFIC INTERNATIONAL LINES（PTE）LTD as Carrier
22. 提单号 （B/L No.）	一般填写装货单上的编号，即关单号，要求必须填写

范例 5-3
　　　　　　　　　　　　　　海运提单
BILL OF LADING

Shipper	B/L No.
	中国对外贸易运输总公司 **CHINA NATIONAL FOREIGN TRADE TRANSPORT CORPORATION** **直运或转船提单** **BILL OF LADING DIRECT OR WITH TRANSHIPMENT**

Shipper	
Consignee or Order	
Notify Address	
Pre-carriage by	Port of Loading
Vessel Voy. No.	Port of Transshipment
Port of Discharge	Final Destination

SHIPPED on board in apparent good order and condition（unless otherwise indicated）the goods or packages specified herein and to be discharged at the mentioned port of discharge or as near thereto as the vessel may safely get and be always afloat.

THE WEIGHT, measure, marks and numbers, quality, contents and value being particulars furnished by the Shipper, are not checked by the Carrier on loading.

THE SHIPPER, Consignee and the Holder of this Bill of Lading hereby expressly accept and agree to all printed, written or stamped provisions, exceptions and conditions of this Bill of Lading, including those on the back hereof.

IN WITNESS, whereof, the number of original Bills of Lading stated below have been signed, one of which being accomplished, the other（s）to be void.

Container No. , Seal No. , Marks & Nos.	No. and Kind of Package & Description of Goods	Gross Weight（Kgs）	Measurement（m³）
REGARDING TRANSHIPMENT INFORMATION PLEASE CONTACT		Freight & Charge	

Ex. Rate	Prepaid at	Freight Payable at	Place and Date of Issue
	Total Prepaid	No. of Original B（s）/L	Signed for or on behalf of the Master as Agents

SUBJECT TO THE TERMS AND CONDITIONS ON BACK

5.3.4　装船通知

1）装船通知的含义和作用

装船通知（Shipping/Shipment Advice，Declaration of Shipment）也称装运通知，是指出口商在货物装船后通过传真、邮寄或电子邮件等方式发给进口商或其指定人或保险公司的有关货物详细装运情况的通知。其目的在于让进口商做好投保、接货和付款的准备。在国际贸易中，无论采用何种贸易术语成交，出口商都要承担通知义务。装船通知可以使收货人及时了解货物装运情况，而且在 FOB 或 CFR 贸易条件下，是进口商办理货运保险的凭证。

按照惯例，在 FOB、CFR、FCA 和 CPT 条件下，出口商应在装运日当天（24 小时）向进口商发出装运通知；在 CIF 和 CIP 条件下，出口商应在装运日后 3 天内发出装运通知。

> **提醒您**
>
> **容易混淆的几个概念**
>
> Shipping/Shipment Advice，指装运通知，是由出口人发给进口人的。
>
> Shipping Instructions，指装运须知，一般是进口人发给出口人的。
>
> Shipping Note/Bill，指装货通知单/船货清单。
>
> Shipping Order，指装货单/关单/下货纸，是海关放行和命令船方将单据上载明的货物装船的文件。

2）装船通知的缮制

通常情况下装船通知以英文制作，格式无须统一，但内容一定要符合信用证的规定。装船通知的基本项目及内容与规范见表 5-5，缮制参见范例 5-4。

表 5-5   装船通知的基本项目及内容与规范

基本项目	内容与规范
1. 出口商名称和地址 （Exporter's Name and Address）	填写出口商的中英文全称、地址和联系电话，中英文对照分行填写，一般事先已打印好
2. 单据名称 （Name of Document）	通常用"SHIPPING ADVICE"表示，如信用证有具体规定则使用要求的名称
3. 地点和日期 （Place and Date）	制作地点为实际发货地或受益人所在地；制作日期应在信用证规定时间内，一般与提单同日
4. 通知对象 （To）	即抬头，信用证项下填写开证申请人或其指定的保险公司；非信用证项下为进口商或其指定的保险公司
5. 通知内容	发票号码、信用证号码、提单号码，若为了方便买方及时投保，需加预约保单号码
	商品名称、数量、金额、唛头
	船名、装运港、目的港、装运期
	预计开航日期和到达日期（ETD，ETA）
6. 签署 （Signature）	受益人一般不签署，若信用证要求，应填写出口公司的名称并由经办人签字

3）信用证中常见的装船通知条款

例1. Shipment advice with full details including shipping marks, CTN numbers, vessel's name, B/L No., value and quantity of goods must be sent on the date of shipment to us.

详细注明唛头、包装件数、船名、提单号码、货物价值和数量的装船通知必须在装运当天发送给我方。

例2. Fax from beneficiary to our applicant evidencing vessel name, quantity of goods, packing details, contract No., name of commodity, INV value, L/C No., loading port, port of discharge within three working days from shipment date.

受益人在装运日后3个工作日内传真给开证申请人装船通知，写明船名、货物数量、装箱情况、合同号、货物名称、发票价值、信用证号码、装运港和目的港。

一般信用证中对装船通知条款的表述包括通知对象、通知内容、通知时间等。

范例5-4   **装船通知**

江苏阳光集团毛针织品进出口公司

SUNSHINE GROUP JIANGSU WOOLLEN KNIT & GARMTEX I/E CORP.

91 SUNSHINE ROAD, NANJING, CHINA

SHIPMENT ADVICE

MESSRS：   DATE：

FAX NO.：

INV. NO.：

L/C NO.：

DEAR SIRS,

　WE HAVE SHIPPED THE GOODS UNDER S/C NO. 3400Y，THE DETAILS OF THE SHIPMENT ARE AS FOLLOWS：

FROM_____ TO_____ VIA_____

MARKS	DESCRIPTION OF GOODS	QUANTITY	AMOUNT

VESSEL'S NAME：

B/L NO.：

ETD：　　　　　　　　ETA：

WE HEREBY CERTIFY THAT ABOVE CONTENT IS TRUE AND CORRECT.

YOURS FAITHFULLY,

SUNSHINE GROUP JIANGSU WOOLLEN KNIT & GARMTEX I/E CORP.

5.4　国际航空货运单证的缮制

5.4.1　国际货物托运书

　国际货物托运书（Shipper's Letter of Instruction，SLI），即航空托运单，是指托运人填写并盖章确认的，用以向航空公司办理货物托运的书面凭证。由于国际货物托运书的内容是填写航空货运单的主要依据，托运人必须正确、完整地填写。

　中国民用航空总局制定了统一格式的国际货物托运书，具体内容和缮制规范见表5-6和范例5-5。

表5-6　　　　　　　　　　　国际货物托运书的具体内容和缮制规范

基本项目	内容和规范
1. 货运单号码 （No. of AWB）	由货代填写，如果出口商直接托运，本栏留空
2. 托运人 （Shipper's Name and Address）	如果出口商自己直接托运，填写出口商名称、地址和联系方式；如果出口商委托货代间接托运，填写货代公司名称、地址和联系方式；如果托运危险货物，必须填写实际托运人，航空公司不接受货代托运
3. 托运人账号 （Shipper's Account Number）	如果是出口商直接托运，填写出口商的账号；如果是委托货代托运，由货代填写其账号。本栏也可留空不填
4. 收货人 （Consignee's Name and Address）	如果出口商直接托运，填写目的港收货人的名称、地址和联系方式；如果委托货代托运，填写货代在目的港代理的名称、地址和联系方式。因航空运单不能转让，本栏不得填写"to order"或"to order of ×××"等字样

基本项目	内容和规范
5. 收货人账号 （Consignee's Account Number）	除非承运人需要，本栏一般留空
6. 供承运人使用/航班/日期 （For Carrier Use only/Flight/Day）	本栏由承运人或货代填写载货班机的航班编号和预定起航日期
7. 已预留吨位 （Booked）	如果托运人事先预留了吨位，按计费吨位计入
8. 运费 （Charges）	根据采用贸易条件的不同填写运费预付（PP）或运费到付（CC）
9. 另请通知 （Also Notify）	填写通知人的名称、地址和联系方式
10. 始发站 （Airport of Departure）	填写始发站机场的全称、所属城市。如果出口商直接托运，填机场名称；如果委托货代托运，除了机场名称外，还应加上机场的代码
11. 到达站 （Airport of Destination）	填写目的地机场名称、所属城市和国家名称；如果直接托运，填写机场名称；如果委托货代托运，除了机场名称外，还应加上机场的代码
12. 要求的运输路线 （Requested Routing）	本栏在航空公司安排运输路线时使用，但如果托运人有特别要求，也可填入本栏
13. 供运输用的声明价值 （Declared Value for Carriage）	填写供运输用的出口商声明的价值金额，该价值即为承运人赔偿责任限额，应按发票金额缮制；若不需要办理此项声明价值，此栏填写"NVD"（No Value Declared）
14. 供海关用的声明价值 （Declared Value for Customs）	填写托运人向海关申报的货物价值，当以出口货物报关单或商业发票征税时，此栏空；若不需要办理此项声明价值，此栏填写"NCV"（No Customs Value）
15. 保险金额 （Amount of Insurance）	只有在航空公司提供代办保险业务而客户也有此需要时填写货物的投保金额；否则本栏填写 NIL（Nothing）或者×××
16. 货运单所附文件 （Documents to Accompany Air Waybill）	填写随附在货运单上运往目的地的文件名称，如托运人的动物证明书
17. 处理情况 （Handling Information）	填写货物在运输中转、装卸和仓储时需要注意的事项，包括包装方式、货物标志及外包装所用的材料
18. 件数 （Number of Packages）	填写该批货物的外包装件数；如果包装种类不同，应分别填写，并相加填上总件数，包装种类用"Packages"；如果散装货则填写"In Bulk"
19. 实际毛重 （Actual Gross Weight）	本栏所填货物毛重，应与件数相对应。空运的毛重保留小数点后一位
20. 运价类别（Rate Class）	填写适用的运价、协议价、杂费、服务费，包括相应的类别代码

续表

基本项目	内容和规范
21. 收费重量（千克） （Chargeable Weight）（kgs）	本栏由托运人或承运人填写计费重量。针对重货填写货物的实际毛重，针对轻泡货填写货物的体积重量，以及较高重量较低运价分界点的重量
22. 费率 （Rate/Charge）	因货物不同，运费费率也不同。本栏可留空
23. 货物的品名及数量（包括尺寸或体积） Nature and Quantity of Goods（INCL. Dimensions or Volume）	填写货物的具体品名、数量、尺寸或体积。计量单位分别是厘米和立方米，货物尺寸按外包装的"长×宽×高×件数"的顺序填写
24. 托运人签字、日期 （Signature of Shipper，Date）	直接托运时，由出口商签字或盖章；间接托运时，由货代签字或盖章，并填写填单的时间和地点
25. 经手人、日期 （Agent，Date）	直接托运时，填写出口公司具体经办人的姓名；委托货代托运时，填写货代的具体经办人的姓名

范例 5-5　　　　　　　　**航空托运单**

中 国 民 用 航 空 局
THE CIVIL AVIATION ADMINISTRATION OF CHINA

货运单号码
NO.OF AIR WAYBILL

国 际 货 物 托 运 书
SHIPPER'S LETTER OF INSTRUCTION

托运人姓名及地址 SHIPPER'S NAME AND ADDRESS	托运人账号 SHIPPER'S ACCOUNT NUMBER	供承运人使用 FOR CARRIER USE ONLY	
		航班/日期 FLIGHT/DATE	航班/日期 FLIGHT/DATE
收货人姓名及地址 CONSIGNEE'S NAME AND ADDRESS	收货人账号 CONSIGNEE'S ACCOUNT NUMBER	已预留吨位 BOOKED	
		运费 CHARGES	
代理人的名称和城市 ISSUING CARRIER'S AGENT NAME AND CITY		另请通知 ALSO NOTIFY	
始发站 AIRPORT OF DEPARTURE			
到达站 AIRPORT OF DESTINATION			

续表

托运人声明的价值 SHIPPER'S DECLARED VALUE		保险金额 AMOUNT OF INSURANCE	所附文件 DOCUMENTS TO ACCOMPANY AIR WAYBILL
供运输用 FOR CARRIAGE	供海关用 FOR CUSTOMS		

处理情况（包括包装方式、货物标志及号码等）
HANDLING INFORMATION (INCL. METHOD OF PACKING, IDENTIFYING MARKS AND NUMBERS.)

件数 NO. OF PACKAGES	实际毛重（千克） ACTUAL GROSS WEIGHT（KG）	运价类别 RATE CLASS	收费重量 CHARGEABLE WEIGHT	费率 RATE/ CHARGE	货物品名及数量（包括尺寸或体积） NATURE AND QUANTITY OF GOODS (INGL. DIMENSIONS OR VOLUME)

托运人证实以上所填全部属实并愿遵守承运人的一切载运章程。
THE SHIPPER CERTIFIES THAT THE PARTICULARS ON THE PAGE HEREOF ARE CORRECT AND AGREES TO THE CONDITIONS OF CARRIAGE OF THE CARRIER.

托运人签字　　　　日期　　　　　　经手人　　　　　日期
SIGNATURE OF SHIPPER　DATE　　　　AGENT　　　　DATE

5.4.2　航空货运单

1) 航空货运单的性质和作用

航空货运单（Air Waybill），简称空运单（AWB），是指托运人或托运人委托承运人（航空运输公司）或其代理人填制的，托运人与承运人之间为在承运人航线上承运托运人货物订立的运输契约。由于航空货运单的填制专业性强、操作难度大，通常托运人委托承运人或其代理人代为填制。他们之间是一种代理关系，托运人应对航空货运单的内容负责，提供真实、准确、全面的货物信息。

航空货运单具有下列性质和作用：①是托运人与航空承运人之间签订的运输契约；②是航空承运人或其代理人签发的货物收据；③是航空承运人计收运费的财务凭证和内部业务的依据；④是办理报关和海关查验放行的基本单据；⑤是货物保险的证明；⑥是银行结汇的单据之一；⑦不是物权凭证，不能背书转让，也不能凭以提货。

2) 航空货运单的构成和分类

一套航空货运单一式 12 联，有 3 联正本、6 份副本联和 3 份额外副本联，通常只需向银行提交一份正本即可。航空货运单的 3 联正本具有同样的效力。正本 1 注有"Original for the issuing carrier"字样，交承运人留作记账；正本 2 注有"Original for the consignee"字样，随货同行，在货物到达目的地时交给收货人作为核收货物的依据；正本 3 注有"Original for the shipper"字样，交托运人凭以结汇。

在集中托运方式中，航空货运单根据签发人和作用的不同分为总运单和分运单。航空总运单（Master Air Waybill, MAWB）是航空运输公司在收货发运后签发给航空货运代理公司的航空运单，简称总运单。它是航空运输公司据以办理货物运输和交付的依据，是航空运输公司和托运人订立的运输合同。航空分运单（House Air Waybill，HAWB）是指航空货运代理公司作为集中托运人在取得总运单后签发给各出口商的运单，简称分运单。

3）航空货运单的缮制

航空货运单由航空公司注册印制，其内容与海运提单类似，也有正面内容和背面条款之分。一般情况下，各航空公司使用的空运单大多借鉴 IATA（国际航空运输协会）推荐的标准格式，其基本内容与规范见表 5-7，缮制参见范例 5-6。

表 5-7　　　　　　　　　　　　　　航空货运单的内容与规范

基本项目	内容与规范
1. 航空货运单号码 （The Air Waybill Number）	填写由航空公司编制的 11 位数字号码，前 3 位数字为航空公司的数字代码，比如，中国民航的代码是 999；第 4～10 位为货运单序号；最后 1 位是检验号。应清楚地印制在运单的左上角和右下角
2. 托运人 （Shipper's Name and Address）	填写托运人的全称、地址、所在国家以及联系方式
3. 托运人账号 （Shipper's Account Number）	除非承运人要求，本栏可留空不填
4. 收货人 （Consignee's Name and Address）	填写收货人的全称、地址、所在国家以及联系方式
5. 收货人账号 （Consignee's Account Number）	除非承运人要求，本栏可留空不填
6. 签发货运单的承运人代理的名称及地址 （Issuing Carrier's Name and Address）	如果货运单由航空公司签发，本栏留空；如果货运单由航空公司的代理人签发，本栏填写代理人的名称、地址和标志
7. 承运人代理的国际航协代码 （Agent's IATA Code）	它是代理人的一种等级和资格认证标志，本栏可留空
8. 承运人代理的账号 （Account No.）	由代理人填写其账号，供承运人结算时使用，一般留空不填
9. 财务说明 （Accounting Information）	填写有关财务说明事项，如适用的付款方式（运费预付或运费到付）、发货人结算使用账号和其他情况，一般只在采用特殊付款方式时填写
10. 始发站机场和所要求路线 （Airport of Departure and Requested Routing）	填写始发站机场的英文全称和运输路线。实务中一般仅填写起航机场的名称或所在城市的全称
11. 目的站机场或第一转运点 （To/By First Carrier）	填写目的地机场或第一个转运点的 IATA 三字代码
12. 第一承运人名称 （By First Carrier）	填写第一个承运人的名称或 IATA 两字代号

基本项目	内容与规范
13. 目的站机场或第二转运点 （To/By Second Carrier）	填写目的地机场或第二个转运点的 IATA 三字代码
14. 第二承运人名称 （By Second Carrier）	填写第二个承运人的名称或 IATA 两字代码
15. 目的站机场或第三转运点 （To/By Third Carrier）	填写目的地机场或第三个转运点的 IATA 三字代码
16. 第三承运人名称 （By Third Carrier）	填写第三个承运人的名称或 IATA 两字代码
17. 目的地机场 （Airport of Destination）	填写最终目的地机场全称或 IATA 三字代码。如果机场名称不明确，可填写所在城市名称，有重名的应加国家名称
18. 航班及日期——仅供承运人使用 （Flight/Date—For Carrier Use only）	填写飞机航班号及实际起飞日期。因本栏只供承运人使用，可以留空不填
19. 货币 （Currency）	填写始发国支付费用使用的 ISO 的货币代码
20. 费用代码 （Charges Code）	一般无须填写，仅供电子传送航空运输信息时使用，表明支付方式
21. 运费/声明价值及其他费用 （WT/VAL and Other）	运费指货物计费重量乘以运价后的航空运费。向承运人声明价值时，必须与运费一起交付声明价值费，在预付和到付中选择一种来填写。其他费用是指在始发站的其他费用，也从预付和到付中选择一种填写
22. 供运输用声明价值 （Declared Value for Carriage）	填写供运输用的声明货物总价值，该价值即为承运人赔偿责任限额，一般按发票金额填写；若无此项声明价值，此栏填"NVD"，不得留空
23. 供海关用声明价值 （Declared Value for Customs）	填写托运人向海关申报的货物价值，当以出口货物报关单或商业发票征税时，此栏留空。若无此项声明价值，此栏填"NCV"，不得留空
24. 保险金额 （Amount of Insurance）	只有当航空公司提供代办保险业务而客户也有此需要时填写，否则本栏填写 NIL（Nothing）或者×××
25. 运输处理注意事项 （Handling Information）	填写承运人对货物运输处理的有关注意事项
26. 货物件数/运价组合点 （No. of Pieces/RCP）	填写该批货物的包装件数。如果所使用的货物运价种类不同，应分别填写。如果货物运价是比例运价或分段相加运价，在件数的下面还应填运价组合点机场/城市的 IATA 三字代码
27. 毛重 （Gross Weight）	填写货物的实际总毛重，以千克为计量单位时可保留一位小数

续表

基本项目	内容与规范
28. 重量单位 （kg/lb）	填写重量的计量单位。以千克为计量单位的用 "kg"，以磅为计量单位的用 "lb"
29. 运价等级 （Rate Class）	根据航空公司有关资料和货物的实际情况填写相应的运价（费率）等级代码。运价等级代码有 M、N、Q、C、R、S、U、E、X、Y
30. 商品编号 （Commodity Item No. ）	如果使用指定商品运价，填写指定商品品名代号；如果使用等级货物运价，填写附加或附减运价的比例；如果是集装箱运输，填写集装箱货物运价等级
31. 计费重量 （Chargeable Weight）	填写航空公司计收运费的货物重量。可根据具体货物选择适用的实际毛重、体积重量或较高重量较低运价分界点的重量
32. 费率 （Rate/Charge）	填写计算运费时货物适用的实际费率
33. 运费总额 （Total）	填写计费重量和实际费率的乘积
34. 货物品名和数量（含尺码或体积） （ Nature and Quantity of Goods ） （Incl. Dimensions or Volume）	填写信用证或合同中规定的货物英文大写名称、数量、尺码或体积
35. 计重运费 （Weight Charges）（Prepaid/Collet）	在所对应的 "预付" 或 "到付" 栏内填写根据计费重量计算的运费额，应与 "运费总额" 栏中的金额一致
36. 声明价值附加费 （Valuation Charges）	当托运人对托运货物声明价值时，应在对应的 "预付" 或 "到付" 栏内填入声明价值附加费金额。当托运人无声明价值时，本栏留空
37. 税款 （Tax）	在所对应的 "预付" 或 "到付" 栏内填写适当的税款
38. 由货代收取的其他费用 （Total Other Charges due to Agent）	在所对应的 "预付" 或 "到付" 栏内填写由货代收取的其他费用总额，一般填写 "AS ARRANGED"
39. 由承运人收取的其他费用 （Total Other Charges due to Carrier）	在所对应的 "预付" 或 "到付" 栏内填写由承运人收取的其他费用总额，一般填 "AS ARRANGED"
40. 预付费用总额 （Total Prepaid）	填写第 35 ~ 39 栏有关预付费用之和，一般填写 "AS ARRANGED"
41. 到付费用总额 （Total Collect）	填写第 35 ~ 39 栏有关到付费用之和，一般填写 "AS ARRANGED"
42. 货币兑换比率 （Currency Coversion Rate）	填写目的站国家 ISO 货币代码及兑换比率

基本项目	内容与规范
43. 用目的站国家货币付费 （CC Charges in Destination Currency）	将第41栏"到付费用总额"按照第42栏的货币兑换比率折算为目的站国家货币的金额
44. 仅供承运人在目的站使用 （For Carrier's Use only at Destination）	一般留空不填
45. 在目的站的费用 （Charges at Destination）	填写承运人最终在目的站发生的费用，包括利息等
46. 到付费用总额 （Total Collect Charges）	填写第43和第45栏的费用总额
47. 其他费用 （Other Charges）	填写始发站运输中发生的除运费和声明价值附加费以外的其他费用，如集中服务费、危险品处理费等。若无其他费用，本栏留空
48. 托运人或其代理人签名 （Signature of Shipper or His Agent）	由托运人或其代理人签名，签名后即承诺所托运货物不是危险品
49. 承运人或其代理人签字及签发运单日期、地点 （Executed on Date and Place，Signature of Issuing Carrier or It's Agent）	由承运人签章，加注"As Carrier"；以代理人身份签章时，需在签章处加注"As Agents for Carrier ×××"。本栏所表示的日期为签发日期，即本批货物的装运日期。如果信用证规定运单必须注明实际起飞日期，则以该栏所注的实际起飞日期作为装运日期。同时应注意本栏的日期不得晚于信用证规定的装运日期。签发地点一般同始发站地点

小资料

其他运输单据

在国际货物运输中，除了海洋运输所占比重最大、航空运输发展较快外，还有铁路运输、邮包运输、公路运输以及国际多式联运等，这些运输方式也都有与之相对应的单据。

1. 国际铁路联运运单（International through Rail Waybill），是国际铁路联运的主要运输单据，是参加联运的发送铁路与发货人之间订立的运输契约。另外，通过铁路对港、澳出口的货物使用承运货物收据这种特定性质和格式的单据。

2. 邮包收据（Post Receipt），是邮包运输的主要单据，既是邮局收到寄件人的邮包后所签发的凭证，也是收件人凭以提取邮件的凭证，但不是物权凭证。

3. 公路货物运输单据（Road WayBill），是汽车运输的主要单据，是汽车承运人收到货物的初步证据和交货凭证。在我国香港和深圳两地俗称"司机纸"。

4. 国际多式联运单据（Multimodal Transport Document，MTD），是由多式联运经

营人或代理人签发的，证明国际多式联运合同成立及多式联运经营人接管并承运货物，并负责按照多式联运合同条款交付货物的单据。由多式联运经营人对运输全程负责。

国际多式联运单据中的一些项目内容，如托运人、收货人、到货被通知人、唛头、包装件数、重量、尺码和货物名称、运费和费用、正本份数等与海运提单中的相同项目填制规范相似。

此外，其他项目内容的填制应注意：①多式联运经营人：填写本人或以其名义与托运人订立国际多式联运合同的任何人。②前段运输：填写自收货地开始的第一程运输所使用的运输工具。③收货地：填写多式联运经营人收货的地点，即内陆发运地。④装运港和卸货港：填写海运段的装货港和卸货港。⑤海洋船名：填写海运段的船名。⑥交货地：填写内陆交货地。⑦签发地和签发日期：填写出具提单的多式联运经营人的营业场所所在地和出具国际多式联运单据的日期。⑧契约文字：一般包括收货条款、内容不知悉条款、承认接受条款、签署条款。

范例 5-6　　　　　　　　　　航空货运单

999-		
Shipper's Name and Address	Shipper's Account Number	NOT NEGOTIABLE Air Waybill ISSUED BY　　中国国际航空公司 AIR CHINA BEIJING CHINA
		Copies1, 2 and 3 of this Air Waybill are originals and have the same validity.
Consignee's Name and Address	Consignee's Account Number	It is agreed that the goods described herein are accepted in apparent good order and condition (except as noted) for carriage SUBJECT TO THE CONDITIONS OF CONTRACT ON THE REVERSE HEREOF, ALL GOODS MAY BE CARRIED BY ANY OTHER MEANS. INCLUDING ROAD OR ANY OTHER CARRIER UNLESS SPECIFIC CONTRARY INSTRUCTIONS ARE GIVEN HEREON BY THE SHIPPER. THE SHIPPER'S ATTENTION IS DRAWN TO THE NOTICE CONCERNING CARRIER'S LIMITATION OF LIABILITY. Shipper may increase such limitation of liability by declaring a higher value of carriage and paying a supplemental charge if required.
Issuing Carrier's Agent Name and City		Accounting Information
Agents IATA Code	Account No.	
Airport of Departure (Addr. of First Carrier) and Requested Routing		

续表

To	By First Carrier	to	by	to	by	Currency	CHGS	WT/ VAL		Other		Declared Value for Carriage NVD	Declared Value for Customs NCV
								PPD	COLL	PPD	COLL		

Airport of Destination	Flight/Date For Carrier Use only	Flight/Date	Amount of Insurance	INSURANCE – If carrier offers insurance and such insurance is requested in accordance with the conditions thereof, indicate amount to be insured in figures in box marked "Amount of Insurance".

Handling Information

No. of Pieces (RCP)	Gross Weight	Kg lb	Rate Class / Commodity Item No.	Chargeable Weight	Rate / Charge	Total	Nature and Quantity of Goods (Incl. Dimensions or Volume)

Prepaid	Weight Charges	Collect	Other Charges
	Valuation Charges		
	Tax		
	Total Other Charges Due to Agent		Shipper certifies that the particulars on the face hereof are correct and that insofar as any part of the consignment contains dangerous goods, such part is properly described by name and is in proper condition for carriage by air according to the applicable Dangerous Goods Regulations.
	Total Other Charges Due to Carrier		
			Signature of Shipper or His Agent
Total Prepaid	Total Collect		
Currency Conversion Rate	CC Charges in Destination Currency		Executed on _____ at _____ Signature of Issuing Carrier or Its Agent
For Carrier's Use only at Destination	Charges at Destination	Total Collect Charges	999–

ORIGINAL   3

5.5　国际运输单证的审核

　　在国际贸易实践中，运输单据既是进出口双方交接货物的主要依据，也是办理银行结汇的最重要单据之一。为了安全及时收汇，出口商必须学会审核单据，以免单据上的差错造成开证行拒付或进口商拒付。而且《华沙公约》第5条规定："一旦发生由于空运单填写不符合规定或不完整、不正确而给承运人或相关人造成损失的，托运人须承担赔偿责任。"

5.5.1　海运提单的审核

1）提单号码问题
注意提单号码不能漏填，没有提单号码的提单是不能成立的。

2）托运人问题

托运人一般为信用证中的受益人。如果来证规定以第三方作为托运人，我方应区别情况对待，如果是运输公司可接受；如果以国外商人作为托运人，我出口方原则上不接受，因为容易使我方陷于被动。

3）收货人问题

提单收货人即提单抬头，提单的抬头与背书直接关系到提单的性质、转让及货权归属问题，因而是审核的重点。

（1）在信用证项下，应严格按照信用证规定填写。《ISBP745》规定："如果信用证要求提单抬头以某具名人为收货人，则提单不得在具名人的名称前出现'凭指示'或'凭×××指示'的字样。同样，如果信用证要求提单抬头为'凭指示'或'凭某人指示'，提单就不能作成以该具名人为收货人的记名形式。"

（2）注意记名指示提单的填法：①To order of shipper（凭托运人指示）与 To order 相同，都是由托运人背书。②To order of ××× bank（凭×××银行指示），大多数指开证银行。提单作成这种抬头，开证行可以控制货物所有权，如果受益人能严格按信用证规定办事，可接受这种提单，但应对国外开证银行的资质进行调查。③To order of buyer（凭买方指示），这种抬头对出口商和银行的保障较小，一般不宜接受。实际业务中常见的是"空白抬头，空白背书"的提单。

（3）如果来证未明确规定，收货人栏可填写"To order"或"Order"字样。

（4）在托收项下，本栏填写"To order"或"To order of shipper"对出口商有利。不能作成"To order of 收货人（进口商）"，否则收货人和托收行都无法控制货权。而且根据《URC522》的规定，一般不作银行的记名抬头或"To order of ××× bank"的抬头。

4）（被）通知人问题

（1）信用证项下，应严格按照信用证规定，完整清楚地填写被通知人的全称、详细地址和联系方式，否则会影响到货通知的发出。

（2）如果信用证规定"仅通知×××"字样，则填写本栏时不能省略"Only"。

（3）如果信用证未规定被通知人，则提单正本此栏留空，提单副本填写开证申请人的名称和地址。

（4）如果是记名提单或收货人指示提单，且收货人又有详细地址，此栏可以不填。

（5）托收项下，此栏填写合同的买方。

5）装货港和卸货港问题

（1）提单上要注明实际装船的港口名称，如果是同一地区的几个港口，不能随意混用。

（2）如果货物需经转船后才能抵达目的港，应在卸货港后加上"with transshipment at ×××"。

（3）如果货物最终目的地是内陆城市，或要利用邻国港口过境，则需在卸货港后加上"in transit to ×××"。

（4）《UCP600》规定，如果信用证规定了装货港或卸货港的地理区域或范围（如"任一欧洲港口"），则提单必须表明实际的装货港或卸货港，而且该港口必须位于信用证规定的地理区域或范围之内。

6）运费支付问题

来证一般都规定运费的表示方法，通常有以下几种填法：①由出口方租船订舱支付运费时或由出口方代对方租船订舱，出口方支付运费时，可以填写"Freight Prepaid"；②由进口方租船订舱支付运费时或由出口方代对方租船订舱，进口方支付运费时，可以填写"Freight Collect"；③如果来证要求提单列明具体运费金额，应要求承运人将具体运费金额列在提单上。

7）提单签发日期和地点问题

提单的签发日期应当是货物实际装船完毕的日期，并且与大副签署的收货单签发的日期相一致。提单的签发地点应当是货物的装运港。在实际业务中，贸易各方通常把提单的签发日看作是货物已装船完毕的日期，也就是卖方向买方的交货日期。货物装船日期一旦超过规定时间，就可能遭遇买方拒收货物并索赔和银行拒付货款的问题。如果提单签发日期早于货物装船完毕日期，或者货物未装船就签发了已装船提单，则不仅扩大了承运人的责任，也有可能构成对第三者的欺诈，从而引起收货人拒绝提货，进而索赔。因此，提单的签发日期非常重要。

8）提单签署问题

（1）正本提单必须以《UCP600》第20条（a）款（i）项规定的方式进行签字，且承运人的名称必须出现在提单上，并表明承运人身份。简单地说，银行将拒绝接受没有承运人名称及其身份的提单。

（2）提单的签署一般有四种情况：承运人签字的提单；承运人署名代理人签字的提单；船长签字的提单；船长署名代理人签字的提单。

9）提单更正问题

如果在开船之前，发现提单有错误要求更正，在不违反海关规定且不损害承运人和其他相关人利益的情况下，承运人或其代理会同意修改。提单上的修正和变更必须经过证实，即表面看来必须是由承运人、船长或其代理人所为（该代理人可以与出具或签署提单的代理人不同），只要表明其作为承运人或船长的代理人身份。

5.5.2　航空货运单的审核

1）收货人问题

（1）托收项下，填写合同中的买方；信用证项下，应根据信用证的规定填写。

（2）因航空货运单不是物权凭证，不能转让，所以抬头不能作成"to order"或"to order of"，只能作成记名收货人。

（3）集中托运方式下，航空总运单上的收货人为航空货代的目的港代理人（分拨代理）。

2）被通知人问题

如果信用证未规定到货通知人，则空运单上的相关栏可以空白，或以任何方式填写。

3）发运日期问题

空运单中的"航班/日期"栏内填写的飞行时间仅供承运人参考，不能被看作货物发运日期。发运日期应以航空运单的签发日期为准。

4）始发站机场和目的地机场问题

空运单据必须标明信用证要求的始发站机场和目的地机场。如果信用证规定了始发站机场及/或目的地机场的地理区域或范围（例如，任一欧洲机场），则空运单必须注明实际的始发站机场及/或目的地机场，而且该机场必须位于规定的地理区域或范围内。

5）运输处理注意事项问题

本栏应填写承运人对货物的处理事项。

（1）如果有两个收货人，第二通知人相应信息填写在本栏。

（2）如果货物是危险品，有两种处理方式：货物需要附托运人危险品申报单时，本栏应填写"Dangerous goods as per attached shipper's declaration"和"Cargo aircraft only"；货物不需要附托运人危险品申报单时，本栏应填写"Shipper's declaration not required"。

（3）如果货物中既有危险品又有非危险品，应分别填写，将危险品列在第一项。

其他注意事项还有货运单的随附文件（显示文件的名称）；货物的唛头、包装方式；被通知人的名称、地址；货物所需的特殊处理；海关规定等。

6）货物品名和数量问题

本栏应按照信用证或合同规定填写。但需注意：①应尽可能填写货物的具体名称和数量；②当货物为活动物时，应依照 IATA 活动物运输规定填写；③对于集合货物，应填写"Consolidation as per attached list"；④当货物为危险品时，应分别填写其标准的学术名称、危险级别及联合国危规号；⑤货物的体积应表示为"长×宽×高"。

7）空运单签署问题

《ISBP745》规定："正本空运单据必须以《UCP600》第 23 条（a）款（i）项规定的方式签署，且承运人的名称必须出现在空运单据上，并表明承运人身份。"此外，应注意空运单上有两个签字栏位，两栏用途不一样，必须由托运人和承运人分别签署。如果承运人或其代理在托运人签字栏误签，则空运单只能算是未签署的货运单，不能生效。

8）空运单正本份数问题

空运单据必须看来系"发货人或托运人的正本"。即使信用证要求提交全套正本单据，也只需提交注明"发货人/托运人正本"那一联即可。

9）空运单更正问题

空运单上的修正和变更必须经过证实，即表面上看来是由承运人或其代理人所为（该代理人可以与出具或签署空运单据的代理人不同），只要表明其作为承运人的代理人身份即可。

上岗操作

岗位情境中，大连服装进出口公司单证员刘敏在业务员张山联系好大连德诚综合物流有限公司后，按照信用证中规定的装运条款，填写海运出口货物订舱委托书交公司主管审阅。

【订舱委托书】

出口货物订舱委托书

公司编号：		日期：JUN. 17, 2016
发货人： DALIAN GARMENTS IMPORT & EXPORT CORPORATION 30 LUXUN ROAD DALIAN, CHINA	信用证号码：LC41165130	
	开证银行：NATIONAL BANK	
	合同号码：DLG100535	成交金额：USD50 100.00
	装运口岸：DALIAN	目的港：TORONTO
收货人： TO ORDER	转船运输：NOT ALLOWED	分批装运：ALLOWED
	信用证有效期：JUL. 16, 2016	装船期限：JUN. 30, 2016
	运费：FREIGHT PREPAID	成交条件：CFR TORONTO
	公司联系人：张山	电话/传真： 0411-84713333/0411-84713332
通知人： ABD CO., LTD. 362 JALAN AVE. TORONTO, CANADA	公司开户行： 中国银行大连分行	银行账号： 4567891238
	特别要求：	

标记唛码	货号规格	包装件数	毛重	净重	数量	单价	总价
	DRAGON BRAND MEN'S SHIRTS	CFR TORONTO					
ABD	STYLE NO. 001	300 CTNS	3.5 KGS/CTN	3.0 KGS/CTN	380DOZS	USD55.00 / DOZ	USD16 500.00
TORONTO	STYLE NO. 002	480 CTNS	3.5 KGS/CTN	3.0 KGS/CTN	400DOZS	USD70.00 / DOZ	USD33 600.00
C/NO. 1-780	IN ONE 20' CONTAINER						
			总件数 780 CTNS	总毛重 2 730KGS	总净重 2 340KGS	总尺码 39CBM	总金额 USD51 000.00

备注

操作指导：该订舱委托书经审核发现有以下错误需要修改：①成交条件有误，"CFR TORONTO"应改成"CIF TORONTO"。②商品 STYLE NO. 001 的数量应是"300 DOZS"，STYLE NO. 002 的数量应是"480 DOZS"。③总金额有误，应改为"USD50 100.00"。

刘敏将修改好的订舱委托书，连同托运需要的商业发票、装箱单等随附单据交给大连德诚综合物流有限公司（货代公司）申请托运。该货代公司接受委托后，根据订舱委托书的内容填写出口托运单并随附必要单证向大连中远集装箱运输有限公司办理订舱。

操作指导：该托运单缮制错误的地方有：①货物的件数应大小写统一，应将小写改为"780 CARTONS"，同时运输标志中的件号也应改为"1-780"；②收货人一栏应根据信用证要求填写"TO ORDER"；③集装箱托运单的号码没有填，有单号的托运单才是有效的托运单，应为"COSU10118610"；④制单日期没有写，应根据实际日期填"JUN. 18, 2016"。

不久，刘敏收到了大连德诚综合物流有限公司传真来的配舱回单，会同业务员张山办理出口报检、报关和投保手续后，按照约定的装船时间配合大连德诚综合物流有限公司安排货物调运和装船事项。待货物全部装船完毕，刘敏从大连德诚综合物流有限公司处得到了大连中远集装箱运输有限公司转发的场站收据（收货单），核对无误后，随即付清运费换取已装船海运提单，并及时向加拿大公司发出装船通知。

【托运单】

集装箱货物托运单

Shipper(发货人) DALIAN GARMENTS IMP.& EXP. CORP. 30 LUXUN ROAD,DALIAN,CHINA					D/R NO.(编号) 大连中远		
Consignee(收货人) ABD CO., LTD.							
Notify Party(通知人) ABD CO., LTD. 362 JALAN AVE. TORONTO,CANADA					集装箱货物托运单		
Pre-Carriage By(前程运输)		Place of Receipt(收货地点)					
Ocean Vessel　Voy. No. (船名)　　(航次) SHUNFENG V.901		Port of Loading(装货港) DALIAN					
Port of Discharge (卸货港)TORONTO		Place of Delivery (交货地点)			Final Destination (目的地)		
Container No. (集装箱号) CBHU3202732	Seal No. (封志号) Marks & Nos. (标记与号码) ABD TORONTO C/NO.1-680	No.of Containers or pkgs. (箱数或件数) 1 CONTAINER 680 CARTONS	Kind of Packages; Description of Goods (包装种类与货名) DRAGON BRAND MEN'S SHIRTS IN 680 CARTONS FREIGHT PREPAID		Gross Weight (kg) 毛重(千克) 2 730KGS	Measurement (CBM) 尺码(立方米) 39CBM	
TOTAL NUMBER OF CONTAINERS OR PACKAGES (IN WORDS) 集装箱数或件数合计(大写) SAY SEVEN HUNDRED AND EIGHTY CARTONS ONLY							
Freight & Charges (运费与附加费)	Revenue Tons (运费吨)	Rate (运费率)	Per (每)	Prepaid(运费预付) FREIGHT PREPAID		Collect (到付)	
Ex Rate (兑换率)	Prepaid at (预付地点) DALIAN		Payable at (到付地点)	Place of Issue (签发地点)			
	Total Prepaid (预付总额)		No.of Original B(S)/L (正本提单份数) THREE(3)				
Service Type on Receiving □-CY　□-CFS　□-DOOR		Service Type on Delivery □-CY　□-CFS　□-DOOR		Reefer-Temperature Required(冷藏温度)		°F	°C
Type of Goods (种类)	□Ordinary □Reefer □Dangerous □Auto. (普通)　(冷藏)　(危险品)　(裸装车辆) □Liquid □Live Animal □Bulk (液体)　(活动物)　(散货)　□＿＿		危险品	Class: Property: IMDG Code Page: UN No.:			
可否转船:NOT ALLOWED		可否分批:ALLOWED					
装期:JUN.29,2016		效期: JUL.16,2016					
金额:USD50 100.00							
制单日期:							

Particulare Furnished by Merchants　托运人提供纤细情况

【海运提单】

BILL OF LADING

Shipper DALIAN GARMENTS IMPORT & EXPORT CORPORATION 30 LUXUN ROAD, DALIAN, CHINA	**B/L No.** COSU10118610 中远集装箱运输有限公司 **COSCO CONTAINER LINES** TLX：33057 COSCO CN FAX：+86（021）6545 8984

Consignee TO ORDER		**ORIGINAL**
Notify Party ABD CO. , LTD. 362 JALAN AVE. TORONTO, CANADA		Port-to-Port or Combined Transport **BILL OF LADING**

Combined Transport* Pre-carriage by	**Combined Transport*** Place of Receipt	RECEIVED in external apparent good order and condition except as otherwise noted. The total number of packages or unites stuffed in the container. The description of the goods and the weights shown in this Bill of Lading are furnished by the Merchants, and which the carrier has no reasonable means of checking and is not a part of this Bill of Lading contract. The carrier has Issued the number of Bills of Lading stated below, all of this tenor and date. One of the original Bills of Lading must be surrendered and endorsed or signed against the delivery of the shipment and whereupon any other original Bill of Lading shall be void. The Merchants agree to be bound by the terms and conditions of this B/L as if each had personally signed this B/L. SEE clause 4 on the back of this B/L（Terms continued on the back Hereof, please read carefully）.
Ocean Vessel Voy. No. SHUNFENG V. 901	**Port of Loading** DALIAN, CHINA	
Port of Discharge TORONTO	**Combined Transport*** Place of Delivery	

Container, Seal No. & Marks & Nos.	No. of Containers or Packages	Description of Goods（If Dangerous Goods, See Clause 20）	Gross Weight （kgs）	Measurement （m³）
ABD TORONTO C/NO. 1–780 1×20' FCL CN. : CBHU3202732	1 CONTAINER 780 CARTONS FREIGHT PREPAID	DRAGON BRAND MEN'S SHIRTS	2 730KGS	39CBM

Description of Contents for Shipper's Use Only（Not Part of This B/L Contract）

Total No. of containers and/or packages（in words） SAY SEVEN HUNDRED AND EIGHTY CARTONS ONLY

Freight & Charges	Revenue Tons	Rate	Per	Prepaid FREIGHT PREPAID	Collect
Ex. Rate	Prepaid at	Payable at DALIAN		Place and date of issue DALIAN　JUN. 29, 2016	
	Total Prepaid	No. of Original B（S）/L THREE（3）		Signed for the Carrier COSCO CONTAINER LINES 李想（章）	

LADEN ON BOARD THE VESSEL

　　操作指导：该提单经审核无误。海运提单是最重要的结汇单据之一，缮制时应特别注意提单的抬头是否与信用证的要求一致，本业务中信用证要求制作成"空白抬头，空白背书"的提单，在提单的抬头栏填写"TO ORDER"；如需背书转让，则应由托运人在提单背面签字。还应注意提单中货物包装件数的大小写是否一致；提单的签发时间也应符合信用证的规定。

【装运通知】

大连服装进出口公司

DALIAN GARMENTS IMPORT & EXPORT CORPORATION

30 LUXUN ROAD DALIAN, CHINA

SHIPPING ADVICE

TEL：0411-84713333	INVOICE NO.：AB10/053
FAX：0411-84713332	DATE：JUN. 28, 2016
E-MAIL：DLGIE@126. COM	LC NO.：LC41165130

TO：

    ABD CO.，LTD.

    362 JALAN AVE.

    TORONTO, CANADA

DEAR SIRS,

    WE HEREBY INFORM YOU THAT THE GOODS UNDER S/C NO. DLG100535 HAVE BEEN SHIPPED. THE DETAILS OF THE SHIPMENT ARE AS FOLLOWS：

COMMODITY：DRAGON BRAND MEN'S SHIRTS	SHPPING MARKS
NUMBER OF CTNS：780 CARTONS	ABD
TOTAL G. W.：2 340KGS	TORONTO
OCEAN VESSEL：SHUNFENG V. 901	C/NO. 1-780
DATE OF DEPARTURE：JUL. 29, 2016	
B/L NO.：COSU10118610	
PORT OF LOADING：DALIAN PORT	
PORT OF DISCHARGE：TORONTO PORT	

YOURS FAITHFULLY,

DALIAN GARMENTS IMPORT & EXPORT CORPORATION

操作指导：该装船通知经审核发现如下错误：①发票号码不正确，应为"AB10/035"；②总毛重应是 2 730KGS，而非 2 340KGS；③离港日期不正确，装船通知中的离港日期要与提单中的签发日期一致，即 JUN. 29，2016；④装船通知时间有误，不应在货物装船前而应在其后立即发出，即 JUN. 29，2016。在缮制装船通知时要注意运用常用的审核方法，即"先数字后文字"。

岗位实操

（一）单选题

1. 在集装箱货物运输中，能够实现"门到门"运输的集装箱货物交接方式是(　　)。

A. LCL/LCL	B. FCL/FCL
C. LCL/FCL	D. FCL/LCL

2. 以下关于海运提单的说法不正确的是（　　）。

A. 货物收据　　　　　　　　　　B. 运输合同的证明

C. 物权凭证　　　　　　　　　　D. 无条件支付命令

3. 海运提单的抬头是指提单的（　　）。

A. Shipper　　　　　　　　　　B. Consignee

C. Notify Party　　　　　　　　D. Carrier

4. 航空公司的运价通常以"S"表示（　　）。

A. 最低运价　　　　　　　　　　B. 附减运价

C. 附加运价　　　　　　　　　　D. 普通运价

5. 经过背书才能转让的提单是（　　）。

A. 转船提单　　　　　　　　　　B. 指示提单

C. 记名提单　　　　　　　　　　D. 不记名提单

6. 航空运价中，运价代码"M"表示（　　）。

A. 最低运价　　　　　　　　　　B. 特殊运价

C. 45 千克以下普通货物运价　　D. 45 千克以上普通货物运价

（二）多选题

1. 下列（　　）是物权凭证。

A. 铁路运单　　　　　　　　　　B. 航空运单

C. 海运提单　　　　　　　　　　D. 多式联运单据　　　　E. 公路运单

2. 空运货物的计费重量，可按（　　）计算。

A. 实际毛重　　　　　　　　　　B. 体积重量

C. 较高重量分界点的重量　　　　D. 较低重量分界点的重量

3. 电子托运单订舱是实现未来我国"无纸化贸易运输"项目的一个发展趋势。其优点主要在于（　　）。

A. 订舱速度快　　　　　　　　　B. 形式简单

C. 电子托运单可与纸质托运单共存　　D. 差错率低

E. 改变了"凭场站收据换海运提单"的传统做法

4. 出口货物托运人缮制货物托运委托书的依据是（　　）。

A. 外销出舱单　　　　　　　　　B. 销售合同

C. 信用证　　　　　　　　　　　D. 配舱回单

E. 场站收据

5. 海运提单要求作成指示抬头，CONSIGNEE 一栏可以填写（　　）。

A. TO ORDER　　　　　　　　　B. TO ORDER OF SHIPPER

C. TO BUYER　　　　　　　　　D. TO ORDER OF ISSUING BANK

（三）判断题

1. 清洁提单是指没有任何批注的提单。　　　　　　　　　　　　（　　）

2. 班轮运费计收标准中的"M/V Plus Ad Val"表示在货物体积、重量和价值三者中选择较高者计收运费。　　　　　　　　　　　　　　　　　　　（　　）

3. 空白抬头提单是指提单"收货人"一栏不填写任何内容的提单，谁持有该提单谁就

有权提货。　　　　　　　　　　　　　　　　　　　　　　　　　　　　（　　）

　　4. 合同规定装运时间为"2016 年 5/6 月份装运"，则卖方交货时应在 5 月、6 月每月交一批。　　　　　　　　　　　　　　　　　　　　　　　　　　　　（　　）

　　5. 货物装船后，托运人凭装货单（S/O）向承运人或其代理人换取提单（B/L）。

　　　　　　　　　　　　　　　　　　　　　　　　　　　　　　　　　（　　）

　　6. 审核提单时应注意海运提单一般为"备运提单"，而多式联运提单属于"已装船提单"。　　　　　　　　　　　　　　　　　　　　　　　　　　　　　　（　　）

　　7. 来证对提单没有特殊要求，有关提单的信用证条款如下："FULL SET OF CLEAN ON BOARD BILL OF LADING MADE OUT TO OUR ORDER, MARKED FREIGHT PREPAID NOTIFY APPLICANT."如果正本提单上没有特别标明开证人的名称和地址，则正本提单的被通知人栏应填写"APPLICANT"。　　　　　　　　　　　　　　　　（　　）

　　8.《UCP600》规定，正本提单必须具有"Original"字样。　　　　　　（　　）

　　（四）单证缮制与操作

　　根据信用证及补充资料缮制海运提单。

　　信用证相关内容：

　　31C：Date of Issue：161015

　　40A：Irrevocable

　　20：LC196107800

　　50：Applicant：ABC COMPANY

　　　　　　　　　1-3 MACHI KU STREET

　　　　　　　　　OSAKA, JAPAN

　　59：Beneficiary：SHANGHAI YILONG CO., LTD

　　　　　　　　　NO. 91 NANING ROAD

　　　　　　　　　SHANGHAI, CHINA

　　32B：CURRENCY USD AMOUNT 12 630. 00

　　43P：Partial Shipments：ALLOWED

　　43T：Transshipment：NOT ALLOWED

　　44E：Port of Loading：SHANGHAI, CHINA

　　44F：Port of Discharge：OSAKA, JAPAN

　　44C：Latest Date of Shipment：161130

　　45A：Description of Goods：CARDBOARD BOX

　　　　　　　　　　　　　YL-256

　　　　　　　　　　　　　YL-286

　　　　　　　　　　　　　PACKED IN CARTONS

　　46A：Documents Required

　　+3/3 PLUS ONE COPY OF CLEAN ON BOARD OCEAN BILLS OF LADING MADE OUT TO ORDER AND BLANK ENDORSED MARKED FREIGHT PREPAID AND NOTIFY APPLICANT.

补充资料：

＊GW：36KG/CTN   NW：35KG/CTN   MEAS：0.55CBM/CTN   VESSEL：KAOHSIUNG V.0707S

＊B/L NO.：TH14HK07596   B/L DATE：NOV.29，2016   SHIPPING MARKS：ABC/OSAKA/NO.1-60

答案及解析

第6章

国际货物报检单证制作与审核

在国际贸易实践中，买卖双方相距遥远，多数情况下不能当面交接货物，容易出现货物的品质、数量、包装、卫生、安全等与合同规定及有关标准要求不相符的情况，而且货物需要长途运输或多次装卸，也容易发生货损货差。为了确认事实，分清责任，避免争议的产生，需要一个权威、公正、专业的检验鉴定机构对进出口货物的品质、数量、包装、卫生、安全、装运技术条件以及运输途中的货损货差进行检验、检疫和鉴定，并出具相应的检验检疫证书，作为买卖双方交接货物、结算货款、处理索赔和理赔的依据。进出口商品检验检疫是国际贸易的一个重要环节，是随着国际贸易的发展而产生的。国家对进出口商品质量的监督和管制，不仅增强了企业在国际市场上的竞争力，而且有效地维护了国家对外贸易的信誉和正当权益。

知识目标

★ 了解出入境商品检验检疫及报检的基础知识；
★ 熟悉原产地证明书的含义、种类、作用及《UCP600》《ISBP745》的规定；
★ 熟悉报检单、检验检疫证书的含义、种类、作用及商检法和实施条例的规定；
★ 掌握出入境货物报检单、检验检疫证书、原产地证明书的内容与缮制规范。

技能要求

★ 掌握出入境商品报检的程序和电子报检的流程、原产地证明书的申领手续；
★ 熟练制作和审核出入境货物报检单、检验检疫证书、原产地证明书。

岗位情境

大连服装进出口公司业务员张山在办理货物托运手续的同时，报检员李丹开始着手办理出境货物电子报检和申领普惠制原产地证书的手续。

【思考】

什么是报检？怎样办理出入境货物电子报检手续？如何填写出境货物报检单？检验检疫证书有哪些？原产地证明书有哪些？如何缮制和申领？

【任务】

请以大连服装进出口公司单证员刘敏的身份，根据第3章出口销售合同、第4章修改后的信用证以及下列补充信息缮制出境货物报检单、品质检验证书及普惠制原产地证书。

【补充信息】

编号信息	日期信息	包装信息	费用信息	其他信息
＊发票号码： AB10/035 ＊FORM A 编号： 20101122 ＊品质证书号码： 580511478 ＊商品编码： 61052000.99 ＊集装箱号： CBHU3202732 ＊报检单位登记号： 1321500031 ＊生产单位注册号： 2011364400	＊报检日期： JUN. 20，2016 ＊普惠制产地证申 请书日期： JUN. 20，2016 ＊FORM A 签发 日期： JUN. 20，2016 ＊品质证书日期： JUN. 22，2016 ＊通关单日期： JUN. 22，2016 ＊提单日期： JUN. 29，2016	＊PACKING： G. W. ：3.5KGS/CTN N. W. ：3.0KGS/CTN MEAS. ： 0.05CBM/CTN PACKED IN ONE 20' CONTAINER （自重 2 200kg）	＊FREIGHT FEE：USD2 000 ＊INSURANCE FEE：USD1 300	＊船名、航次： SHUNFENG V. 901 ＊原产地标准："P" ＊产地：中国大连 ＊生产厂家： 大连服装加工厂 电话：84711456 ＊货物存放地点： 大连服装加工厂仓库 ＊货物用途：其他

岗位认知

6.1　出入境商品报检的办理

6.1.1　出入境商品检验检疫的含义和作用

出入境商品检验检疫是指我国的出入境商品检验检疫机构依照有关法律、法规或进出口合同的规定，对进出口商品的质量、数量、重量、包装、装运条件以及是否符合安全、卫生、健康、环保、防止欺诈等要求实施检验检疫，并出具检验检疫证书的全部活动。

出入境商品检验检疫是整个检验检疫工作的重要组成部分，具有以下作用：①是国家主权的体现；②是国家管理职能的体现；③是对外贸易顺利进行和持续发展的保障；④有助于保护国家安全、生态环境和国民健康。

6.1.2　出入境商品检验检疫机构及其任务

目前，国际贸易中从事商品检验和鉴定的各类机构有 1 000 多家，既包括官方机构，也包括民间和私人机构。我国的商品检验检疫机构主要有国务院设立的国家质检总局（AQSIQ），主管全国出入境商品检验检疫工作；国家质检总局设在省、自治区、直辖市以及进出口商品的口岸、集散地的出入境检验检疫局及其分支机构（以下简称出入境检验检疫机构），管理所负责地区的进出口商品检验工作。此外，还有经国家质检总局许可的其他检验机构。

根据我国《进出口商品检验法》（以下简称《商检法》）及其 2016 年修订的《实施

条例》的有关规定，我国出入境检验检疫机构的基本任务是实施法定检验、公证鉴定、监督管理进出口商品检验工作和统一管理并签发原产地证明书。

接受法定检验的出入境商品有四类：①法律、行政法规规定必须由检验检疫机构实施检验检疫的商品；②输入国家或地区规定必须凭检验检疫机构出具的证书方准入境的商品；③对外贸易合同约定须凭检验检疫机构签发的证书进行交接、结算的商品；④有关国际条约或与我国有协议/协定，必须经检验检疫并取得有关证书方准入境的商品。

小常识

国际上有威望的商检机构

目前国际上比较著名的商检机构有：美国粮谷检验署（FGES）、美国食品药品监督管理局（FDA）、英国英之杰检验集团（IITS）、日本海外货物检查株式会社（OMIC）、美国安全实验所（UL）、瑞士通用公证行（SGS）、英国劳氏船级社（LR）、日本海事鉴定协会（NKKK）、澳大利亚羊毛检测中心（IWTO）等。

6.1.3　出入境商品报检的办理

出入境商品报检是指进出口商品的收发货人或其代理人，根据《商检法》及其《实施条例》等有关法律、法规，对实施法定检验的进出口商品，在检验检疫机构规定的时限和地点，向检验检疫机构办理申请检验、配合检验、付费、取得商检证书等手续的全过程。

凡是法定检验检疫的进出口商品和合同/信用证规定需要商检机构进行检验并出具检验检疫证书的进出口商品，其收发货人或其代理人必须向报关地的商检机构报检。

1）报检单位与报检人员

我国《商验法》及其《实施条例》规定，进出口商品的收发货人可以自行办理报检手续，也可以委托代理报检企业办理报检手续。采用快件方式进出口商品的，收货人或者发货人应当委托出入境快件运营企业办理报检手续。

具体的报检单位有：有进出口经营权的国内企业；进口商品收货人或其代理人；出口商品生产、加工企业；对外贸易关系人；中外合资、合作和外商独资企业；国外企业、商社常驻中国代表机构等。

报检人员是指负责向检验检疫部门办理所在企业报检业务的人员。报检企业在检验检疫部门备案后，报检人员可提交其身份证复印件或报检员资格证复印件或报检员水平测试复印件，向检验检疫部门备案，经审核后，对符合条件的报检人员予以备案并发放备案表。报检企业对本企业报检人员的报检行为承担法律责任。

2）出境商品报检的业务程序

出口业务中，出口商及时办理出口货物的报检手续，不仅能保证按时、按质、按量完成交货义务，也能根据信用证要求及时取得商检证书，顺利履行结汇手续。因此出口商需根据我国《商检法》的规定按时提交相应的单证进行申报，经检验合格后方可出口。出境商品报检程序如图 6-1 所示。

3）入境商品报检的业务程序

在实际业务中，对进口货物进行及时的检验检疫是进口商对货物复验的标准之一。货

```
┌──────────────────────────────────────────────────────┐
│ 出口商或其代理填写出境货物报检单随附相关单证申请报检 │
└──────────────────────────────────────────────────────┘
                          ↓
┌──────────────────────────────────────────────────────┐
│        检验检疫机构审核单证，受理报检并计收费用        │
└──────────────────────────────────────────────────────┘
                          ↓
┌──────────────────────────────────────────────────────┐
│     检验检疫机构对货物现场抽样（或送样）并实施检验检疫  │
└──────────────────────────────────────────────────────┘
     产地和报关地一致    ↓    产地和报关地不一致
┌────────────────────┐   ┌──────────────────────────────┐
│检验合格后由产地检验部│   │检验合格后由产地检验部门出具出境货物│
│门出具出境货物通关单或│   │换证凭单或换证凭条，由出境地（即报关│
│相应的检验检疫证书    │   │地）检验检疫机构换发出境货物通关单  │
└────────────────────┘   └──────────────────────────────┘
```

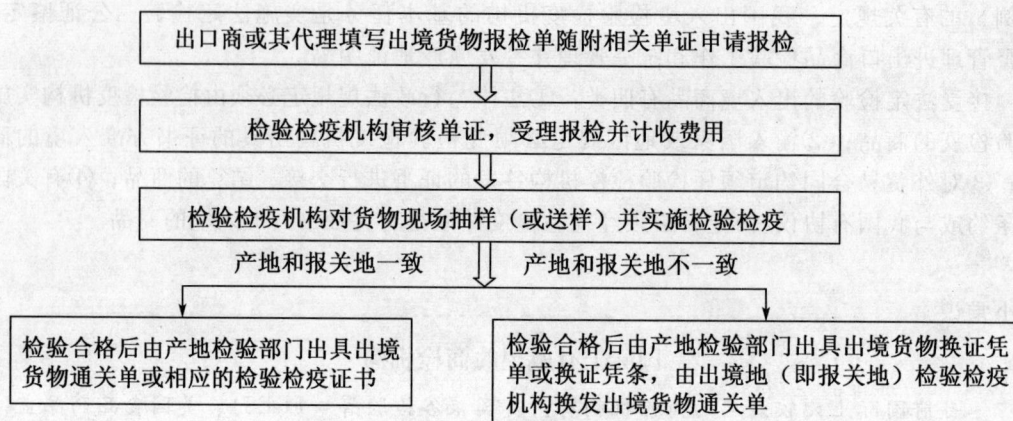

图 6-1　出境商品报检程序图

物到达目的地后经检验如有短缺或损失，可以凭检验结果明确责任原因和归属并对外提出索赔。但是入境报检与出境报检不同，它是在货物办理完入境通关手续后再实施检验检疫的。入境商品报检程序如图 6-2 所示。

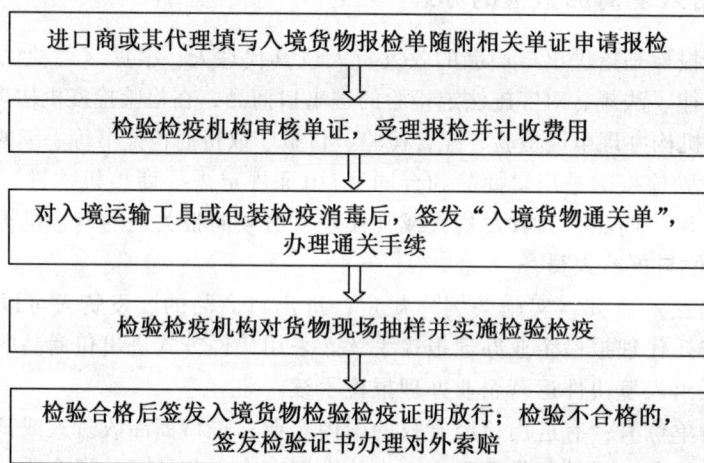

```
┌──────────────────────────────────────────────────────┐
│ 进口商或其代理填写入境货物报检单随附相关单证申请报检 │
└──────────────────────────────────────────────────────┘
                          ↓
┌──────────────────────────────────────────────────────┐
│        检验检疫机构审核单证，受理报检并计收费用        │
└──────────────────────────────────────────────────────┘
                          ↓
┌──────────────────────────────────────────────────────┐
│  对入境运输工具或包装检疫消毒后，签发"入境货物通关单"，│
│                    办理通关手续                        │
└──────────────────────────────────────────────────────┘
                          ↓
┌──────────────────────────────────────────────────────┐
│         检验检疫机构对货物现场抽样并实施检验检疫        │
└──────────────────────────────────────────────────────┘
                          ↓
┌──────────────────────────────────────────────────────┐
│   检验合格后签发入境货物检验检疫证明放行；检验不合格的，│
│              签发检验证书办理对外索赔                  │
└──────────────────────────────────────────────────────┘
```

图 6-2　入境商品报检程序图

4）报检的时间和地点及所需单证

根据我国《商检法》及其《实施条例》的规定，必须经出入境检验检疫机构检验的进出口商品的收发货人或者其代理人，应当在出入境检验检疫机构规定的地点和期限内，接受出入境检验检疫机构对进口商品的检验或向出入境检验检疫机构报检出口商品。出入境检验检疫机构应当在国家质检总局统一规定的期限内检验完毕，并出具检验证单。

（1）出境报检的时间和地点

出境货物最迟应于报关或出境装运前 7 天申请报检，对于个别检验检疫周期较长的货物，应留有相应的检验检疫时间；需隔离检疫的出境动物在出境前 60 天预报，隔离前 7 天报检；出境的运输工具应在出境前向口岸检验检疫机关报检或申报。

法定检验的出口商品应当在商品的生产地检验。国家质检总局可以根据便利对外贸易和进出口商品检验工作的需要，指定在其他地点检验。

（2）入境报检的时间和地点

入境货物申请品质检验和鉴定的，一般应在索赔有效期满前不少于 20 天内报检；输入种畜、禽及其精液、胚胎、受精卵的，应当在进境前 30 天报检；输入植物、种子、种苗及其他繁殖材料的，应当在进境前 7 天报检；输入其他动物的，应当在进境前 15 天报检。入境的运输工具应在入境前或入境时向口岸检验检疫机关报检或申报。

法定检验的进口商品应当在收货人报检时申报的目的地检验。大宗散装商品、易腐烂变质商品、可用作原料的固体废物以及已发生残损、短缺的商品，应当在卸货口岸检验。对前两款规定的进口商品，国家质检总局可以根据便利对外贸易和进出口商品检验工作的需要，指定在其他地点检验。

（3）出入境报检所需单证

申请出境货物报检时，应填写出境货物报检单并提供贸易合同（售货确认书或函电）、信用证、发票、装箱单、提/运单等必要的单证以及相关批准文件，如出口所需的厂检单、包装证等。

申请入境货物报检时，应填写入境货物报检单并提供报关单、贸易合同（售货确认书或函电）、发票、装箱单、提/运单、提货单等必要的单证以及相关批准文件，如进口所需的卫生证、产地证、磅码单等。

5）电子报检

电子报检是指报检人使用电子报检软件，通过检验检疫电子业务服务平台将报检数据以电子报文的方式传输给检验检疫机构，经检验检疫机构业务管理系统和检务员处理后，将受理报检信息反馈给报检人，实现远程办理出入境检验检疫报检的行为。

申请电子报检的报检单位应符合下列条件：遵守报检的有关管理规定；已在检验检疫机构办理报检企业备案手续；具有经检验检疫机构备案的报检人员；具备开展电子报检的软硬件条件；在国家质检总局指定的机构办理电子业务开户手续。

报检单位申请电子报检时应提供的资料有：在检验检疫机构取得的报检单位和报检人员的备案号、"电子报检登记申请表"和"电子业务开户登记表"。

目前，能够进行电子报检业务的有出入境货物报检、产地证书报检和出境包装报检等。电子报检流程如图 6-3 所示。

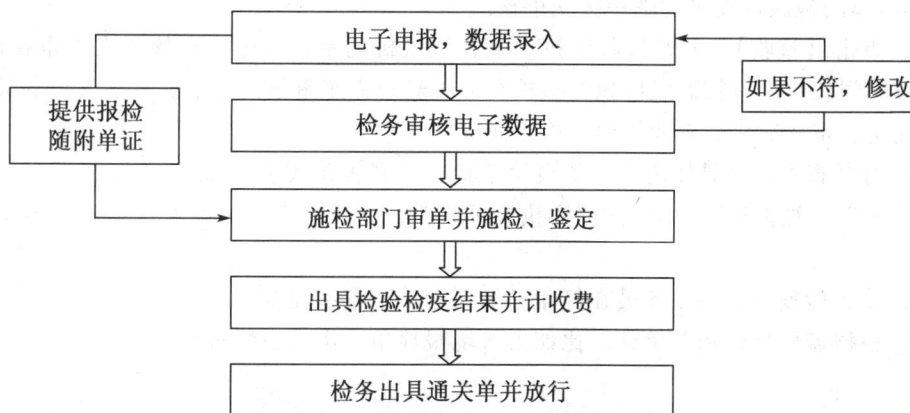

图 6-3　电子报检流程图

以"榕基易检2008"检验检疫电子业务服务平台为例，进出口企业在使用该软件系统进行报检时，电子报检单的数据录入与发送、打印和领取的流程如图6-4所示。

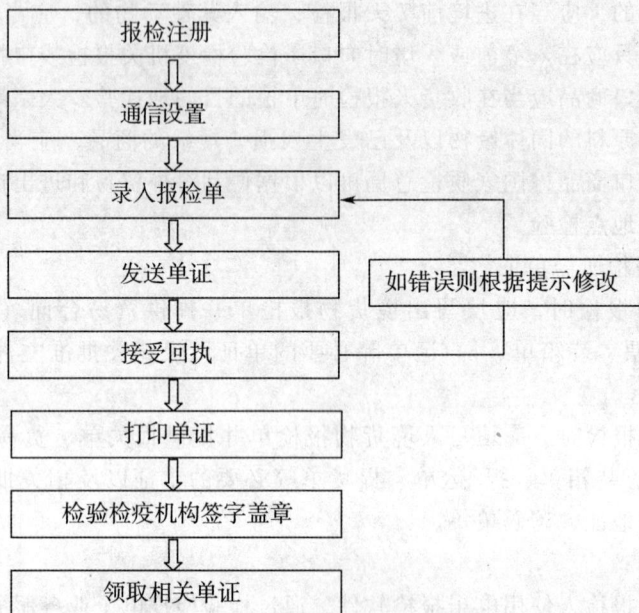

```
          ┌─────────────────┐
          │    报检注册      │
          └────────┬────────┘
                   ⇩
          ┌─────────────────┐
          │    通信设置      │
          └────────┬────────┘
                   ⇩
          ┌─────────────────┐
          │    录入报检单    │◄─────────────┐
          └────────┬────────┘              │
                   ⇩              ┌──────────────────────┐
          ┌─────────────────┐    │ 如错误则根据提示修改  │
          │    发送单证      │    └──────────────────────┘
          └────────┬────────┘
                   ⇩
          ┌─────────────────┐
          │    接受回执      │
          └────────┬────────┘
                   ⇩
          ┌─────────────────┐
          │    打印单证      │
          └────────┬────────┘
                   ⇩
          ┌──────────────────────┐
          │  检验检疫机构签字盖章  │
          └────────┬─────────────┘
                   ⇩
          ┌─────────────────┐
          │   领取相关单证   │
          └─────────────────┘
```

图6-4　"榕基易检2008"电子报检单的录入与发送、打印和领取流程图

（1）报检企业在报检系统登录后，点击【电子报检】，进入【报检注册】界面，填写进行电子报检工作时会涉及的一些基本信息。

（2）点击进入【通信设置】界面，选择【邮件通信信息】和【Web通信】中的一种通信模式，进行报检企业EDI邮箱设置。

（3）点击进入【报检录单】界面，选择所需的报检单类型，再点击进入【录入报检单】界面，输入报检单各项内容。

（4）检查所发报检单的正确性，并确认网络连接通畅后，选中报检单，点击【发送】，到所属的检验检疫机构邮箱接受审核。

（5）点击【接收】，开始接收回执。检验检疫机构审核有电子审核和人工审核两种。电子审核时间较快，审核后发回执给报检企业邮箱；人工审核需要根据审核人员的具体审核时间而定，审核完成后发回执给报检企业邮箱。

（6）打开查看回执具体内容，如报检单状态为"被正式接受"，可打印报检单等；如报检单状态为"被拒绝"，则要按照回执提示修改，修改完毕后再次发送单证，等待审核回执。

（7）检验检疫机构的检务员在打印好的报检单上签字盖章。

（8）根据需要领取相关单证，比如出入境报检单、出境包装报检单等。

小资料

国家质检总局关于推进无纸化报检的公告（2014 年第 124 号）

为进一步改进检验检疫监管和服务，提高口岸通行效率，促进贸易便利化，国家质检总局决定推进无纸化报检工作。现将有关事项公告如下：

一、无纸化报检

无纸化报检是指根据企业信用状况和货物风险分析，企业可通过简化纸质报检随附单证，通过检验检疫电子业务平台提交报检单及随附单证电子数据等进行报检的方式。

二、实施范围

出入境检验检疫信用 B 级及以上的企业，包括进出口货物收发货人、代理报检企业等。

三、实施方式

1. 报检单证简化。

单证自存；单证备案；信息核查。

2. 报检单证电子化。

提交报检单及随附单证电子数据的，报检时可免予提交纸质单证。

四、实施要求

1. 企业可以自主选择无纸化报检方式。选择无纸化报检方式的，应向检验检疫机构作出书面承诺。

2. 企业提交的电子数据应真实、准确，并承担法律责任。

3. 企业应建立完善、有效、可追溯的报检档案管理制度。

4. 代理报检企业选择无纸化报检的，委托人与被委托人都应符合无纸化报检的要求。

5. 检验检疫机构需要审核纸质单证或调阅报检档案的，企业应积极配合。

6. 涉及许可证件、国外官方证书，但未实现信息联网核查的进出口货物，暂不实施无纸化报检。

本公告自 2015 年 1 月 1 日起实施。

6.2　出入境货物报检单的填制

6.2.1　出入境货物报检单的含义

出入境货物报检单是指进出口货物的收发货人或其代理人，按照出入境检验检疫局规定的格式填写进出口货物的实际情况，凭以向检验检疫机构申报检验的书面凭证。它是出入境检验检疫机构对进出口商品进行检验检疫并出具证书的依据。一份报检单限报一个合同或信用证的商品。

6.2.2 出入境货物报检单的内容与规范

出入境货物报检单的格式内容由国家出入境检验检疫局统一制定,所填各项内容必须准确、完整,没有内容填写的栏目以"＊＊＊"表示,不得留空。出入境货物报检单的内容与规范见表6-1。入境货物报检单参见范例6-1,出境货物换证凭条参见范例6-2。

表6-1   出入境货物报检单的内容与规范

基本项目	内容与规范
1. 编号 (No.)	由出入境检验检疫机构指定,共15位数字,前6位为检验检疫机构代码,第7位为报检类代码,第8、9位为年代码,第10～15位为流水号
2. 报检单位 (Declaration Inspection Unit)	填写报检单位的中文全称,加盖与单位一致的公章或已备案的"报检专用章"
3. 报检单位登记号 (Register No.)	填写报检单位在检验检疫机构登记的10位数的登记证号码
4. 联系人、电话	填写报检人员的姓名与电话
5. 报检日期 (Declaration Inspection Date)	填写检验检疫机构接受报检当天的日期,统一用阿拉伯数字表示
6. 发货人 (Consignor)	填写合同中的出口商或商业发票上的出票人,中英文对照分行填写,出境报检单中必须填写此栏
7. 收货人 (Consignee)	填写合同中的进口商或商业发票上的受票人,中英文对照分行填写,入境报检单中必须填写此栏;入境报检单中企业性质应根据实际情况在"□"内划"√"
8. 货物名称 (中/英文) (Description of Goods)	填写合同或发票上所列货物的名称、规格、型号、成分,并且中英文对照
9. H.S. 编码 (H.S. Code)	填写本批货物的商品编码,以当年海关公布的商品税则编码分类为准
10. 原产国 (地区) /产地 (Original Country / Area) / (Producing Area)	入境报检单中填写进口货物的原产国或地区;出境报检单中填写货物生产地或加工制造地的省、市、县的中文名称
11. 数量/重量 (Quantity/Weight)	填写商品编码分类中计量标准项下的实际检验检疫数量、重量,重量一般为净重;可以填写一个或一个以上计量单位
12. 货物总值 (Amount)	填写入境或出境货物的总值及币种,应与合同、发票及报关单上所列的货物总值一致,不需填写贸易术语,以美元计
13. 包装种类及数量 (Type and Number of Packing)	填写货物实际运输外包装的种类及数量;注明包装的材质,如"150木箱"。如果使用托盘,应写明托盘的种类和数量以及托盘内货物的包装种类和数量
14. 运输工具名称号码 (Means of Conveyance)	填写入境或出境运输工具的名称和航次;若尚未确定运输工具的可填写运输方式总称,如"船舶""飞机"等

续表

基本项目	内容与规范
15. 合同号（Contract No.）	填写合同、订单、形式发票等的号码
16. 贸易方式 （Means of Trade）	填写该货物的贸易性质，应与实际的贸易方式相同，从"一般贸易""来料加工""进料加工""其他"四项中选择一种
17. 贸易国别（地区） Country（Area）	入境报检单中填写进口货物的贸易国家或地区
18. 提单（运单）号 （B/L No.）	入境报检单中填写海运提单号、空运单号或其他运输单据号；如有二程运输则应同时填写
19. 信用证号 （L/C No.）	出境报检单中填写信用证的号码
20. 到货日期/发货日期 （Arrival Date /Shipment Date）	入境报检单中填写进口货物实际到达口岸的日期；出境报检单中填写出口货物实际装运日期，一般要早于合同或信用证规定的最晚装运日期
21. 启运国家（地区）/输往国家（地区） Departure Country（Area）/Destination Country（Area）	入境报检单中填写装运货物的运输工具的启运国家或地区，如果从中国境内保税区、出口加工区入境的，应填"保税区、加工区"，而不能填"中国"；出境报检单中填写货物的买方所在国家或地区，或合同中最终目的地
22. 许可证（审批号） Licence No.（Approval No.）	需要办理入境或出境许可证或者审批的货物，填写有关进出口许可证号或者审批号
23. 卸毕日期 （Time of Discharging）	入境报检单中填写卸完货物的实际日期
24. 启运口岸 （Port of Departure）	入境报检单中填写装运货物进境的运输工具的启运口岸名称
25. 启运地 （Place of Departure）	出境报检单中填写货物最后离境的口岸及所在地的中文名称，如"大连口岸"
26. 入境口岸/到达口岸 （Port of Entry）/（Final Destination）	入境报检单填写进口货物及运输工具进境首次停靠的口岸地名称；出境报检单填写出口货物在境外最终目的地入境口岸的中文名称
27. 索赔有效期 （Claim Expiry）	入境报检单中填写合同规定的索赔日期，特别要注明截止日期
28. 经停口岸 （Via Ports）	入境报检单中填写货物启运后到达目的地之前曾经停的外国口岸
29. 目的地 （Destination）	入境报检单中填写货物预定到达的目的地
30. 生产单位注册号 （Manufacture Register No.）	出境报检单中填写生产、加工出口商品的工厂在检验检疫机构的注册号

基本项目	内容与规范
31. 集装箱规格、数量及号码 (Type and Quantity of Container, Container Number)	填写集装箱的规格、数量，如"2×20'"，集装箱的号码；此栏为集装箱运输时填写，非集装箱运输时可不填
32. 合同、信用证订立的检验检疫条款或特殊要求	填写在合同、信用证中订立的有关检验检疫的特殊条款及其他要求
33. 货物存放地点 (Place of Goods)	入境报检单中填写进口货物卸货时存放的地点；出境报检单中填写出口货物的生产企业存放出口货物的地点
34. 用途 (Purpose)	从以下9个选项中选择符合实际出入境货物的用途来填报：①种用或繁殖；②食用；③奶用；④观赏或演艺；⑤伴侣动物；⑥实验；⑦药用；⑧饲用；⑨其他
35. 随附单据（划"√"或补填） (Attached Files in √)	填写向检验检疫机构提供的单据，在随附单据"□"内划"√"选择或补填
36. 标记及号码 (Marks and Number of Packages)	填写货物的运输标志，与提单和发票一致，如没有运输标志则填"N/M"
37. 外商投资财产	入境报检单中，本栏由检验检疫机构受理人员填写
38. 需要证单名称	出境报检单中，出口商根据需要在"□"内划"√"选择检验证单或补填
39. 签名(Signature of Authorized Signatory)	由经检验检疫部门备案的报检人员签名
40. 检验检疫费	由检验检疫机构计费人员核定费用后填写，如熏蒸费和消毒费等
41. 领取证单	报检人在领取证单时填写领证日期和签名

范例 6-1

入境货物报检单

中华人民共和国出入境检验检疫

入境货物报检单

报检单位（加盖公章）：   *编号 _____

报检单位登记号：   联系人：   电话：   报检日期：   年 月 日

收货人	（中文）		企业性质（划"√"）	□合资□合作□外资
	（外文）			
发货人	（中文）			
	（外文）			

货物名称（中/外文）	H. S. 编码	原产国（地区）	数/重量	货物总值	包装种类及数量

运输工具名称号码		合同号	
贸易方式	贸易国别（地区）	提单/运单号	

续表

到货日期		启运国家（地区）			许可证/审批号	
卸毕日期		启运口岸			入境口岸	
索赔有效期至		经停口岸			目的地	
集装箱规格、数量及号码						
合同订立特殊条款 以及其他要求			货物存放地点			
			用途			

随附单据（划"√"或补填）		标记及号码	*外商投资财产（划"√"）	□是□否
□ 合同　　　　□ 到货通知 □ 发票　　　　□ 装箱单 □ 提/运单　　□ 质保书 □ 兽医卫生证书　□ 理货清单 □ 植物检疫证书　□ 磅码单 □ 动物检疫证书　□ 验收报告 □ 卫生证书　　□ □ 原产地证　　□ □ 许可/审批文件　□			*检验检疫费	
			总金额 （人民币元）	
			计费人	
			收费人	
报检人郑重声明： 1. 本人被授权报检。 2. 上列填写内容正确属实。 　　　　　　　　　签名：_____			领取证单	
			日期	
			签名	

注：有"＊"号栏由出入境检验检疫机关填写　　　　　　　　◆国家出入境检验检疫局制

范例 6-2　　　　　　　　　　**出境货物换证凭条**

转单号		报验号	
报检单位			
品名			
合同号		H. S. 编码	
数（重）量		包装件数	金额

评定意见：
　　贵单位报检的该批货物，经我局检验检疫，已合格。请执此单到青岛局本部办理出境验证业务。
本单有效期截止于____年____月____日。

出入境检验检疫局

陕西局本部

年　月　日

　　电子报检单和纸质报检单的格式内容一致，但在报检系统录入电子信息时是有一些差异的，以"榕基易检 2008"的电子报检录入的信息为例：

　　（1）将出入境电子报检单所有项目分为五类信息：主要单证信息、报检货物信息、运输及合同信息、报检集装箱信息、其他单证附加信息。

（2）录入的一些项目内容比纸质报检单更加细化。比如，增加了报检号、报检类别、报检员代码；将币种、货物规格单独填写；增加了标准量、标准量单位、监管条件、废旧物品、CIQ 编码等项目，其中标准量、标准量单位在填写了正确的 H.S. 编码后自动生成，监管条件可根据 H.S. 编码填写适当的监管条件；为了更准确、更便捷地通关，在电子报检单填写时，一部分内容设置了下拉列表，比如贸易方式项目，报检人员可直接在下拉列表中选择适当的项目，提高了报检单填写的效率和正确率。"榕基易检 2008"出入境电子报检数据录入界面参见范例 6-3。

范例 6-3　　　　　　　"榕基易检 2008"出入境电子报检数据录入界面

提醒您

出境货物换证凭条与出境货物通关单

出境货物换证凭条是电子转单的凭证。在报检地与出境地不同的情况下，货物在报检地（产地检验检疫机构）通过报检后，有关数据通过系统自动传输到出境地检验检疫机构，企业凭换证凭条的报检号、转单号和密码到出境地检验检疫机构换取正本通关单。

出境货物通关单是出口货物通关的凭证。从 2000 年 1 月 1 日开始，我国出入境检验检疫机构与海关建立了"先报检，后报关"的通关协调机制。海关一律凭报关地检验检疫机构签发的出入境货物通关单放行。

6.3　检验检疫证书

6.3.1　检验检疫证书的含义和作用

检验检疫证书（Inspection Certificate），又称商检证书，是由出入境检验检疫机构或公证机构对进出口商品实施检验检疫或鉴定后，根据检验检疫结果或鉴定项目，结合出口合同和信用证要求，对外签发的证明货物经检验已达标并评述检验结果的书面凭证。

检验检疫证书的作用如下：①是贸易关系人交接货物、结算货款的依据；②是货物通关过境、计费计税的重要凭证；③是海关优惠、减免关税的有效凭证；④是贸易关系人处理索赔理赔的主要依据；⑤是银行议付和出口结汇的单据之一。

小常识

常见的商品检验检疫证书

1. 品质检验证书（Inspection Certificate of Quality），是证明进出口商品的品名、规格、成分等产品质量的证件。

2. 重量/数量检验证书（Inspection Certificate of Weight/Quantity），是证明进出口商品重量或数量的证件。

3. 包装检验证书（Inspection Certificate of Packing）是证明进出口商品包装及标志情况的证书。

4. 兽医检疫证书（Veterinary Inspection Certificate），是证明出口动物产品经过检疫合格的证件。

5. 卫生检验证书（Sanitary Inspection Certificate）/健康检验证书（Certificate of Health），是证明可供人类食用的出口动物产品、食品等经过卫生检验或检疫合格的证件。

6. 温度检验证书（Inspection Certificate of Temperature），是证明出口冷冻商品温度的证书。

7. 消毒检验证书（Inspection Certificate of Disinfection），是证明出口动物产品经过消毒处理、保证卫生安全的证件。

8. 熏蒸证书（Inspection Certificate of Fumigation），是证明出口粮谷、油籽、豆类、皮张等商品以及包装用木材与植物性填充物等已经过熏蒸灭虫的证件。

9. 残损检验证书（Inspection Certificate of Damaged Cargo），是证明进口商品残损情况的证书。

此外，还有货载衡量检验证书、集装箱装箱/拆箱证书、价值证书等。

6.3.2 信用证中常见的检验检疫证书条款

例 1. Inspection certificate of quality in 3 copies issued by Entry-Exit Inspection and Quarantine Bureau of China.

由中国出入境检验检疫局出具的品质检验证书，一式三份。

例 2. Weight certificate in duplicate from Entry-Exit Inspection and Quarantine Bureau of China.

由中国出入境检验检疫局出具的重量证书，一式两份。

一般信用证中对检验检疫证书条款的表述包括证书的种类、份数要求；指定出证机构等。

小思考

国外来证有关商检证书条款规定："Inspection Certificate in Triplicate Issued and Signed by Authorized Person of Applicant"。请问出口商可否接受这一条款？

评析：不能接受，属于客检证，是一种信用证软条款。

6.3.3 检验检疫证书的内容和格式

商品检验检疫证书因种类繁多，检验项目和要求不同，采用的标准不一，因而内容也不尽相同，一般包括下列内容：

1）基本内容

（1）签证机构的名称、地址和联系电话。

（2）证书名称、编号、正本或副本和签证日期。

（3）商品的收发货人、商品名称、报验数量/重量、包装种类及数量、商品标记和号码、运输工具。

2）证明内容

报检货物经检验鉴定的结果和评定，是证书的主要部分。在出口商品检验检疫证书中，证明内容一般使用英文，也可根据报验人的要求使用中文；在进口商品检验检疫证书中，证明内容一般使用中文，证书最后加印："本证书译文如有任何异议，概以中文为主。"

3）签署部分

签署部分包括签证日期和地点、签证机构印章、授权人的签字，并在证书右上角加盖钢印。

检验检疫证书的格式是由国家质检总局统一制定的，只签发一份正本，可增发三份副本，签发后任何人不得以任何理由涂改、变造，如需更改或补充，可向原签证机构申请办理。

6.3.4　品质检验证书的缮制

品质检验证书的内容与规范见表6-2，兽医（卫生）证书参见范例6-4。

表6-2　　　　　　　　　　　　　　　品质检验证书的内容与规范

基本项目	内容与规范
1. 编号（No.）	填写由检验检疫机构根据不同类别的商品制定的编号
2. 证书名称（Name of Certificate）	通常由检验检疫机构签发符合信用证或合同要求的证书名称，如"Quality Certificate""Quantity Certificate"
3. 签发日期（Date of Issue）	填写实际检验检疫日期，一般不得晚于提单上的装运日期
4. 发货人（Consignor）	信用证项下填写受益人，托收项下为合同的卖方
5. 收货人（Consignee）	托收项下为合同的买方；信用证下按照信用证的规定填写，通常为开证申请人，一般不填或填"—"；如果出口商是中间商，此栏可填写"To whom it may concern"或"To order"
6. 品名（Description of Goods）	填写信用证规定的品名，同时不得与其他单据相矛盾
7. 标记与号码（Mark & No.）	填写信用证或合同规定的唛头，必须与其他运输单据和实际唛头相一致；如无运输标志则填写"N/M"
8. 报检数量/重量（Quantity/Weight Declared）	填写提单、发票上的数量/重量，散装货可用"In bulk"注明，再加重量。注意：如果货物用净重计价则填写净重，货物以毛作净则填写毛重
9. 包装种类和数量（Type and Number of Packages）	按照提单和商业发票的内容填写包装种类和数量
10. 运输工具（Means of Conveyance）	填写的运输工具名称应与提单的内容相一致，如"By S.S. WDLY V.071"
11. 检验结果（Results of Inspection）	由检验检疫机构在检验完此批货物后填写实际检验结果，如果信用证对检验结果有明确规定，则证书上的结果应符合信用证要求
12. 签证地点（Place of Issue）	填写签发检验证书的检验检疫机构所在地，如"Guangzhou, China"
13. 印章和签署（Stamp & Chief Inspector）	由检验检疫机构盖章，并由检验该货物的主任检验员手签

范例 6-4　　　　　　兽医（卫生）证书

中华人民共和国出入境检验检疫
ENTRY-EXIT INSPECTION AND QUARANTINE
OF THE PEOPLE'S REPUBLIC OF CHINA

编号 No. :

兽医（卫生）证书
VETERINARY CERTIFICATE

发货人：
Consignor

收货人：
Consignee

品名：
Description of Goods

报检数量/重量：　　　　　　　　　产地：　　　　　　标记及号码
Quantity/Weight Declared　　　　　Place of Origin　　Mark & No.

包装种类及数量：
Type and Number of Packages

集装箱号：
Container No.

加工厂名称、地址及编号：
Name, Address and Approval　No. of the Approved Establishment

启运地　　　　　　　　到达国家及地点
Place of Despatch　　　Country and Place of Destination

运输工具　　　　　　　发货日期
Means of Conveyance　　Date of Despatch

印章　　　　签证地点 Place of Issue ＿＿＿＿＿　　签证日期 Date of Issue ＿＿＿＿

Official Stamp

　　　　授权签字人 Authorized Officer ＿＿＿＿＿　　签名 Signature ＿＿＿＿＿

6.4　原产地证明书

6.4.1　原产地证明书的含义和种类

原产地证明书（Certificate of Origin），是指出口商应进口商要求提供的，由政府或公证机构或出口商签发的证明货物原产地或制造地的一种法律文件。它既是贸易关系人交接货物、结算货款、索赔理赔、进口国通关验收、征收关税的有效凭证，也是出口国享受不同配额待遇、进口国针对不同出口国实行差别贸易政策的凭证。

在国际贸易中，出口商主要依据合同或信用证的要求来提供相应的原产地证明书。具体分类见表 6-3。

表 6-3　　　　　　　　　　　　　　　　原产地证明书的分类

证书种类	证书含义	证书用途	签证机构
普惠制原产地证书（GSP 产地证）	是指根据普惠制给惠国的原产地规则和要求，由受惠国有关机构就本国出口商向给惠国出口受惠商品而签发的用以证明原产地的证明文件	是发达国家给予发展中国家出口制成品和半制成品的一种普遍的、非歧视和非互惠的关税优惠的凭证。最常用的是普惠制原产地证格式 A	各地的出入境检验检疫局
一般原产地证明书（C/O 产地证）	是指各国根据各自的原产地规则和有关要求签发的用以证明出口货物原产地的证明文件	是证明货物原产于某一特定国家或地区，享受进口国正常关税待遇的凭证。通常用于不需要提供海关发票或领事发票的国家或地区进行关税征收、数量限制、贸易统计、反倾销和反补贴等管理	各地的出入境检验检疫局、中国贸促会及分会、出口商、生产厂家
区域性经济集团互惠原产地证明书	是指订有区域性贸易协定的经济集团内的国家为使出口商品享受在最惠国税率基础上进一步减免进口关税而出具的原产地证书。比如，《亚太贸易协定》原产地证、中国－东盟自由贸易区原产地证	是在协定成员国之间就特定产品享受优惠的、减免关税待遇的具有法律效力的官方凭证	各地的出入境检验检疫局
专用原产地证明书	是指针对某一特殊行业的特定产品出具的原产地证书。比如，对欧盟的 EEC 纺织品产地证书、对美国的 DCO 纺织品声明书等	是某些国际组织或国家根据政治和贸易措施的特殊需要，规定特殊行业的特定产品应符合特定的原产地规则的证明文件	中国商务部

6.4.2　原产地证明书的申领程序

原产地证明书实行电子签证。货物出运前，出口商应及时向签证机构申请办理原产地证明书。原产地证明书申领流程如图 6-5 所示。

申领一般原产地证明书需提供一般原产地证明书申请书、中华人民共和国原产地证明书、商业发票以及其他证明文件等。申领普惠制原产地证明书需提供普惠制原产地证明书申请书、中华人民共和国普惠制原产地证明书、商业发票以及其他证明文件等。如果出口商品含有进口成分，还应提供"含进口成分受惠商品成本明细单"。

```
┌─────────────────────────────────────────────────────┐
│           出口商通过网上申报原产地证明书                  │
│        （录入证书及相关证明文件的电子信息）                │
└─────────────────────────────────────────────────────┘
                          ⇩
┌─────────────────────────────────────────────────────┐
│      待审核收到回执后打印出原产地证明书申请书和原产地证明书      │
└─────────────────────────────────────────────────────┘
                          ⇩
┌─────────────────────────────────────────────────────┐
│    持盖有公章的申请书、申报员签字且盖有中英文对照章的原产地证明书到  │
│           签证机构办理签证并缴纳签证费                    │
└─────────────────────────────────────────────────────┘
                          ⇩
┌─────────────────────────────────────────────────────┐
│          签证机构在原产地证明书上签字盖章后生效             │
└─────────────────────────────────────────────────────┘
```

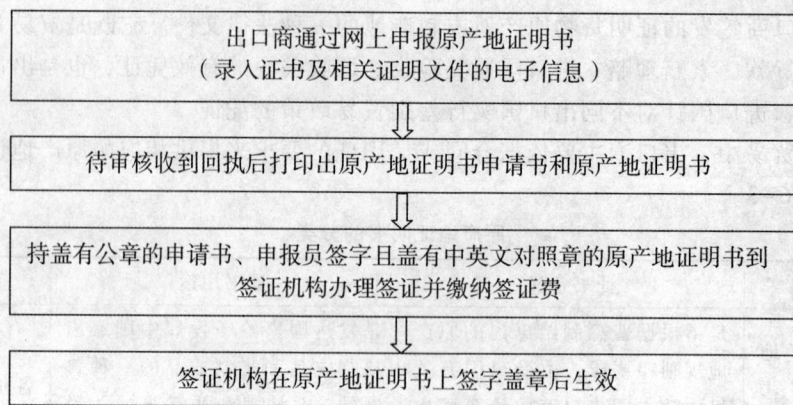

图 6-5 原产地证明书申领流程图

6.4.3 信用证中常见的原产地证明书条款

例 1. Certificate of Origin GSP Form A dated the same or before the date of B/L.

普惠制产地证格式 A 于提单日同日或早于提单日出具。

例 2. The certificate of origin issued or attested by CCPIT stating that goods exported are wholly of domestic origin.

由中国贸促会签发或证实的一般原产地证书，证明货物完全为国内原产。

一般信用证中对原产地证明书条款的表述包括证书种类、份数的要求；签证机构等。

6.4.4 一般原产地证明书的内容与规范

一般原产地证明书由出口商用英文填写，具体缮制规范见表 6-4。一般原产地证明书申请书参见范例 6-5，一般原产地证明书参见范例 6-6。

表 6-4   一般原产地证明书的内容与规范

基本项目	内容与规范
1. 证书编号 （Certificate No.）	由发证机构填写指定的编号，位于证书的右上角，此栏不能为空，否则证书无效。 贸促会签发的编号由 17 位数字/字母组成；出入境检验检疫局签发的编号由 16 位数字/字母组成
2. 出口商 （Exporter）	填写出口商的全称、详细地址及所在国家，一般是合同中的卖方或信用证中的受益人
3. 收货人 （Consignee）	填写收货人的全称、详细地址及所在国家，一般是合同中的买方或信用证中规定的提单通知人
4. 运输方式和路线 （Means of Transport and Route）	填写货物运输的装运港、目的港以及运输方式，如转运还须注明转运地，如 "From Shanghai to London by Sea VIA Hong Kong"
5. 目的地国家/地区 （Country/Region of Destination）	填写货物最终运抵目的地国家或地区名称，一般应与最终收货人或最终目的港（地）国别一致。开展转口贸易时，不能填写转口商的国家名称

续表

基本项目	内容与规范
6. 供签证机构使用 （For Certifying Authority Use Only）	此栏一般留空，供签证机构在签发后发证书、补发证书或加注其他声明时使用
7. 唛头和包装号 （Marks and Numbers）	填写货物的运输标志和包装号码，应按信用证或合同的要求完整、真实和规范地填写，如果无唛头，则填写"N/M"
8. 包装数量、种类及商品描述 （Number and Kind of Packages；Description of Goods）	填写商品的最大包装件数和包装种类。包装数量应用大写的英文字母并用括号加上阿拉伯数字及包装种类或度量单位表示，如"TWO HUNDRED（200）cartons"，如为散货注明"In bulk"。商品名称要填写具体名称，与商业发票相同
9. H.S. 编码 （H.S. Code）	填写商品编码（税目号），若同一证书含有多种商品，应将相应的税目号全部填写，不得留空，同时要与报关单上的 H.S. Code 一致
10. 数量或重量 （Quantity or Weight）	填写货物的数量、重量及计量单位，应按照货物的实际数量填写并与其他运输单据一致；如果计量单位是重量，应以千克为单位，并标明毛重和净重
11. 发票号码及日期 （Number and Date of Invoice）	填写商业发票的号码和日期。此栏不得留空，月份一律用英文缩写，年份要填写四位数，如"DEC.03，2016"。发票号与日期分行填写
12. 出口商声明 （Declaration by the Exporter）	此栏声明内容已印好，仅由出口商在签证机构注册的申领员签字并加盖出口商的中英文印章，同时填写申领地点和申领日期，此栏日期不得早于发票日期
13. 签证机构证明 （Certification）	此栏证明文句已印好，填写签证日期和地点，由签证机构已授权的签证人签名和盖章，印章与签名不能重叠

范例 6-5　　　**一般原产地证明书申请书**

一般原产地证明书/加工装配证明书

申　请　书

申请单位注册号：　　　　　　　　　　　　　　　　　　　证书号：

申请人郑重声明：

本人被正式授权代表本企业办理和签署本申请书。

本申请书及一般原产地证明书/加工装配证明书所列内容正确无误，如发现弄虚作假，冒充证书所列货物，擅改证书，本人愿按中华人民共和国出口货物原产地规则的有关规定接受处罚。现将有关情况申报如下：

企业名称		发票号		
商品名称		H.S. 编码（六位数）		
商品 FOB 总值（以美元计）		最终目的地国家/地区		
拟出运日期		转口国（地区）		

续表

贸易方式和企业性质（请在适用处划"√"）					
一般贸易		三来一补		其他贸易方式	
国有企业	三资企业	国有企业	三资企业	国有企业	三资企业

包装数量或毛重或其他数量		
证书种类（划"／"）	一般原产地证明书	加工装配证明书

现提交中国出口货物商业发票副本一份，一般原产地证明书/加工装配证明书一正三副，以及其他附件_____份，请予审核签证。

申请单位盖章

申领人（签名）
电　话：
日　期：　　年　月　日

范例6-6　　　　　　　　　　　一般原产地证明书
ORIGINAL

1. Exporter	Certificate No. :
2. Consignee	**CERTIFICATE OF ORIGIN** **OF** **THE PEOPLE'S REPUBLIC OF CHINA**
3. Means of transport and route	5. For certifying authority use only
4. Country/region of destination	

6. Marks & Nos.	7. Number and kind of packages; description of goods	8. H. S. code	9. Gross weight or other quantity	10. Number and date of invoices

11. Declaration by the exporter	12. Certification
The undersigned hereby declares that the above details and statements are correct; that all the goods were produced in China and that they comply with the Rules of Origin of the People's Republic of China	It is hereby that the declaration by the exporter is correct.
Place and date, signature and stamp of authorized signatory	Place and date, signature and stamp of certifying authority

6.4.5　普惠制原产地证书的内容与规范

普惠制原产地证书的主要格式为 GSP Form A，由出口商填写。普惠制原产地证书的内容与规范见表6-5。

表 6-5 普惠制原产地证书的内容与规范

基本项目	内容与规范
1. 证书编号 （Reference No.）	由出入境检验检疫局填写指定的编号，位于证书的右上角，此栏不能为空，否则证书无效
2. 签发国别 （Issued in…）	填写"THE PEOPLE'S REPUBLIC OF CHINA"，已事先印妥，位于证书名称栏的下方
3. 出口商名称、地址和国家 （Goods Consigned from）	填写出口商的名称、详细地址，信用证项下为受益人。由我国签发的必须填写"CHINA 或 P. R. C."
4. 收货人名称、地址和国家 （Goods Consigned to）	填写给惠国的最终收货人的名称、详细地址和国别，信用证项下为开证申请人。如果未明确最终收货人，可填提单通知人或发票抬头人
5. 运输方式和路线 （Means of Transport and Route）	填写货物最终装运港、目的港或到货地点以及运输方式，如转运还须注明转运地
6. 供签证机构使用 （For Official Use）	此栏一般留空，供签证机构在签发后发证书、补发证书或加注其他声明时使用
7. 商品顺序号 （Item Number）	如同批出口货物有不同种类，则按不同品种、发票号等分列"1""2""3"…单项商品用"1"表示或省略不填
8. 唛头和包装号 （Marks and Numbers of Packages）	第 8~9 栏填写规范同"一般原产地证明书"
9. 包装数量、种类及货物描述 （Number and Kind of Packages；Description of Goods）	
10. 原产地标准 （Origin Criterion）	本栏是国外海关审核的核心项目。因产品的产地情况复杂，应根据原产地标准选择正确代码填报本栏
11. 毛重或其他数量 （Gross Weight or Other Quantity）	第 11~13 栏填写规范同"一般原产地证明书"
12. 发票号码及日期 （Number and Date of Invoice）	
13. 签证机关证明 （Certification）	
14. 出口商声明 （Declaration by the Exporter）	必须填写生产国国名和进口国国名（英文）。申报日期、地点及出口商的签字盖章与一般原产地证填写相同

小提醒

一般原产地证明书和普惠制原产地证明书的区别

1. 签证机构不同。普惠制原产地证明书 FORM A 的签证机构仅限于出入境检验检疫局；而一般原产地证明书的签证机构既可以是出入境检验检疫局或贸促会，也可以是出口商或生产厂家。

2. 作用不同。普惠制原产地证明书适用于实施普惠制的国家，是依据给惠国要求而出具的能证明出口货物原产自受惠国，并能使货物在给惠国享受普遍优惠关税待遇的法律凭证；而一般原产地证明书是用以证明有关出口货物和制造地的一种证明文件，是货物在国际贸易行为中的"原籍"证书，在特定情况下进口国凭此对进口货物实施不同的关税待遇。

小资料

普惠制原产地标准

1. 完全原产品，不含任何非原产成分，出口到所有给惠国，填写"P"。

2. 含有非原产成分的产品，出口到欧盟、挪威、瑞士和日本，填写"W"，其后加上出口产品的 H. S. 品目号，例如"W" 42.02。

3. 含有非原产成分的产品，出口到加拿大，填写"F"。条件：非原产成分的价值未超过产品出厂价的40%。

4. 含有非原产成分的产品，出口到俄罗斯、乌克兰、白俄罗斯、哈萨克斯坦、捷克、斯洛伐克6国，填写"Y"，其后加上非原产成分价值占该产品离岸价格的百分比，例如"Y" 38%。条件：非原产成分的价值未超过产品离岸价格的50%。

5. 输往澳大利亚、新西兰的货物，此栏可以留空。

6.5 报检单证的审核

报检单证的审核是对已经缮制、备妥的报检单证和原产地证明书对照信用证（信用证结算）或合同（非信用证结算）的有关内容以及相关的国际惯例和规则进行单单、单证的检查和核对，发现问题，及时更正，达到正常进出口交接货物以及安全收汇的目的。

6.5.1 出入境货物报检单的审核要点

1）报检日期问题

应填写检验检疫机构实际受理报检的日期，由检验检疫机构填写，并统一使用阿拉伯数字，不得使用英文，如"2016.11.03"。

2）货物名称问题

必须填写进出口货物的中英文名称，且不能填写货物的统称，应参照商业发票填写具体名称。如果是废旧物资，在此栏内须注明。

3）收/发货人问题

出境货物报检单中，一般发货人填写中文即可，收货人可以不填，用"＊＊＊"表示即可。如果信用证规定要求出入境检验检疫局出具检验检疫证书，就应加上发货人的英文名称和收货人的英文名称。而且，注意预报检和实际出口报检情况有所不同。预报检时，应填写生产单位。

4）数/重量问题

必须填写实际申请检验检疫的商品数/重量，重量还须列明毛重、净重、皮重等；可以填报一个以上计量单位，比如：第一计量单位为"箱"；第二计量单位为"千克"。

5）贸易方式问题

只能选择一种贸易方式填写。如果涉及两种或两种以上贸易方式的货物同时报检时，要分开申报。

6）用途问题

应根据有关规定填写，要避免不管什么货物一律选择"其他"的情况。

7）集装箱规格、数量及号码问题

出境报检最迟在装运前 7 天进行，而生产企业要到集装箱进厂装箱时才知道集装箱号码，因此本栏可仅填"集装箱"三个字。如果拼箱出口，工厂自己送货到码头仓库的，此栏可填"＊＊＊"。

8）随附单据问题

按照实际随附的单据种类在对应的"□"内划"√"。如果有报检单上未印刷但需要提供的单据，可以在后面加上所需提供的单据名称。

此外，还应注意出入境货物报检单不能留空，对系统设定的必输项不能填"＊＊＊"，必须录入数据，而且纸质单据与电子数据必须一致。

6.5.2　检验检疫证书的审核要点

1）出证机构、出证地点及证书的名称问题

如果信用证未规定出证单位，可由出口商决定；如果信用证规定由"权威机构"出证，则应根据具体情况选择检验检疫机构出证；出证地点应在货物装船口岸或装货地；证书名称必须与信用证或合同规定的一致。

2）签发日期问题

签发日期一般不得晚于提单日期。对于鲜活易腐类的商品，检验时间距离装运日期过长会被误解为检验的结果已非装运时品质，所以签发日期不得与提单日期相差太远；对于散装货物，有些要求上船后才检验，其签发日期可以晚于提单日期。

3）检验结果问题

应由检验检疫机构在检验完此批货物后填写实际检验结果。如果信用证对检验结果有明确规定，则检验证书所显示的检验结果必须符合信用证的检验要求；如果信用证对检验结果未明确规定，但信用证中具体规定了商品的质量、成分，则检验结果应与信用证规定相符；除非信用证有特别规定，否则不能接受含有对货物不利陈述的检验证书。

4）签字盖章问题

如果信用证指定检验机构，则应由信用证指定的检验机构盖章并签字；如果信用证没有特别指定检验机构，则任何检验机构均可出具证书，但必须盖章和签字；盖章和签字同样有效。但有些国家要求出具经手签的检验证书，则手签的同时必须盖章，否则无效。

6.5.3 原产地证明书的审核要点

1）签证机构问题

《ISBP745》规定，原产地证明书必须由信用证规定的机构出具；如果信用证要求某机构出具证书，但出口国无此机构，可由另一方进行签发，但单据上要标明；如果信用证要求一般产地证由受益人、出口商或制造商出具，只要该单据相应地注明受益人、出口商或制造商，则由商会或类似机构出具的单据也可以接受；如果信用证未规定出证机构，则由任何人包括出口商出具都可以接受；普惠制产地证书必须由中国质量监督检验检疫总局的各地出入境检验检疫局签发。

2）出口商问题

注意本栏不能填写境外中间商名称，即使信用证规定也不可以；中国地名的英文应采用汉语拼音。普惠制产地证中此栏是强制性填制项目。

3）收货人问题

因原产地证明书是清关单证，所以以收货人栏内不能填写中间商、转口商的名称、地址和所在国家，必须填写最终销售国收货人的名称、地址和所在国家。有时一些来自欧盟或中东的信用证要求出口商在收货人栏留空或空白抬头，即在产地证明书中收货人栏注明"To whom it may concern"或"To order"，我们可照办。普惠制产地证明书中该栏必须填写给惠国最终收货人的名称、地址和所在国家。

4）运输方式和路线问题

如果目的地为内陆地，允许产地证上目的港名称与提单上卸货港名称不一致；如果输往没有海岸的给惠国（比如瑞士），且采用海运方式，填写时需注明"从某港口经转某港口抵运给惠国"。此外，还须加注预计离开中国的日期，必须真实，不得捏造。

5）唛头和包装号问题

本栏填写必须真实、规范和完备，并与其他单据上的运输标志相同。如果唛头长，本栏填不下，可填在第7、8、9、10栏的空白处，还不够的话可以在附页填写；如图案文字无法缮制，可附复印件，但须加盖签证机构印章；如无唛头，应填"N/M"字样。注意不得出现中国大陆以外其他国家/地区制造的字样，不得简单填写"as per Invoice No. ＊＊＊"。

6）商品名称、包装数量及种类问题

必须填明商品总称和具体名称（其详细程度能在H.S.的四位数字中准确归类）。如果同批货物有不同品种，则要有总包装箱数。商品的商标、牌号及货号一般可不填。最后应加上截止线"＊＊＊＊＊＊＊＊＊＊＊＊＊"，以防止填写伪造内容；如果国外信用证要求填写合同、信用证号码等，可加在截止线下方空白处。

7）签发日期问题

原产地证明书必须有签发日期，不得早于发票日期，但可迟于货物的装运日期，但应注明"后发"字样。

8）供签证机构使用问题

如果货物已经出口，签证日期迟于出货日期，签发"后发"证书时，此栏盖上"ISSUED RETROSPECTIVELY"红色印章。如果证书遗失、被盗或者损毁，签发"副本"证书时盖上"DUPLICATE"印章，并在此栏注明原产地证书的编号、签证日期，同时声明原证明书作废。

上岗操作

在岗位情境中，大连服装进出口公司报检员李丹根据信用证的要求，选择无纸化报检方式，登录"榕基易检2008"电子报检系统，进行报检注册和通信设置后，录入出境货物报检单和随附单证的电子信息，发送单证前请公司主管审阅。随后进行签证注册和通信设置，录入普惠制产地证明书和相关证明文件的电子信息，发送证书前请公司主管审阅。公司主管审阅、修改无误后发送报检单和证书等电子信息，接受审核，等待回执。收到回执被正式接受后，打印好出境货物报检单和普惠制产地证明书，到大连出入境检验检疫局（大连保税区填海区中港路151号）检务部门签字盖章，领取生效的出境货物报检单，并缴纳签证费，领取普惠制产地证明书。

【出境货物报检单】

中华人民共和国出入境检验检疫
出境货物报检单

大连服装进出口公司

报检单位（加盖公章）：大连服装进出口公司　　　　　　　　　　　　*编号：系统生成

报检单位登记号：1321500031　　联系人：李丹　　电话：0411-84713333　　报检日期：2016年6月20日

发货人	（中文）大连服装进出口公司					
	（外文）DALIAN GARMENTS IMPORT & EXPORT CORPORATION					
收货人	（中文）***					
	（外文）ABD CO., LTD.					
货物名称（中/外文）	H. S. 编码	产地	数/重量		货物总值	包装种类及件数
龙牌男衬衫	61052000.99	中国大连	780 DOZS/2 730KGS		50 100 美元	780 纸箱
运输工具名称号码	SHUNFENG V. 901	贸易方式	来料加工	货物存放地点		大连服装加工厂仓库
合同号	DLG100535	信用证号	LC41165130	用途		其他
发货日期	2016.06.29	输往国家（地区）	加拿大	许可证/审批号		***
启运地	大连	到达口岸	多伦多	生产单位注册号		2011364400

续表

集装箱规格、数量及号码	1×20'/CBHU3202732		

合同、信用证订立的检验检疫条款或特殊要求	标记及号码	随附单据（划"√"或补填）	
***	ABD TORONTO C/NO.1－780	☑合同 ☑信用证 ☑发票 □换证凭单 ☑装箱单	□厂检单 □包装性能结果单 □许可/审批文件

需要证单名称（划"√"或补填）		* 检验检疫费	
☑品质证书　　　__正__副	□动物卫生证书　　__正__副	总金额 （人民币元）	
□重量证书　　　__正__副	□植物检疫证书　　__正__副		
□数量证书　　　__正__副	□熏蒸/消毒证书　　__正__副	计费人	
□兽医卫生证书　__正__副	□出境货物换证凭单　__正__副		
□健康证书　　　__正__副	☑出境货物通关单　__正__副	收费人	
□卫生证书　　　__正__副			

报检人郑重声明： 1. 本人被授权报验。 2. 上列填写内容正确属实，货物无伪造或冒用他人的厂名、标志、认证标志，并承担货物质量责任。 签名：李丹	领取证单	
	日期	2016.06.22
	签名	李丹

注：有"＊"号栏由出入境检验检疫机关填写　　◆国家出入境检验检疫局制

操作指导：经审核发现出境货物报检单中的下列项目填制有误：①货物名称一栏有误，按照合同、信用证或发票上所列货物名称的中文和英文填写，应加上英文"DRAGON BRAND MEN'S SHIRTS"。②贸易方式一栏有误，应根据货物贸易性质填写实际的贸易方式，将"来料加工"改成"一般贸易"。

【普惠制产地证明书申请书】

普惠制产地证明书申请书

申请单位（盖章）：大连服装进出口公司

注册号：××××× （印章：大连服装进出口公司）　　　　证书号：×××××

申请人郑重声明：

本人是被正式授权代表出口单位办理和签署本申请书的。

本申请书及普惠制产地证格式A所列内容正确无误，如发现弄虚作假，冒充格式A所列货物，擅改证书，自愿接受签证机关的处罚及负法律责任。现将有关情况申报如下：

生产单位	大连服装加工厂	生产单位联系人电话	84711456
商品名称 （中英文）	龙牌男衬衫 DRAGON BRAND MEN'S SHIRTS	H.S. 税目号 （以六位数码计）	61052000.99
商品（FOB）总值（以美元计）	50 100 美元	发票号	AB10/035
最终销售国	加拿大	证书种类划"√"	加急证书	√普通证书

续表

货物拟出运日期	2016. 06. 29						
贸易方式和企业性质（请在适用处划"√"）							
正常贸易 . C	来（进）料加工 . L	补偿贸易 . B	中外合资 . H	中外合作 . Z	外商独资 . D	零售 . Y	展卖 . M
√							
包装数量或毛重或其他数量	780 箱　2 730 KGS						

原产地标准：

本项商品系在中国生产，完全符合该给惠国给惠方案的规定，其原产地情况符合以下第(1)条。

　　（1）"P"（完全国产，未使用任何进口原材料）；

　　（2）"W" 其 H. S. 税目号为_____（含进口成分）；

　　（3）"F"（对加拿大出口产品，其进口成分不超过产品出厂价值的 40%）。

本批产品系：1. 直接运输从 大连 到 多伦多 ；

　　　　　　2. 转口运输从_____中转国（地区）_____到_____。

申请人说明

　　　　　　　　　　　　　　　　　　领证人（签名）李丹

　　　　　　　　　　　　　　　　　　电话：0411-84713333

　　　　　　　　　　　　　　　　　　日期：2016 年 6 月 20 日

　　现提交中国出口商业发票副本一份、普惠制产地证明书格式 A（FORM A）一正二副，以及其他附件_____份，请予审核签证。

　　注：凡含有进口成分的商品，必须按要求提交"含进口成分受惠商品成本明细单"。

商检局联系记录

　　操作指导：经审核，普惠制产地证明书申请书中以下项目填制有误：①H. S. 税目号一栏有误，H. S. 税目号应是商品编码的前六位数字，即填"610520"。②商品（FOB）总值一栏有误，商品总值应是 FOB 价，且以美元计，本栏应填"46 800 美元"。此外，申请书中还应重点审核商品名称是否有中文描述，目的国是否是给惠国，原产地标准是否正确等。

【普惠制产地证明书】

ORIGINAL

1. Goods consigned from (exporter's business name, address, country) DALIAN GARMENTS IMPORT & EXPORT CORPORATION TEL：0411-84713333 FAX：0411-84713332 E-MAIL：DLGIE@ 126. COM	Reference No. ：20101122 **GENERALIZED SYSTEM OF** **PREFERENCES CERTIFICATE OF** **ORIGIN** （**Combined Declaration and Certificate**） **FORM　A** **Issued in** THE PEOPLE'S REPUBLIC OF CHINA --- （**country**）
2. Goods consigned to (Consignee's name, address, country) ABD CO. , LTD. 362 JALAN AVE. TORONTO, CANADA	

3. Means of transport and route（as far as known） FROM DALIAN TO TORONTO BY S. S. SHUNFENG V. 901			4. For official use		
5. Item number 1	6. Marks and numbers of packages ABD TORONTO C/NO. 1-780	7. Number and kind of packages, description of goods DRAGON BRAND MEN'S SHIRTS SAY SEVEN HUNDRED AND EIGHTY (780) CARTONS ONLY ★★★ ★★★ ★★★ ★★	8. Origin criterion	9. Gross weight or other quantity 2 730 KGS	10. Number and date of invoices AB10/035 JUN. 17, 2016
Certification It is hereby certified, on the basis of control carried out that the declaration by the exporter is correct.			Declaration by the exporter The undersigned hereby declares that the above details and statements are correct; that all the goods were Produced in CHINA ﹍﹍﹍﹍ （country） and that they comply with the origin requirements specified for those goods in the Generalized System of Preferences for goods exported to CANADA ﹍﹍﹍﹍ （importing country） DALIAN JUN. 20, 2016 大连服装 李丹 进出口公司			
中华人民共和国 大连 FORM A 出入境检验检疫局 DALIAN JUN. 20, 2016 马云 Place and date, signature and stamp of certifying authority			Place and date, signature and stamp of exporter		

操作指导：经审核发现普惠制产地证明书中的下列项目填制有误：①出口商的名称、地址和国家一栏有误，因普惠制原产地证明书中出口商的填制是强制性的，本栏中应填写出口商的全称、地址、电话和国别，即 DALIAN GARMENTS IMPORT & EXPORT CORPORATION/30 LUXUN ROAD/DALIAN, CHINA。②运输方式和路线一栏有误，还须加注预计离开中国的日期，必须真实，不得捏造。③原产地标准一栏有误，本栏是国外海关审核的核心项目，必须选择正确代码填报，应填"P"。

出口货物经抽样检验合格后，大连出入境检验检疫局检务部门收取检验费，出具品质检验证书和出境货物通关单。

【品质检验证书】

中华人民共和国出入境检验检疫　　　　　正本

ENTRY-EXIT INSPECTION AND QUARANTINE　　ORIGINAL
OF THE PEOPLE'S REPUBLIC OF CHINA

地址：大连保税区填海区中港路 151 号　　　　　编号 No.：580511478

品质检验证书

QUALITY CERTIFICATE　　　Date：2016 年 6 月 22 日

发货人
Consignor　DALIAN GARMENTS IMPORT & EXPORT CORPORATION

收货人
Consignee　ABD CO., LTD.

品名
Description of Goods <u>DRAGON BRAND MEN'S SHIRTS</u>
报检数量/重量
Quantity/Weight Declared <u>780 DOZS/2 730KGS</u>
包装种类及数量
Type and Number of Packages <u>780 CTNS</u>
运输工具
Means of Conveyance <u>BY S. S. SHUNFENG</u>
检验结果
Result of Inspection

标记及号码
Mark & No.
ABD
TORONTO
C/NO. 1-780

SAMPLES WERE DRAWN AT RANDOM FROM THE WHOLE LOT OF GOODS AND INSPECTED STRICTLY ACCORDING TO S/C NO. DLG100535. WE HEREBY CERTIFY THAT THE RESULTS OF INSPECTION ARE IN CONFORMITY WITH THE REQUIREMENTS IN THE CONTRACT.

我们已尽所知和最大能力实施上述检验，不能因为我们签发本证书而免除卖方或其他方面根据合同和法律所承担的产品质量和其他责任。

All inspections are carried out conscientiously to the best of our knowledge and ability. This certificate does not in any respect absolve the seller and other related parties from his contractual and legal obligations especially when product quality is concerned.

主任检验员　宋星　JUN. 22, 2016
Chief Inspector 中华人民共和国
大连
出入境检验检疫局

操作指导：该品质检验检疫证书经审核无误。

【出境货物通关单】

中华人民共和国出入境检验检疫
出境货物通关单

编号：×××××

1. 发货人 大连服装进出口公司 DALIAN GARMENTS IMPORT & EXPORT CORPORATION		5. 标记及号码 ABD TORONTO C/NO. 1-780	
2. 收货人 *** ABD CO., LTD.			
3. 合同/信用证号 LC41165130	4. 输往国家或地区 加拿大		
6. 运输工具名称及号码 SHUNFENG V. 901	7. 发货日期 2016.06.29	8. 集装箱规格及数量 1×20'	

续表

9. 货物名称及规格 龙牌男衬衫 DRAGON BRAND MEN'S SHIRTS 以下空白	10. H. S. 编码 61052000.99 以下空白	11. 申报总值 50 100.00 美元 以下空白	12. 数/重量、包装数量及种类 780 打 780 纸箱 以下空白

13. 证明
上述货物已经检验检疫，请海关予以放行。 本通关单有效期至 2016 年 8 月 18 日 　签字:宋星　日期:2016 年 6 月 22 日　　　中华人民共和国　大连　出入境检验检疫局

14. 备注

①货物通关　　　　　　　　　　　　　　　[2-2（2016.1.1）]

操作指导:该出境货物通关单准确无误。

岗位实操

(一) 单选题

1. 以下不属于出入境检验检疫机构基本任务的是(　　)。

A. 法定检验　　　　B. 公证鉴定　　　　C. 监督管理　　　　D. 通关查验

2. 一般出口商品应在出口报关或装运前(　　)天报检。

A. 3　　　　　　　B. 5　　　　　　　C. 7　　　　　　　D. 9

3. 下列不是在所有出口报检时都要提供的单证是(　　)。

A. 信用证　　　　B. 商业发票　　　　C. 合同　　　　D. 出境货物报检单

4. 对于产地和报关地相一致的出境货物，经检验检疫合格的，出具(　　)。

A. 出境货物通关单　　　　　　　　B. 出境货物换证凭单

C. 出境货物换证凭条　　　　　　　D. 出境货物不合格通知单

5. 在我国，签发普惠制产地证明书 FORM A 的机构是(　　)。

A. 海关总署及各省市海关　　　　　B. 各省市出入境检验检疫局

C. 商务部及各省市经贸厅　　　　　D. 出口商

(二) 多选题

1. 入境货物报检单上的货物总值应与(　　)上所列的一致。

A. 报关单　　　B. 合同　　　C. 发票　　　D. 装箱单　　　E. 海运提单

2. 普惠制原产地证明书第 8 栏 "原产地标准"，对不同的出口国家和不同的商品情况有不同的填写方法，主要包括(　　)。

A. 出口到俄罗斯、白俄罗斯、哈萨克斯坦等国的商品，此栏可空白

B. 完全国产、无进口成分，应填写 "P"

C. 含有进口成分的商品，应填写 "W"，经出口国充分加工的产品输往欧盟等国时，应在 "W" 后加注该商品四位数字级的 H. S. 税目号

D. 出口至加拿大的产品，如含有的进口成分价格占产品出厂价的 40% 以下，填写 "F"

E. 出口至新西兰的产品，如含有的进口成分价格占产品出厂价的 40% 以下，填写 "W HS"

（三）判断题

1. 只有列入 "种类表" 的进出口商品，才属于法定检验的商品。　　　　　（　　）

2. 普惠制产地证的签证日期不得早于发票日期和申报日期，而应早于货物的出运日期。　　　　　　　　　　　　　　　　　　　　　　　　　　　　　　（　　）

3. 普惠制产地证中 "发货人" 一栏可以填写受惠国的出口商或中间商。　（　　）

（四）单证缮制与操作

根据已知资料指出一般原产地证单据中错误的地方。

已知资料（1）：

SALES CONTRACT

Contract No. : NJT090218

Date：FEB. 18, 2017

Signed at：Nanjing, China

The Seller：NANJING JINLING TEXTILE CO. , LTD.

Address：UNIT A 18/F, JINLING TOWER, NO. 118 JINLING ROAD, NANJING, CHINA

The Buyer：DEXICA SUPERMART S. A.

Address：BOULEVARD PACHECO 44, B-1000BRUSSELS, BELGIUM

This Sales Contract is made by and between the sellers and the buyers, whereby the sellers agree to sell and the buyers agree to buy the under-mentioned goods according to the terms and conditions stipulated below：

Commodity and specifications	Quantity	Unit Price	Amount
GIRLS GARMENTS	10 800PCS	CIF BRUSSELS EUR5. 00/PC	EUR54 000. 00

10% more or less in quantity and amount are acceptable.

Packing：IN CARTON

Shipping Mark：N/M

Time of Shipment：Within 30 days after receipt of L/C

From NINGBO PORT CHINA To BRUSSELS, BELGIUM

Transshipment and Partial Shipment：Allowed

Insurance：to be effected by the sellers for 110% of full invoice value covering all risks up to port of destination and war risks included with claim payable at destination.

Terms of Payment：By 100% Irrevocable Letter of Credit in favor of the sellers to be available by sight draft to be opened and to reach China before APRIL 1, 2017 and to remain valid for negotiation in China until the 21 days after the foresaid Time of Shipment. L/C must mention this contract number L/C advised by BANK OF CHINA JIANGSU BRANCH. All banking Charges outside China are for account of the buyers.

The Seller	The Buyer
NANJING JINLING TEXTILE CO. , LTD.	DEXICA SUPERMART S. A.
钟山	ALICE

已知资料（2）：

＊装运信息：装期 2017.04.19；船名 PRINCESS；航次 V. 018 ＊信用证号：CMKK9180205

＊装箱资料：合计 108 箱装入 1×20' 集装箱。＊商业发票号：NJT090218-09；签发日期：2017 年 4 月 10 日

一般产地证：

ORIGINAL

1. Exporter（full name, address, country） DEXICA SUPERMART S. A. BOULEVARD PACHECO 44, B-1000 BRUSSELS, BELGIUM	Certificate No. : CCPIT 091810528
2. Consignee（full name, address, country） NANJING JINLING TEXTILE CO. , LTD. UNIT A 18/F, JINLING TOWER, NO. 118 JINLING ROAD, NANJING, CHINA	**CERTIFICATE OF ORIGIN** **OF** **THE PEOPLE'S REPUBLIC OF CHINA**
3. Means of transport and route（as far as known） FROM NANJING PORT, CHINA TO BRUSSELS, BELGIUM BY SEA	5. For certifying authority use only
4. Country/region of destination CHINA	

6. Marks and numbers of packages DEXICA S/C NJT090218	7. Number and kind of packages, description of goods LADIES GARMENTS PACKED IN（108）TWO HUNDRED AND EIGHT CARTONS ONLY ★★★★★★★★★★★	8. H. S. code 6204430090	9. Gross weight or other quantity 10 080 DOZEN	10. Number and date of invoices NJT090218 APR. 9, 2017

Declaration by the exporter The undersigned hereby declares that the above details and statements are correct; that all the goods were produced in China and that they comply with the rules of origin of The People's Republic of China. NANJING JINLING TEXTILE CO. , LTD ZHONG SHAN NANJING APR. 15, 2017 Place and date, signature and stamp of exporter	Certification It is hereby certified, on the basis of control carried out that the declaration by the exporter is correct. CHINA COUNCIL FOR THE PROMOTION OF INTERNATIONAL TRADE JIN LIAN CHENG NANJING CHINA APR. 16, 2017 Place and date, signature and stamp of certifying authority

答案及解析

第7章 国际货物报关单证制作与审核

国际货物贸易是通过货物、物品和运输工具的进出境来实现的。为了维护国家主权和利益，保护本国市场和经济，促进对外贸易和科技文化的交流，各国政府通过设立海关和制定管理制度，依法对进出本国国境（关境）的货物、物品和运输工具进行管理。报关是这一管理要求的具体体现，是履行进出境手续的必要环节之一。凡是进出口货物必须通过设立海关的地点进境或出境，并由货物的收发货人或其代理人填写进出口货物报关单，向海关申报，经过海关验关放行后，方可提取货物或装运出口。

知识目标

★ 了解报关的含义、分类等基本知识及海关法的相关规定；
★ 了解通关作业无纸化、区域通关一体化和关检合一的改革；
★ 了解进出口许可证的含义、作用、管理制度；
★ 掌握进出口货物报关单的含义、种类、用途；
★ 掌握代理报关委托书、进出口货物报关单和进出口许可证的内容与缮制规范。

技能要求

★ 掌握进出口货物报关的基本程序、进出口许可证的申领手续；
★ 掌握电子报关、通关作业无纸化的操作流程；
★ 熟练制作和审核进出口货物报关单、进出口许可证等单证。

岗位情境

大连服装进出口公司刘敏是具有两年报关工作经验的报关人员，在报检员李丹办完报检手续后，着手电子申报，向大连海关办理出口货物报关手续。

【思考】

什么是报关？如何办理报关手续？进出口货物报关单应如何缮制？

【任务】

请以大连服装进出口公司报关员刘敏的身份，根据第3章出口销售合同、第4章修改后的信用证以及下列补充信息缮制出口货物报关单。

【补充信息】

编号信息	日期信息	包装信息	费用信息	其他信息
＊报关单海关编号：0900201607042 13579 ＊发货人海关注册号：2102964110 ＊提单号：COSU10118610 ＊集装箱号：CBHU3202732 ＊商品编码：61052000. 99	＊发票日期：JUN. 17，2016 ＊提单日期：JUN. 29，2016 ＊报关日期：2016. 06. 26	＊PACKING：G. W.：3. 5KGS/CTN N. W.：3. 0KGS/CTN MEAS. ：0. 05CBM/CTN PACKED IN ONE 20'CONTAINER （自重2 200kg）	＊FREIGHT FEE：USD2 000 ＊INSURANCE FEE：USD1 300	＊出口口岸：大连海关（0900） ＊船名、航次：SHUNFENG V. 901 ＊境内货源地：大连（21029） ＊生产厂家：大连服装加工厂 ＊海关第一计量单位：件

岗位认知

7.1 进出口货物报关的办理

7.1.1 报关的含义和分类

1）报关的含义

报关（Customs Declaration）是指进出口货物的收发货人、进出境物品的所有人、进出境运输工具的负责人或者他们的代理人向海关申报、交验规定的单据和证件，办理货物、物品或运输工具进出境手续及相关海关事务的全过程。

《中华人民共和国海关法》明确规定："进出境运输工具、货物、物品，必须通过设立海关的地点进境或者出境。在特殊情况下，需要经过未设立海关的地点临时进境或者出境的，必须经国务院或者国务院授权的机构批准，并依照本法规定办理海关手续。"

因此，通过设立海关的地点办理报关对象的进境或出境等海关手续是进出口货物的收发货人、进出境物品的所有人、进出境运输工具的负责人应履行的一项基本义务。

提醒您

通关与报关的区别

通关与报关都是进出境活动中常用的概念，二者针对的对象都是进出境货物、物品和运输工具，但其活动内容有明显的区别：

报关仅限于海关管理相对人（被管理者）向海关办理报关对象的进出境手续及相关海关手续。而通关除了上述活动内容外，还包括海关（管理者）对报关对象依法进行监督管理、核准其出入境的内容。

2）报关的分类

由于海关监管的范围和要求不同，形成了各种不同的报关方式，常见的分类见表 7-1。

表 7-1　报关的分类

分类依据	报关种类	含义特点	相关法规
按报关对象不同分类	货物报关	进出口货物报关时由进出口货物的收发货人或其代理人向海关进行申报，海关根据对进出口货物监管的要求，制定相应的报关管理规范，报关手续较烦琐，且必须由海关核准的报关员负责办理	《海关法》第 8 条规定："进出境运输工具、货物、物品，必须通过设立海关的地点进境或出境"
	运输工具报关	进出境运输工具是指进出境货物、人员及其携带物品的载体，其报关主要是向海关直接交验进出境运输工具以及所承载货物、物品情况的合法证件、清单和其他运输单证。报关手续较简单	
	物品报关	进出境物品一般限于自用，数量合理，通过随身携带或者邮寄过境，报关手续比较简单	
按报关目的不同分类	进境报关	海关对货物、物品及运输工具在进境阶段的报关和办理从一设关地到另一设关地进境的"转关"报关	《海关法》第 35 条规定："进口货物应当由收货人在货物进境地海关办理海关手续，出口货物应当由发货人在货物出境地海关办理海关手续"
	出境报关	海关对货物、物品及运输工具在出境阶段的报关和办理从一设关地到另一设关地出境的"转关"报关	
按报关行为不同分类	自理报关	自理报关是指进出口货物的收发货人自行办理报关业务的行为。自理报关单位必须具备进出口经营权和报关资格	《海关法》第 9 条规定："进出口货物，除另有规定外，可以由进出口货物收发货人自行办理报关纳税手续，也可以委托海关准予注册登记的报关企业办理报关纳税手续"
	代理报关	代理报关是指接受进出口货物收发货人的委托，代其办理报关业务的行为。报关企业与代理人之间需要签订代理报关委托书，以明确责任和代理权限。代理报关又分为直接代理报关和间接代理报关。我国报关企业大多采用前者	
按报关形式不同分类	纸质报关	纸质报关是指使用传统的纸面单证、文体予以报关的方式	《海关法》第 25 条规定："办理进出口货物的海关申报手续，应当采用纸质报关单和电子数据报关单的形式"
	电子报关	电子报关是指通过现代通信和网络技术，使用电子数据的形式办理海关手续的报关方式	

7.1.2 报关单位

报关单位是指依法在海关注册登记的进出口货物收发货人和报关企业。

1）进出口货物收发货人

进出口货物收发货人是指依法直接进口或者出口货物的中华人民共和国关境内的法人、其他组织或者个人。进出口货物收发货人在海关注册登记后，只能为本企业进行报关，其报关行为属于自理报关。我国进出口货物收发货人主要有贸易型、生产型、仓储型的企业等。

2）报关企业

报关企业是按照《中华人民共和国海关对报关单位注册登记管理规定》，经海关批准注册登记，接受进出口货物收发货人的委托，以进出口货物收发货人的名义或者自己的名义，向海关办理代理报关业务，从事报关服务的境内企业法人。其分为专业报关企业和代理报关企业。

专业报关企业是指专门从事代理报关业务的报关公司或报关行。代理报关企业是指在经营国际货物运输代理业务的同时，接受委托代办报关业务的国际货物运输代理企业。

海关对进出口货物报关管理的主要制度是报关注册登记制度，凡是在中华人民共和国进出境口岸办理进出口货物报关手续的企业必须向海关办理报关注册登记。

7.1.3 进出口货物报关的基本程序

根据海关对进出口货物监管的要求和时间先后不同，可将进出口货物报关活动分为三个阶段。

1）前期准备阶段

前期准备阶段是指保税货物、特定减免税货物和暂准进出口货物的收发货人或其代理人根据海关特定的监管要求，在货物实际进出境前，向海关办理合同登记或减免税申请或报批等备案手续的过程。需要注意的是，各种海关备案文件都有固定形式的编号，这些编号必须填报在报关单的"备案号"一栏内，备案文件的正本在报关时必须递交海关，否则海关将不予承认和放行。本阶段仅适用于特定货物的进出境报关。

2）进出境报关阶段

进出境报关阶段是进出口货物收发货人或其代理人根据海关的监管要求，在进出境货物时，向海关办理进出口申报、配合查验、缴纳税费、提取或装运手续的全过程。这一阶段基本适用于所有实际进出境货物。

（1）进出口申报

申报是指进出口货物收发货人或其代理人依法在规定的期限、地点，以书面或 EDI 形式向海关报告其进出口货物的情况，提交报关单证，接受海关审核的行为。

①申报前的准备。其包括单证准备和货物准备。向海关申报时，需备齐的单证见表 7-2。

表 7-2　　　　　　　　　　　　　　海关申报需备齐的单证

主要单证	随附单证		
	基本单证	特殊单证	预备单证
进出口货物报关单	买卖合同、商业发票、装箱单	配额证明	运输条件鉴定书
		进出口许可证	知识产权申报单
	代理报关委托书	机电产品进口证明文件	原产地证明书
		出入境货物通关单	外贸主管部门的批准文件
	装货单、空运单、到货通知、提货单、邮政收据等	加工贸易手册	退运证明
		特定减免税证明	

在准备单证的同时，出口货物的发货人应在报关前规定的时间内将货物送进海关监管的码头或机场，等待报关放行后装上运输工具。进口货物的收货人在申报前，可以向海关提出查看货物或提取货样的申请，以确定货物的品名、规格、型号等。

②申报的期限和地点。对进口货物而言，申报期限是自装载货物的运输工具进境之日起 14 日内（最后一天是法定节假日则顺延至其后第一个工作日），向海关提出申报。申报地点一般应在货物的进境地海关。如果经收发货人申请，海关同意，也可以在设有海关的指运地申报。

对出口货物而言，申报期限是货物运抵海关监管区后、装货的 24 小时以前向海关提出申报。申报地点一般应在货物的出境地海关，如果经申请，海关同意，也可在货物的启运地办理申报。

③申报的方式。办理进出口货物的海关申报手续，可以采用纸质报关单或电子数据报关单的形式。无论采用哪种方式申报，海关接受申报数据的日期即为接受申报的日期。从该日起，进出口货物收发货人或其代理人应当向海关承担"如实申报""如期申报"等法律责任。

提醒您

报关与申报的区别

报关与申报作为海关进出境活动中的必备环节，二者是有区别的。

报关的主要过程包括：备案、申报、配合查验、缴纳税费、提取或装运货物、申领海关证明联、核销或销案。而申报仅是报关其中的一个环节，要求报关人在规定的时间和地点，以纸质或电子报关单的形式向海关说明进出口货物的情况。

（2）配合查验

《海关法》第 28 条规定："进出口货物，除海关批准免验的以外，应当接受海关查验。"海关查验，也称验关，是指海关依法对进出口货物进行实际核查，以确定报关单证申报的内容是否与实际进出境货物的真实情况相符的行政执法行为。

查验进出口货物，应当在海关监管区内实施，如果要求海关在监管区以外的地方查验，应当事先报请海关同意，海关按规定收费。查验的时间一般约定在海关正常工作时间内。查验货物的方法有全查、抽查、人工查验（外形检查和开箱查验）以及设备查验。

（3）缴纳税费

进出口货物在海关查验后，若无问题，海关将发出税款缴款书和收费票据。进出口货物收发货人或其代理人在规定时间内到指定银行办理或进行网上电子支付。

（4）提取或装运货物

我国《海关法》规定，海关对进出口货物的报关，经过审核报关单据，查验实际货物，并依法办理了征收税费手续或减免税手续后，在进口货物提货单或出口货物装货单上加盖"海关放行章"或者开具放行通知单，货物的所有人或代理人才能提取或装运货物。

3）后续阶段

后续阶段是指根据海关对保税加工货物、特定减免税货物、暂准进出口货物等的监管要求，进出口货物收发货人或其代理人在货物进出境储存、加工、装配、使用后，在规定的期限内，按照规定的要求，向海关办理上述进出口货物的核销、销案、申请解除监管手续的过程。该阶段仅适用于在前期阶段中经过备案、申领登记手册或减免税证明的货物。进出口货物报关流程如图7-1所示。

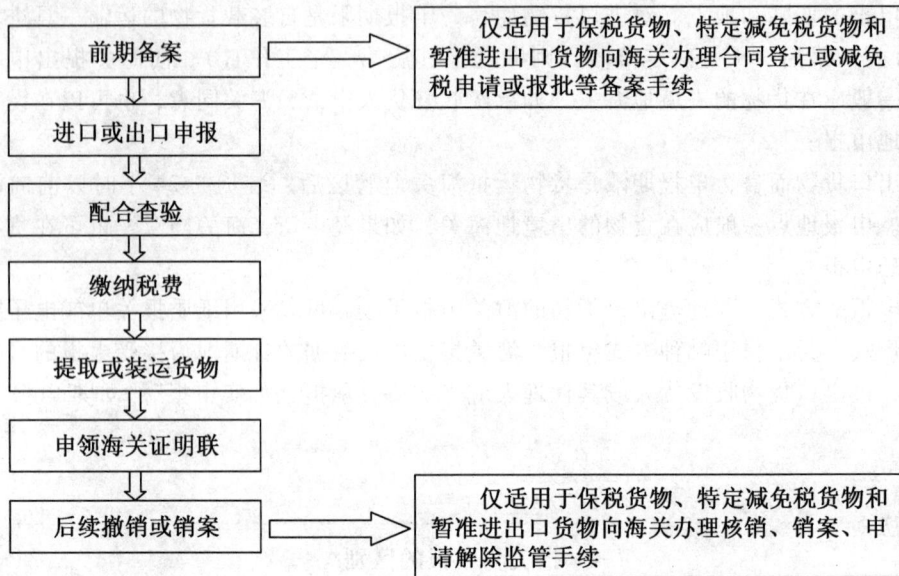

图7-1　进出口货物报关流程图

7.1.4　电子报关

电子报关是指进出口货物收发货人或其代理人通过电子计算机终端或微机，利用现代通信和网络技术，向海关传送规定格式的报关单电子数据，并且根据海关计算机系统反馈的信息办理海关手续的报关方式。

电子报关申报的方式分为终端申报方式、EDI申报方式和网上申报方式。电子报关单与纸质报关单的格式相同，且具有同等的法律效力。

采用电子报关有利于提高报关效率与质量，对报关单位与海关而言都是有利的，因而世界各国都在积极推广电子报关。

7.1.5　通关作业无纸化

1）通关作业无纸化的含义

通关作业无纸化是指海关以企业分类管理和风险分析为基础，按照风险等级对进出口货物实施分类，运用信息化技术改变海关验核进出口企业递交的纸质报关单及随附单证办理通关手续的做法，直接对企业通过中国电子口岸录入申报的报关单及随附单证的电子数据进行无纸审核、验放处理的通关作业方式。

2）通关作业无纸化的改革进程

为进一步改进海关监管和服务，海关总署决定在全面推开分类通关改革的基础上，在全国海关试点开展通关作业无纸化改革工作。

2012 年 8 月 1 日，在北京、天津、上海、南京、杭州、宁波、福州、青岛、广州、深圳、拱北、黄埔首批 12 个海关开展试点改革。试点企业范围包括海关管理类别为 AA 类、A 类的进出口企业和报关企业。

2013 年 5 月 1 日，在首批 12 个海关以外的 30 个海关各选取 1~2 个业务现场和部分业务开展通关作业无纸化改革试点，惠及企业 23.6 万家。试点企业范围扩大至海关管理类别为 B 类及以上的进出口企业和报关企业。

2014 年 4 月 1 日，通关作业无纸化改革推广至全国海关的全部通关业务现场，全面推进转关货物和"属地申报、属地放行"货物通关作业无纸化改革，加快区域通关改革无纸化作业的深化应用，启动快件、邮运货物通关作业无纸化改革试点。对于经海关批准且选择"通关作业无纸化"方式申报的经营单位管理类别为 AA 类企业或 A 类生产型企业的，申报时可不向海关发送随附单证电子数据，通关过程中根据海关要求及时提供，海关放行之日起 10 日内由企业向海关提交，经海关批准符合企业存单（单证暂存）条件的可由企业保管。

通关作业无纸化改革为企业带来的好处有：

（1）通常情况下，使用通关作业无纸化方式的报关单，企业不必再打印纸质随附单证，能减少纸张使用量，推动低碳环保。

（2）企业可以直接凭海关放行信息提取或发运货物，海关不再加盖放行章，能节省企业来往于海关业务现场和监管场所的人力与时间成本。

（3）低风险报关单由海关计算机自动完成所有操作，能减少多个作业环节，进一步压缩低风险货物的通关环节和贸易成本，提高通关效率。

3）通关作业无纸化企业操作流程

通关作业无纸化企业操作流程如图 7-2 所示。

7.1.6　区域通关一体化

通关一体化，简单说就是"多地通关，如同一关"，被称为"改革开放以来海关最具革命性的变革"。2014 年 7 月 1 日为落实京津冀协同发展战略，加快经济紧密联系地区区域通关一体化改革步伐，为企业创造更加公平、公正的进出口环境，切实提高效率，促进贸易便利，海关总署出台方案在北京、天津和石家庄海关启动实施京津冀区域通关一体化改革。到 2015 年 7 月，京津冀、长江经济带、广东地区、东北地区和丝绸之路经济带共

```
┌─────────────────────────────────────────────┐
│          企业登录中国电子口岸进行资格申请              │
└─────────────────────────────────────────────┘
                        ⇩
┌─────────────────────────────────────────────┐
│    委托代理报关的，通过电子口岸签订代理报关电子委托书        │
└─────────────────────────────────────────────┘
                        ⇩
┌─────────────────────────────────────────────┐
│     通过报关单预录入客户端选择"通关无纸化"方式，           │
│        同时发送报关单和随附单证电子数据                │
└─────────────────────────────────────────────┘
                        ⇩
┌─────────────────────────────────────────────┐
│      海关电子审核单证，对进出口货物进行风险分析            │
└─────────────────────────────────────────────┘
                        ⇩
┌─────────────────────────────────────────────┐
│        海关按风险等级对报关单进行不同处置               │
└─────────────────────────────────────────────┘
     低风险货物              ⇩           高风险货物
┌──────────────────────┐    ┌──────────────────────────┐
│   计算机自动放行报关单       │    │  转为人工审核，合格后再放行报关单  │
└──────────────────────┘    └──────────────────────────┘
                        ⇩
┌─────────────────────────────────────────────┐
│  海关向监管场所发送电子风险信息，向企业客户端发出放行通知      │
└─────────────────────────────────────────────┘
                        ⇩
┌─────────────────────────────────────────────┐
│   凭海关电子放行信息或打印的"通关无纸化查验/放行通知书"      │
│            办理提货或装运手续                    │
└─────────────────────────────────────────────┘
```

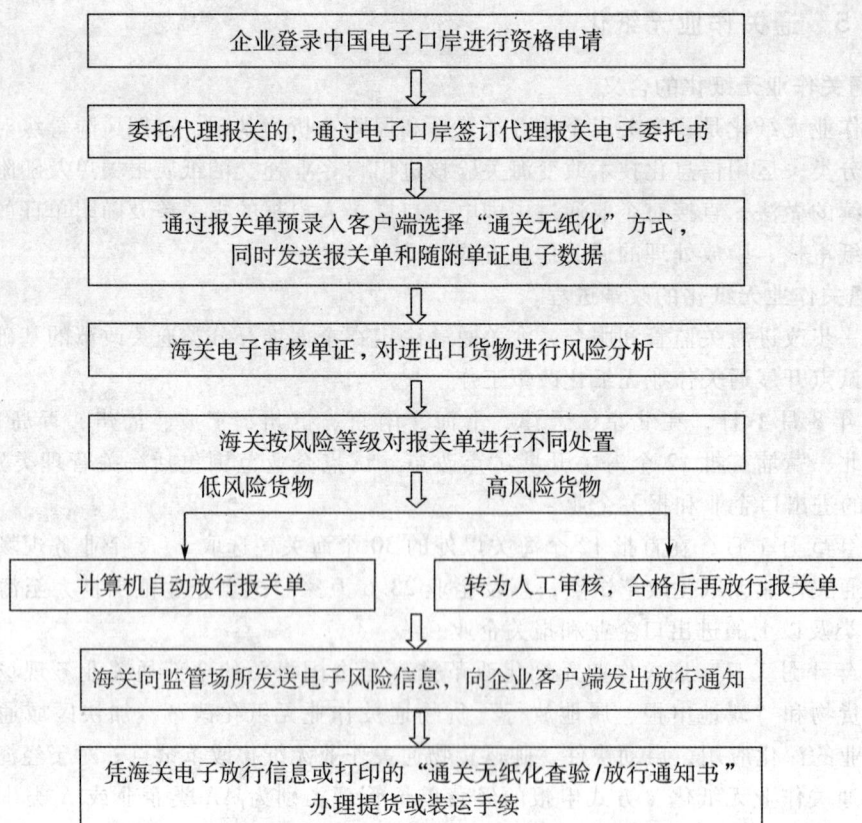

图 7-2 通关作业无纸化企业操作流程图

5 个区块已经实现区域通关一体化在全国的全覆盖，接下来将实现"关通天下"，也就是全国海关的通关一体化。

区域通关一体化改革带来的便利有：

（1）企业可以按照实际需求，自由选择申报、纳税、查验、放行地点；自主选择口岸清关、转关监管、"属地申报、口岸验放""属地申报、属地放行"、区域通关一体化等任何一种通关方式。

（2）报关企业可以在区域内"一地注册、多地报关"，节省时间，降低成本。

（3）内陆企业办理跨关区通关手续时，可自行运输，免去转关运输的烦琐手续和使用转关车辆的费用，有效降低了物流成本。

（4）区域范围内，海关在监管要求、作业流程和服务标准方面执行统一标准，实现了"区域联动，多关如一关"。

7.1.7 关检合一

关检是依托中国电子口岸，通过"一次申报、一次查验、一次放行"（以下简称"三个一"）的实施，实现海关和检验检疫部门的信息共享、执法互助，降低了货物通关的成本，也为企业减轻了负担，使对外贸易更加便利。"三个一"的主要内容有三方面：

（1）"一次申报"即"一次录入、分别申报"，是指申报人通过"入境关检综合录入系统"一次录（导）入关检所需申报数据，依法分别向关检报送申报数据。

（2）"一次查验"即"一次开箱，关检依法查验/检验检疫"（以下简称"查验"），是指依法需要对同一批货物实施查验的，关检发出查验指令后，在指定时间和地点共同进行查验。

（3）"一次放行"即"关检联网核放"，是指对于运抵口岸的货物，关检分别发出放行信息后，企业根据电子口岸展示的关检放行信息办理货物提离手续。

根据海关总署、国家质检总局的部署要求，关检合作"三个一"的改革于 2014 年启动，2015 年全面推进。关检"三个一"实施后，申报人可自主选择报关报检方式，可通过"入境关检综合录入系统"一次录入报关报检数据，分别向关检申报，也可按原有方式分别录入、申报。"三个一"的实施范围包括全国海关和检验检疫部门、所有通关现场、所有依法需要报关报检的货物和物品。

7.2　代理报关委托书的填制

为了规范代理报关业务，海关总署于 2004 年发布第 35 号公告，决定在全国范围内实行规范统一的代理报关委托书/委托报关协议纸质格式。此项实施不仅有利于报关企业与委托人明确各自的法律责任，提示报关企业履行"合理审查"责任，而且有助于规范报关企业准确填制报关单，减少申报差错，有效防范经营风险。

7.2.1　代理报关委托书的含义和作用

代理报关委托书是指进出口货物收发货人委托报关企业办理有关海关手续，明确双方责任和义务的书面证明。代理报关委托书由进口货物收发货人认真填写，并加盖单位行政公章和法人或被授权人签字。委托方应及时提供报关所需全部单证，并对单证的真实性、准确性和完整性负责。

委托报关协议是指进出口货物收发货人（或单位）的经办人员与报关企业的经办报关员按照《海关法》的要求签署的，明确具体委托报关事项和双方责任的具有法律效力的文件，分正文表格和背书两部分。

7.2.2　代理报关委托书的内容与规范

统一规范的代理报关委托书，是将两个独立的文件印制在一张 A4 无碳复写纸上，一式三联，由中国报关协会监制。代理报关委托书内容与规范见表 7-3。代理报关委托书参见范例 7-1。

表 7-3　　　　　　　　　　　代理报关委托书的内容与规范

基本项目	内容与规范
1. 委托书编号	共 13 位数字，由委托方按流水号填入
2. 委托事宜	在 A、B、C、D、E、F、G、H 中选一项事宜填入，并填写委托书有效期、委托日期，由委托方签字盖章
3. 委托方	本栏填写进出口商名称及其在海关登记备案时的 10 位数字海关代码

基本项目	内容与规范
4. 主要货物名称	填写该批进口或出口货物的名称
5. H. S. 编码	填写该批进口或出口货物的税则号
6. 货物总价	填写该批进口或出口货物的总价
7. 进出口日期	进口货物填写进口日期；出口货物填写出口日期
8. 提单号	此栏出口商可以不填，因出口商在填写报关委托书时还不知道提单号，所以报关时由货代加上
9. 贸易方式	填写一般贸易、进料加工、来料加工等
10. 原产地/货源地	进口货物填写原产地；出口货物填写货源地
11. 委托方业务签章	由进出口商盖章，一般由储运单证部的单证员签章，还要填写进出口公司具体联系人的名称、联系电话以及填写"委托报关协议"的日期
12. 被委托方	填写货代的名称
13. 报关单编号	进出口商可以不填，由货代在报关时填写
14. 收到单证日期	由货代填写收到进出口商报关单证的日期
15. 收到单证情况	由货代在收到的单证名称后的□内打"√"，如果进出口商提供的单证名称没有在委托报关协议中列出，就在"其他"后加填
16. 报关收费	填写代理报关的费用
17. 被委托方业务签章	由货代盖章，还要写上货代公司的报关员姓名，一般由具体经办报关员签章，以及填写"委托报关协议"的日期
18. 其他要求和承诺说明	填进出口商与货代之间的约定，无统一内容

7.2.3 应特别注意的填制问题

（1）代理报关委托书是进出口货物收发货人根据《海关法》要求提交报关企业的具有法律效力的授权证明。进出口货物收发货人应认真填写，加盖单位行政公章，并由法人或被授权人签字。如有涂改，涂改处盖章后才能生效。

（2）根据《中华人民共和国海关进出口货物申报管理规定》要求，代理报关委托书和委托报关协议作为代理报关时报关单的必备随附单证，其编号由13位阿拉伯数字组成，第一个2位数表示所在直属海关关区代码，第二个4位数表示年份，剩下的7位数是代理报关业务的流水号。

（3）委托报关协议正文表格分必填项、补填项，没有标记的各项为必填项，应在签署前填写；标明"＊"的各项为补填项，应在本协议作为报关单随附单证递交海关前填写。委托报关协议正反两面都印有内容。

7.3　进出口货物报关单的填报

7.3.1　进出口货物报关单的含义和种类

进出口货物报关单是指进出口货物的收发货人或其代理人，按照海关总署规定的统一格式和填制规范对进出口货物的实际情况作出电子或书面申明，以此要求海关对其进出口货物按照适用的海关制度办理申报手续的法律文书。它既是海关依法全面监管进出口货物、征收关税、进行海关统计的主要依据，也是出口核销、退税和外汇管理的重要凭证。进出口货物报关单的种类与适用范围见表 7-4。

表 7-4　　　　　　　　　　　进出口货物报关单的种类与适用范围

分类依据	报关单种类	适用范围
按进出口状态分类	进口货物报关单	用作进境货物海关申报
	出口货物报关单	用作出境货物海关申报
按表现形式分类	纸质报关单	用于传统纸质报关
	电子数据报关单	用于现代电子报关
按用途分类	报关单录入凭单	由申报单位按照报关单的格式填写的原始数据凭单，用作报关单预录入的依据
	预录入报关单	由预录入单位按照申报单位填写的报关单凭单录入、打印，由申报单位向海关申报，海关尚未接受申报时的报关单
	报关单证明联	海关核实货物实际进出境后提供的证明，用作进出口货物的收发货人向国税办理退税的证明文件
按海关监管方式分类	一般贸易进出口货物报关单	用于一般贸易方式下的进出口货物的海关申报
	进料加工进出口货物报关单	用于进料加工贸易方式下的进出口货物的海关申报
	来料加工进出口货物报关单	用于来料加工或补偿贸易方式下的进出口货物的海关申报

小资料

海关总署公告 2015 年第 14 号

（关于取消打印出口货物报关单证明联〔出口退税专用〕的公告）

为进一步深化海关通关作业无纸化改革，减少纸质单证流转，减轻企业负担，经国家税务总局同意，海关总署决定，对 2015 年 5 月 1 日（含）以后出口的货物，海关不再签发纸质出口货物报关单证明联（出口退税专用），并同时停止向国家税务总局传输出口货物报关单证明联（出口退税专用）相关电子数据，改由海关总署向国家税务总局传输出口报关单结关信息电子数据。对 2015 年 4 月 30 日（含）之前的出口货物，请相关企业在 5 月 1 日至 5 月 31 日到海关打印纸质出口货物报关单证明联

（出口退税专用），原签发纸质出口货物报关单证明联（出口退税专用）系统将于6月1日起停止运行。

7.3.2 进出口货物报关单的内容与规范

进出口货物报关单由海关统一印制，项目繁多，内容复杂。为了规范进出口货物收发货人的申报行为，统一进出口货物报关单填制要求，海关总署对《中华人民共和国海关进出口货物报关单填制规范》进行修订。修订后的《报关单填制规范》于2016年3月30日起正式执行。进出口货物报关单的内容与规范见表7-5。进口货物报关单参见范例7-2。

表7-5　　　　　　　　　　　　　进出口货物报关单的内容与规范

基本项目	内容与规范
1. 预录入编号	填报预录入报关单的编号，编号规则由接受申报的海关决定，此栏可留空不填
2. 海关编号	填报海关接受申报时给予报关单的编号，共18位，其中第9位为进出口标志（"1"为进口，"0"为出口）；一份报关单对应一个海关编号；此栏可留空不填
3. 收发货人	填报在海关注册登记的对外签订并执行进出口贸易合同的中国境内法人、其他组织或个人的名称及海关注册编码；编码可选填18位法人和其他组织统一社会信用代码或10位海关注册编码任一项
4. 进口口岸/出口口岸	应根据货物实际进出境的口岸海关，填报海关规定的《关区代码表》中相应口岸海关的名称及代码，比如，大连海关的关区代码是0900；其他无实际进出境的货物，填报接受申报的海关名称及代码
5. 进口日期/出口日期	①进口日期填报运载进口货物的运输工具申报进境的日期；出口日期填报运载出口货物的运输工具办结出境手续的日期；②本栏供海关签发打印报关单证明联用，在申报时免予填报；③无实际进出境的报关单填报海关接受申报的日期；④日期为8位数字，比如，一批进口商品，其运输工具申报进境日期是2016年12月5日，则进口日期栏填报"20161205"
6. 申报日期	①填报海关接受进出口货物收发货人、受委托的报关企业申报数据的日期；②以电子数据报关单方式申报的，申报日期为海关计算机系统接受申报数据时记录的日期；③以纸质报关单方式申报的，申报日期为海关接受纸质报关单并对报关单进行登记处理的日期；④本栏目在申报时免予填报
7. 消费使用单位/生产销售单位	①消费使用单位填报已知的进口货物在境内的最终消费、使用单位的名称，可以是自行从境外进口货物的单位，也可以是委托进出口企业进口货物的单位；②生产销售单位填报出口货物在境内的生产或销售单位的名称，可以是自行出口货物的单位，也可以是委托进出口企业出口货物的单位
8. 运输方式	海关将运输方式分为两类，即运载货物实际进出境的运输方式和货物无实际进出境的运输方式。本栏应根据上述不同分类，按照海关规定的《运输方式代码表》选择填报相应的运输方式名称或代码。比如，实际运输方式有水路运输/2；铁路运输/3；公路运输/4；航空运输/5等

续表

基本项目	内容与规范
9. 运输工具名称	①填报载运货物进出境的运输工具名称或编号及航次号，填报内容应与运输部门向海关申报的舱单（载货清单）所列相应内容一致；②采用"集中申报"通关方式办理报关手续的，本栏目填报"集中申报"；③无实际进出境的报关单，本栏目免予填报
10. 航次号	①填报载运货物进出境的运输工具的航次编号；②无实际进出境的报关单，本栏目免予填报
11. 提运单号	①填报进出口货物提单或运单的编号；②一份报关单只允许填报一个提单或运单号；③一票货物对应多个提单或运单时，应分单填报；④无实际进出境的报关单，本栏目免予填报
12. 申报单位	①自理报关的，填报进出口企业的名称及海关注册编码；委托代理报关的，填报经海关批准的报关企业名称及海关注册编码；②本栏目可选填 18 位法人和其他组织统一社会信用代码或 10 位海关注册编码任一项；③还包括报关单左下方用于填报申报单位有关情况的相关栏目，包括报关人员、申报单位签章
13. 监管方式	①应根据实际对外贸易情况按海关规定的《监管方式代码表》选择填报相应的监管方式简称及代码；②常见的监管方式及代码有：一般贸易 0110，来料加工 0214，报税电商 1210，进料对口 0615，进料非对口 0715，保税仓库货物 1233
14. 征免性质	征免性质是海关对进出口货物实施征、减、免税管理的性质类别：①本栏应根据实际情况按海关规定的《征免性质代码表》选择填报相应的征免性质简称及代码；②持有海关核发的《征免税证明》的，应按照《征免税证明》中批注的征免性质填报；③常见的征免性质代码有一般征税 101，来料加工 502，进料加工 503，中外合资 601，中外合作 602，外资企业 603，鼓励项目 789
15. 备案号	本栏目填报进出口货物收发货人、消费使用单位、生产销售单位在海关办理加工贸易合同备案或征、减、免税备案审批等手续时，海关核发的《加工贸易手册》、《征免税证明》或其他备案审批文件的编号，如：备料 A，来料加工登记手册 B，进料加工登记手册 C，加工贸易设备登记手册 D
16. 贸易国（地区）	①发生商业性交易的进口填报购自国（地区），出口填报售予国（地区）；②未发生商业性交易的填报货物所有权拥有者所属的国家（地区）；③应按海关规定的《国别（地区）代码表》选择填报相应的贸易国（地区）中文名称及代码；④无实际进出境的，填报"中国"（代码 142）
17. 启运国（地区）/运抵国（地区）	①启运国（地区）填报进口货物起始发出直接运抵我国或者在运输中转国（地区）未发生任何商业性交易的情况下运抵我国的国家（地区）；②运抵国（地区）填报出口货物离开我国关境直接运抵或者在运输中转国（地区）未发生任何商业性交易的情况下最后运抵的国家（地区）；③本栏目应按海关规定的《国别（地区）代码表》选择填报相应的贸易国（地区）中文名称及代码。比如，中国/142，中国香港/110，日本/116，美国/502，英国/303，德国/304，澳大利亚601/等

基本项目	内容与规范
18. 装货港/指运港	①装货港填报进口货物在运抵我国关境前的最后一个境外装运港；②指运港填报出口货物运往境外的最终目的港；最终目的港不可预知的，按尽可能预知的目的港填报；③本栏目应根据实际情况按海关规定的《港口航线代码表》选择填报相应的港口中文名称及代码；④装货港/指运港在《港口航线代码表》中无港口中文名称及代码的，可选择填报相应的国家中文名称或代码
19. 境内目的地/境内货源地	①境内目的地填报已知的进口货物在国内的消费、使用地或最终运抵地，其中最终运抵地为最终使用单位所在的地区，最终使用单位难以确定的，填报货物进口时预知的最终收货单位所在地；②境内货源地填报出口货物在国内的产地或原始发货地，出口货物产地难以确定的，填报最早发运该出口货物的单位所在地；③本栏按海关规定的《国内地区代码表》选择填报相应的国内地区名称及代码
20. 许可证号	①应申领进（出）口许可证的货物，本栏须填报以下许可证的编号：进（出）口许可证、两用物项和技术进（出）口许可证、两用物项和技术出口许可证（定向）、纺织品临时出口许可证、出口许可证（加工贸易）、出口许可证（边境小额贸易）；②一份报关单只允许填报一个许可证号
21. 成交方式	本栏应根据进出口货物实际成交价格条款，按海关规定的《成交方式代码表》选择填报相应的成交方式名称或代码，比如，CIF（1），CFR（2），FOB（3）
22. 运费	①填报进口货物运抵我国境内输入地点起卸前的运输费用，出口货物运至我国境内输出地点装载后的运输费用；②进口货物成交价格包含前述运输费用或者出口货物成交价格不包含前述运输费用的，本栏免予填报
23. 保费	①填报进口货物运抵我国境内输入地点起卸前的保险费用，出口货物运至我国境内输出地点装载后的保险费用；②进口货物成交价格包含前述保险费用或者出口货物成交价格不包含前述保险费用的，本栏免予填报
24. 杂费	①填报成交价格以外的、按照《中华人民共和国进出口关税条例》相关规定应计入完税价格或应从完税价格中扣除的费用，如手续费、佣金、回扣等；②应计入完税价格的杂费填报为正值或正率，应从完税价格中扣除的杂费填报为负值或负率
25. 合同协议号	①填报进出口货物合同（包括协议或订单）编号；②未发生商业性交易的免予填报
26. 件数	填报有外包装的进出口货物的实际件数
27. 包装种类	应根据进出口货物的实际外包装种类，按海关规定的《包装种类代码表》选择填报相应的包装种类代码
28. 毛重（千克）	填报进出口货物及其包装材料的重量之和
29. 净重（千克）	填报进出口货物本身的实际重量
30. 集装箱号	①填报装载进出口货物（包括拼箱货物）集装箱的箱体信息；②一个集装箱填一条记录，分别填报集装箱号、集装箱的规格和集装箱的自重，比如，"COSU1922213/20/2200"；③在多个集装箱情况下，第一个集装箱的编号填报在本栏，其余集装箱的编号填报在"标记唛码及备注"栏；④非集装箱货物，填报为"0"，不得留空

续表

基本项目	内容与规范
31. 随附单证	①根据海关规定的《监管证件代码表》选择填报除上述第20项中的许可证件以外的其他进出口许可证件或监管证件代码及编号。②分为随附单证代码和随附单证编号两栏，其中代码栏应按海关规定的《监管证件代码表》选择填报相应证件代码；编号栏应填报证件编号，比如，入境货物通过单（442100104064457）
32. 标记唛码及备注	①本栏分两部分：标记唛码部分填报货物运输标志中除图形以外的文字、数字；备注部分填报关联备案号、关联报关单号。②受外商投资企业委托代理其进口投资设备、物品的进出口企业名称。③有多个监管证件时，除"随附单证"栏目外的其他监管证件代码及编号。④有多个集装箱时，除"集装箱号"栏目外的其他集装箱号。⑤其他申报时必须说明的事项
33. 项号	本栏分两行填报及打印。第一行填报报关单中的商品顺序编号，比如01、02；第二行专用于加工贸易、减免税等已备案、审批的货物，填报和打印该项货物在《加工贸易手册》或《征免税证明》等备案、审批单证中的顺序编号
34. 商品编号	①本栏应填报的商品编号由10位数字组成。前8位为《中华人民共和国进出口税则》确定的进出口货物的税则号，同时也是《中华人民共和国海关统计商品目录》确定的商品编码，后2位为符合海关监管要求的附加编号。②加工贸易手册中商品编码与实际商品编码不符的，应按实际商品编码填报
35. 商品名称、规格型号	本栏分两行填报及打印。第一行填报进出口货物规范的中文商品名称，第二行填报规格型号
36. 数量及单位	本栏分三行填报及打印：①第一行应按进出口货物的法定第一计量单位填报数量及单位，法定计量单位以《中华人民共和国海关统计商品目录》中的计量单位为准。②凡列明有法定第二计量单位的，应在第二行按照法定第二计量单位填报数量及单位；无法定第二计量单位的，本栏目第二行为空。③成交计量单位与海关法定计量单位不一致时，成交计量单位及数量应填报并打印在第三行
37. 原产国（地区）/最终目的国（地区）	①原产国（地区）是指进口货物的生产、开采或加工的国家（地区）；最终目的国（地区）是指已知出口货物最终实际消费、使用或进一步加工制造国家（地区）。②本栏目应按海关规定的《国别（地区）代码表》选择填报相应的国家（地区）名称及代码，具体填报可参见"启运国（地区）/运抵国（地区）"。③同一批进出口货物的原产地/最终目的国（地区）不同的，应分别填报原产国（地区）/最终目的国（地区）。④进口货物原产国（地区）无法确定的，填报"国别不详"（代码701）。⑤出口最终目的国（地区）无法确定的，以尽可能预知的最后运往国（地区）为最终目的国（地区）
38. 单价	①填报同一项号下进出口货物实际成交的商品单位价格。②无实际成交价格的，填报单位货值
39. 总价	①填报同一项号下进出口货物实际成交的商品总价格。②无实际成交价格的，填报货值

续表

基本项目	内容与规范
40. 币制	①应按海关规定的《货币代码表》选择相应的货币名称及代码填报。②如《货币代码表》中无实际成交币种，需将实际成交货币按申报日外汇折算率折算成《货币代码表》列明的货币填报
41. 征免	①应按照海关核发的《征免税证明》或有关政策规定，对报关单所列每项商品选择海关规定的《征减免税方式代码表》中相应的征减免税方式填报。②加工贸易货物报关单应根据《加工贸易手册》中备案的征免规定填报。③《加工贸易手册》中备案的征免规定为"保金"或"保函"的，应填报"全免"。④常见的征减免税方式代码有，照章征税/1，全免/3，随征免性质/5，保证金/6，全额退税/9 等
42. 特殊关系确认	本栏根据《中华人民共和国海关审定进出口货物完税价格办法》（以下简称《审价办法》）第十六条，填报确认进出口行为中买卖双方是否存在特殊关系，有下列情形之一的，应当认为买卖双方存在特殊关系，在本栏目应填报"是"，反之则填报"否"：①买卖双方为同一家族成员的。②买卖双方互为商业上的高级职员或者董事的。③一方直接或者间接地受另一方控制的。④买卖双方都直接或者间接地受第三方控制的。⑤买卖双方共同直接或者间接地控制第三方的。⑥一方直接或者间接地拥有、控制或者持有对方5%以上（含5%）公开发行的有表决权的股票或者股份的。⑦一方是另一方的雇员、高级职员或者董事的。⑧买卖双方是同一合伙成员的
43. 价格影响确认	本栏根据《审价办法》第十七条，填报确认进出口行为中买卖双方存在的特殊关系是否影响成交价格，纳税义务人如不能证明其成交价格与同时或者大约同时发生的下列任何一款价格相近的，应当视为特殊关系对进出口货物的成交价格产生影响，在本栏目应填报"是"，反之则填报"否"：①向境内无特殊关系的买方出售的相同或者类似进出口货物的成交价格。②按照《审价办法》倒扣价格估价方法的规定所确定的相同或者类似进出口货物的完税价格。③按照《审价办法》计算价格估价方法的规定所确定的相同或者类似进出口货物的完税价格
44. 支付特许权使用费确认	①本栏根据《审价办法》第十三条，填报确认进出口行为中买方是否向卖方或者有关方直接或者间接支付特许权使用费。②特许权使用费是指进出口货物的买方为取得知识产权权利人及权利人有效授权人关于专利权、商标权、专有技术、著作权、分销权或者销售权的许可或者转让而支付的费用。如果进出口行为中买方存在向卖方或者有关方直接或者间接支付特许权使用费的，在本栏目应填报"是"，反之则填报"否"
45. 版本号	本栏适用加工贸易货物进出口报关单，应与《加工贸易手册》中备案的料件、成品货号一致，通过《加工贸易手册》备案数据或企业出口报关清单提取
46. 货号	本栏适用加工贸易货物进出口报关单，应与《加工贸易手册》中备案的料件、成品货号一致，通过《加工贸易手册》备案数据或企业出口报关清单提取
44. 录入员	用于记录预录入操作人员的姓名
45. 录入单位	用于记录预录入单位名称

续表

基本项目	内容与规范
46. 申报单位	①报关单左下方用于填报申报单位有关情况的相关栏目，包括报关人员、申报单位名称、地址、邮政编码和电话号码等栏目。②自理报关的，填报进出口企业的名称及海关注册编码；委托代理报关的，填报经海关批准的报关企业名称及海关注册编码
47. 海关批注及签章	本栏目供海关内部作业时签注

范例 7-1　　　　　　　　　**代理报关委托书**

编号：☐☐☐☐☐☐☐☐☐☐☐☐

_____：

　　我单位现____（A. 逐票、B. 长期）委托贵公司代理____等通关事宜。（A. 报关查验 B. 垫缴税款 C. 办理海关证明联 D. 审批手册 E. 核销手册 F. 申办减免税手续 G. 其他）详见《委托报关协议》。

　　我单位保证遵守《海关法》和国家有关法规，保证所提供的情况真实、完整、单货相符。否则，我单位愿承担相关法律责任。

　　本委托书有效期自签字之日起至_____年_____月_____日止。

　　　　　　　　　　　　　　　　　　　委托方（盖章）：_____

　　　　法定代表人或其授权签署《代理报关委托书》的人（签字）_____

　　　　　　　　　　　　　　　　　　　　　　_____年_____月_____日

委托报关协议

　　为明确委托报关具体事项和各自责任，双方经平等协商签订协议如下：

委托方		被委托方		
主要货物名称		*报关单编号		
H. S. 编码		收到单证日期		年　月　日
货物总价		收到单证情况	合同☐	发票☐
进出口日期	年　月　日		装箱清单☐	提（运）单☐
提单号			加工贸易手册☐	许可证件☐
贸易方式			其他	
原产地/货源地		报关收费	人民币：　　　　　元	
其他要求：		承诺说明：		
背面所列通用条款是本协议不可分割的一部分，对本协议的签署构成了对背面通用条款的同意		背面所列通用条款是本协议不可分割的一部分，对本协议的签署构成了对背面通用条款的同意		
委托方业务签章：		被委托方业务签章：		
经办人签章：		经办报关员签章：		
联系电话：　　　　　年　月　日		联系电话：　　　　　年　月　日		

（白联：海关留存；黄联：被委托方留存；红联：委托方留存）　　　　　　中国报关协会监制

范例 7-2　　　　　　　　　　**进口货物报关单**

中华人民共和国海关进口货物报关单

预录入编号：　　　　　　　　　　　　　　　　海关编号：

收发货人	进口口岸	进口日期	申报日期
消费使用单位	运输方式	运输工具名称	提运单号
申报单位	监管方式	征免性质	备案号
贸易国（地区）	启运国（地区）	装货港	境内目的地
许可证号	成交方式	运费	保费	杂费
合同协议号	件数	包装种类	毛重（千克）	净重（千克）
集装箱号	随附单据			

标记唛码及备注

项号	商品编号	商品名称、规格型号	数量及单位	原产国（地区）	单价	总价	币制	征免

录入员　录入单位	兹声明对以上内容承担如实申报、依法纳税之法律责任	海关批注及签章
报关人员	申报单位（签章）	

7.4　进出口货物报关单的审核

在长期的报关实践中，由于种种原因，在填制报关单时存在许多差错，既影响海关工作的正常进行，又影响外贸企业顺利履行合同，因此，进出口收发货人或报关企业在提交报关单据之前，应认真审核，找出差错，确保顺利通关。以下是进出口货物报关单审核的要点。

1）进口口岸/出口口岸问题

（1）应填报货物实际进（出）我国关境的口岸海关的名称及代码。关区名称和代码缺一不可，且填写的是口岸海关的名称而不是港口的名称。

（2）应填写具体接受申报办理通关业务的隶属海关，一般不填直属海关。

（3）加工贸易合同项下的货物，必须填报限定或指定的口岸海关名称及代码。

（4）进口转关运输货物应填报货物进境地海关名称及代码；出口转关运输货物应填报货物出境地海关名称及代码。

（5）其他无实际进出境的货物以及无法确定进出口口岸的货物，应填写接受货物申报的海关名称及代码。

2）进口日期/出口日期问题

（1）本栏填写时必须按年、月、日的顺序，月、日必须是两位数。

（2）进口日期是运载所申报货物的运输工具申报进境的日期，不要错误填写为货物向海关申报的日期。

（3）出口日期是运输工具办结出境手续的日期，并非实际离境日期，仅供海关打印报关单证明联用，此栏一般留空。

（4）进口货物收货人或其代理人在进口申报时无法确知相应的运输工具实际进境日期时，"进口日期"栏允许留空。

（5）对无实际进出境的货物应填报办理申报手续的日期，并以海关接受申报的日期为准。

3）申报日期问题

（1）本栏填报格式要求同进口日期/出口日期。

（2）除特殊情况外，一般进口货物的申报日期不能早于进口日期，出口货物的申报日期不能晚于出口日期。

4）收发货人问题

（1）收发货人的中文名称和编码都要填写，缺一不可。

（2）有代理报关资格的报关企业代理其他进出口企业办理进出口报关手续时，填报委托的进出口企业。

（3）合同签订者与执行者非同一企业的，应填报执行合同的企业。

（4）外商投资企业委托进出口企业进口投资设备、物品的，填报外商投资企业，并在标记唛码及备注栏注明"委托某进出口企业进口"，同时注明被委托企业的 18 位法人和其他组织统一社会信用代码。

5）消费使用单位/生产销售单位问题

（1）本栏目可选填 18 位法人和其他组织统一社会信用代码或 10 位海关注册编码或 9 位组织机构代码任一项。没有代码的应填报"NO"。

（2）有 10 位海关注册编码或 18 位法人和其他组织统一社会信用代码或加工企业编码的消费使用单位/生产销售单位，本栏目应填报其中文名称及编码；没有编码的应填报其中文名称。

（3）使用《加工贸易手册》管理的货物，消费使用单位/生产销售单位应与《加工贸易手册》的"加工企业"一致。

（4）减免税货物报关单的消费使用单位/生产销售单位应与《征免税证明》的"减免税申请人"一致。

6）运输方式问题

（1）本栏仅填写运输方式名称或者仅填写代码都是正确的。中文名称的填写要规范。

（2）非邮件方式进出境的快递货物，按实际运输方式填报。

（3）进出境旅客随身携带的货物，按旅客所乘运输工具填报。

（4）进口转关运输货物按载运货物抵达进境地的运输方式填报；出口转关运输货物按载运货物驶离出境地的运输方式填报。

（5）不复运出（入）境而留在境内（外）销售的进出境展览品、留赠转卖物品等，填报"其他运输"（代码9）。

7）运输工具名称和航次号问题

（1）一份报关单只允许填报一个运输工具名称。

（2）直接在进出境地或采用区域通关一体化通关模式办理报关手续的报关单填报要求如下：

水路运输：填报船舶编号或者船舶英文名称以及船舶的航次号。铁路运输：填报车厢编号或交接单号以及列车的进出境日期。航空运输：仅填报航班号。邮件运输：填报邮政包裹单号以及运输工具的进出境日期。其他运输：仅填报具体运输方式名称，例如：管道、驮畜等。

公路运输：启用公路舱单前，填报该跨境运输车辆的国内行驶车牌号，深圳提前报关模式的报关单填报国内行驶车牌号+"/"+"提前报关"以及运输车辆的进出境日期；启用公路舱单后，仅填报货物运输批次号。

8）提运单号问题

（1）报关单上填写的提运单号必须与运输部门申报的一致，否则不能通过审核。

（2）直接在进出境地或采用区域通关一体化通关模式办理报关手续的报关单填报要求如下：水路运输填报进出口提单号。航空运输填报总运单号+"－"+分运单号。无分运单的填报总运单。公路运输免予填报；铁路运输填报运单号；邮件运输填报邮运包裹单号。

9）监管方式问题

（1）一份报关单只允许填报一种监管方式。

（2）外商投资企业为加工内销产品而进口的料件，属非保税加工的，填报"一般贸易"。外商投资企业全部使用国内料件加工的成品出口，填报"一般贸易"。

（3）注意监管方式、备案号、征免性质、征免方式等栏目之间的一致性。

10）征免性质问题

（1）一份报关单只允许填报一种征免性质。本栏仅填报代码也是正确的。

（2）加工贸易货物（包括保税工厂经营的加工贸易）应按照海关核发《加工贸易手册》中批注的征免性质简称或代码填报。加工贸易结转货物，本栏目免予填报。

（3）外商投资企业为加工内销产品而进口的料件，填报"一般征税"。

11）备案号问题

（1）一般进出口货物报关，备案号栏目留空。

（2）保税加工货物、特定减免税货物、CEPA 项下原产于香港或澳门的货物等备案商品，必须填写相应的备案审批文件的编号，不能留空。

（3）注意备案号栏和贸易方式、征免性质、征免方式及项号等栏目的逻辑关系。

（4）一份报关单只允许填报一个备案号。

（5）同一票货物中使用不同的备案文件或者其中部分商品有备案而部分商品无备案的应该分单填报。

12）启运国/运抵国问题

（1）直接运抵货物以货物起始发出的国别或地区为启运国（地区），以货物直接运抵的国家或地区为运抵国（地区）。

（2）对于运输中转的货物，如果中转地未发生任何商业性交易，则启运国或运抵国（地区）不变；如果中转地发生了商业性交易，则启运国（地区）或运抵国（地区）改变。

（3）无实际进出境的，填报"中国"，代码 142。

13）装运港/指运港问题

（1）填制报关单时，如遇装运港或指运港为非中文名称时，应翻译成中文名称填报。

（2）对直接运抵货物，以货物实际装货的港口为装货港，货物直接运抵的港口为指运港。

（3）货物在运输途中只要换装了运输工具，无论是否发生商业性交易，装运港都发生了改变，中转港应确定为装运港。

（4）无实际进出境的，本栏填报"中国境内"，代码为 142。

14）成交方式问题

（1）CIF（1）涵盖的贸易术语：CIF/CIP/DAT/DAP/DDP；CFR（2）涵盖的贸易术语：CFR/CPT；FOB（3）涵盖的贸易术语：FOB/EXW/FCA/FAS。

（2）无实际进出境的报关单，进口填报 CIF 或其代码，出口填报 FOB 或其代码。

（3）向海关申报的是完税价格，进口货物要按 CIF 价申报，出口货物要按 FOB 价申报。

15）运费/保费/杂费问题

（1）进口货物本栏填报成交价格中不包含的国际运费或保费。出口货物本栏填报成交价格中已包含的国际运费或保费。

（2）运费栏应根据具体情况选择运费单价、运费总价或运费率三种方式之一填报，注明运费标记（"1"表示运费率，"2"表示每吨货物的运费单价，"3"表示运费总价），并按海关规定的《货币代码表》选择填报相应的币种代码。

（3）保险费栏应选择保险费率或保险费总价之一填报，注明保险费标记（"1"表示保险费率，"3"表示保险费总价），并按海关规定的《货币代码表》选择填报相应的币种代码。

（4）运保费合并计算的，应填报在运费栏，保费栏留空。

（5）杂费栏应选择杂费总价或杂费率填报，注明杂费标记（"1"表示杂费率，"3"表示杂费总价），并按海关规定的《货币代码表》选择填报相应的币种代码。

（6）常见的货币代码有：港币 HKD110，日元 JPY116，韩元 KRW133，人民币

CNY142，欧元 EUR300，英镑 GBP303，美元 USD502，澳大利亚元 AUD601。

成交方式、运费、保险费填报与否的对应关系如表 7-6 所示。

表 7-6　　　　　　**成交方式、运费、保险费填报与否的对应关系**

	成交方式	运费	保险费
出口	FOB	不填	不填
	CFR	填	不填
	CIF	填	填
进口	CIF	不填	不填
	CFR	不填	填
	FOB	填	填

16）件数问题

（1）本栏不得填报为零，也不能留空。散装、裸装货物，"件数"栏填报为"1"。

（2）如果给出了多个包装和多个件数，则总件数应合并计算。

（3）舱单件数为集装箱的，填报集装箱个数；舱单件数为托盘的，填报托盘数。

17）包装种类问题

裸装和散装货物，包装种类填"裸装"或"散装"。包装种类要填报包装种类的中文，不能填写英文。两种不同的包装合并填报时，件数填合计的数量，包装种类填"件"。

18）毛重/净重问题

（1）毛重和净重栏应分别填报进（出）口货物实际毛重和净重，计量单位为千克，不足 1 千克的，填报为"1"；1 千克以上，保留小数点后 4 位。

（2）如果单证显示 GROSS WEIGHT：0.9KG，则"毛重"栏填报"1"。如果单证显示 GROSS WEIGHT：10MT，则"毛重"栏填报"10 000"；如果单证显示 GROSS WEIGHT：23.10548KG，则"毛重"栏填报"23.1054"。净重的填法也是如此。

（3）报关单的毛重栏不得为空。注意净重栏如果"以毛作净"的，可填毛重。

19）随附单据问题

（1）注意合同、发票、装箱单、提单、许可证等必备的随附单据不在本栏填报。

（2）本栏只填写一个监管证件的信息，如果涉及多个监管证件的，除一个监管证件代码和编号填报在"随附单据"栏外，其余的填写在"标记唛码及备注栏"中。

（3）应特别注意，出境货物通关单代码是 B，而来料加工手册第 1 位标记代码也是 B，前者应填在"随附单据"栏，而后者却应填在"备案号"栏。

（4）加工贸易内销征税报关单，随附单证代码栏填写"C"，随附单证编号栏填写海关审核通过的内销征税联系单号。

20）标记唛码及备注问题

（1）填报货物标记唛码中除图形以外的所有文字、数字，唛码一般是四个短行，必须分行，不能合在一起。无标记唛码的免予填报。

（2）备注部分信息较多，应按要求全部填报，不得漏填。

21）项号问题

（1）一份报关单最多填报 50 项商品，单页报关单最多打印 8 个商品项，最多联单 7 张。

（2）加工贸易合同下的进出口货物，必须填报与加工贸易手册一致的商品项号。

22）**商品名称/规格型号问题**

（1）应填申报的进出口商品规范的中文名称。分两行填报，且与所提供的商业发票相符。

（2）加工贸易等已备案的货物，填报的内容必须与备案登记中同项号下货物的名称与规格型号一致。

23）**数量及单位问题**

应注意数量是指进出口商品的实际数量，单位是指度量商品数量的计量单位。本栏不得填报为"0"或留空。填报格式是数量在前，单位在后，如 1 000kg。加工贸易等已备案的货物，成交计量单位必须与《加工贸易手册》中同项号下货物的计量单位一致。

24）**单价/总价/币制问题**

（1）单价和总价都是填报发票所列的单价和总价，也就是实际成交的单价和总价。

（2）单价和总价填报时如非整数，保留小数点后第 4 位。

（3）单价、总价、币制缺一不可，填报应准确无误。

25）**征免方式问题**

（1）征免方式应根据备案号、贸易方式、征免性质等栏目的内容判断。

（2）海关规定的《征免性质代码表》内常有的征免方式有："照章征税"代码为 1，是指进出口货物依照法定税率计征各类税费。"全免"代码为 3，是指依照相关备案文件免征进口关税和增值税。

监管方式、征免性质与征免的逻辑关系如表 7-7 所示。

表 7-7　　　　　　　　**监管方式、征免性质与征免的逻辑关系**

监管方式	征免性质	征免
一般贸易	一般征税	照章征税
	科教用品、重大项目、鼓励项目等	全免
来料加工	来料加工	全免
进料对口	进料加工	全免
进料非对口	进料加工	全免
低值辅料	进料加工	征免性质

7.5　进出口许可证

进出口许可管理制度，是指根据国家的法律、政策、国内外贸易需求对进出口贸易实行的一种全面、规范的行政管理制度。进出口许可证管理是一种非关税措施，在国际贸易中长期存在，并被广泛应用。其中，货物、技术的进出口许可管理制度是核心内容，进出口许可管理的实施，不仅有助于海关加强对进出口货物的监管，更有利于国家对外经济贸易的宏观调控。

7.5.1 我国许可证管理制度

根据我国《对外贸易法》规定，国家对限制进口或者限制出口的货物实行许可证管理，其主要目的是为了合理配置资源，规范进出口经营秩序，营造公平的贸易环境，履行我国承诺的国际公约和条约，维护国家经济利益和安全。

进出口许可证（Import/Export Licence）是指国家管理货物进出境的法律凭证。具有两个特点：一是国家机关签发的具有法律效力的文件，是对外贸易经营者合法进出口列入国家许可证管理目录的商品的证明文件，不得买卖、转让、伪造和变卖；二是国家批准的特定进出口货物的书面凭证，是海关验放该类货物的重要依据，进出口企业必须严格按照许可证规定的各项内容进出口特定货物。

国家商务部是全国进出口许可证的主管部门，负责制定进出口许可证管理办法及规章制度，监督、检查进出口许可证管理办法的执行情况，处罚违规行为。

1）出口许可证管理

国家对限制出口的货物实行出口许可证管理。出口许可证包括出口配额许可证和出口许可证。凡实行出口配额许可证管理和出口许可证管理的货物，对外贸易经营者应当在出口前按规定向指定的发证机构申领出口许可证，海关凭出口许可证接受申报和验放。2017年，我国实行出口许可证管理的货物有牛肉、猪肉、天然砂、矾土、稀土、石蜡、维生素C、汽车等44种，分别实行出口配额许可证和出口许可证管理。

2）进口许可证管理

国家对限制进口的货物实行进口许可证管理。凡属于进口许可证管理的货物，除国家另有规定外，对外贸易经营者应当在进口前按规定向指定的发证机构申领进口许可证，海关凭进口许可证接受申报和验放，进口许可证适用于《进口许可证管理商品目录》内货物的进口。2017年实行进口许可证管理的货物有化工设备、金属冶炼设备、工程机械类、起重运输设备、造纸设备、电力电气设备等13种。

货物的进出口许可证由商务部配额许可证事务局、商务部驻各地特派员办事处及商务部授权的地方商务主管部门发证机构负责签发。

7.5.2 进出口许可证的申领手续

凡是实行进出口许可证管理的商品，各类进出口企业应在进出口前按规定向指定的发证机构申领进出口许可证，海关凭进出口许可证接受和办理通关手续。从2003年1月1日期起，我国企业可以直接在网上申领进出口许可证，不仅简化了办证流程，提高了办证效率，降低了办证成本，还可以强化监控手段，规范签证工作。进出口许可证网上申领流程如图7-2所示。

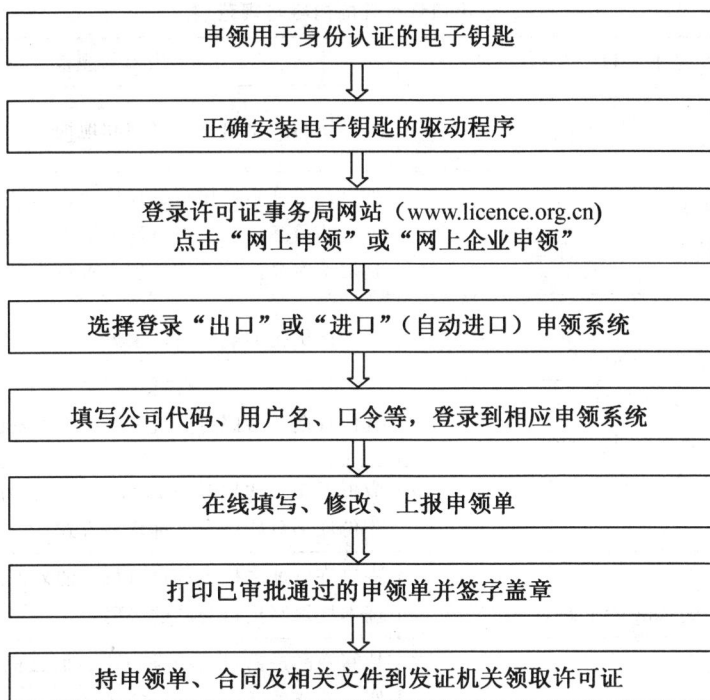

图7-2 进出口许可证网上申领流程图

小资料

进出口许可证的有效期

根据我国目前的有关规定，进口许可证的有效期为1年，且当年有效。特殊情况需要跨年度使用的，不能超过次年的3月31日，逾期自动失效。出口许可证的有效期为6个月，且当年有效。特殊情况需要跨年度使用的，不能超过次年的2月底。进出口许可证均实行"一批一证""一证一关"管理。

进出口企业或单位申领进出口许可证需提交下列材料：①进出口许可证申请表（加盖申领企业印鉴）；②批准进出口商品的证明文件；③进出口合同（正本、复印件）；④申领单位公函及申领人的工作证件；⑤进出口企业资格证书、备案登记表或外商投资企业批准证书（年内首次申领）。

7.5.3 进出口许可证的填制规范

进出口许可证由商务部统一印制，具体内容与规范见表7-8。出口许可证申请表参见范例7-3。出口许可证参见范例7-4。进口许可证参见范例7-5。输美纺织品出口许可证参见范例7-6。

表 7-8   进出口许可证的内容与规范

基本项目	内容与规范
1. 进口商/出口商 （Importer/Exporter）	本栏填写进出口商的名称和地址
2. 进口用户/发货人 （Consignee /Consignor）	进口许可证本栏填写进口用户，如果是代理进口应填进口的最终用户。出口许可证本栏填写发货人，如果是加工贸易出口，应填加工贸易的生产企业
3. 进出口许可证号码 （Import /Export licence No. ）	由出证机构的电脑自动生成
4. 进出口许可证有效截止日期 （Import/Export licence expiry date）	具体日期应参照有关规定，本栏由发证系统自动生成
5. 贸易方式 （Forms of trade）	应根据实际的贸易方式和海关规定的贸易方式填写，一份证书只能填写一种贸易方式
6. 外汇来源/合同号 （Terms of foreign exchange/Contract No. ）	进口许可证本栏填写进口付汇的外汇来源。出口许可证本栏填写出口合同的号码
7. 报关口岸 （Place of clearance）	填写商品进出口的报关口岸，而且根据"一关一证"制，只能填写一个口岸的名称
8. 贸易国（地区）/进口国（地区） （ Country/Region of trading/Country/Region of purchase）	进口许可证本栏填写贸易国（地区），即出口商所在的国家。出口许可证本栏填写进口国（地区），即进口商所在的国家
9. 原产地国（地区）/付款方式 （Country/Region of origin / Payment）	进口许可证本栏填写进口商品的原产地国家或地区；出口许可证此栏填写出口成交的付款方式
10. 商品用途/运输方式 （Use of goods /Mode of transport）	进口许可证本栏填写进口商品的用途，出口许可证本栏填写出口商品的运输方式
11. 商品名称/商品编码 （Description of goods /Code of goods）	本栏填写进出口商品的名称及商品编码
12. 规格、型号 （Specification）	填进出口商品具体规格、型号。如果进出口商品没有规格、型号的本栏留空
13. 单位 （Unit）	填写进出口商品的计量单位，由发证系统自动生成。若合同中使用的计量单位与程序设定名称不一致时，应换算成程序设定的计量单位
14. 数量 （Quantity）	应是申请进出口商品数量，对应第 12 项填写各规格商品的计量值
15. 单价 （Unit Price）	与计量单位相一致的单位价格
16. 总值 （Amount）	由计算机自动折算并打印

续表

基本项目	内容与规范
17. 总值折美元（Amount in USD）	如果出口商的币值不是美元，须按银行汇率折成美元
18. 总计（Total）	填写数量与总值的总和
19. 备注（Supplementary details）	注明其他需要说明的情况。对于"一批一证"的商品，本栏留空，对于"非一批一证"的商品，在有效期内最多只能使用 12 次
20. 发证机关签章（Issuing authority's stamp & signature）	由出证机构盖"中华人民共和国进出口许可证专用章"
21. 发证日期（Licence date）	由出证机构填写证书签发日期，一般最迟为进出口商申领之日起的第 3 个工作日

范例 7-3　　　　　　　**出口许可证申请表**

中华人民共和国出口许可证申请表

1. 出口商：　　　　　编码：　　　　　　　　　　领证人姓名：　　　　　电话：	3. 出口许可证号：
2. 发货人：　　　　　编码：	4. 出口许可证有效截止日期：　　　　　　　　　年　月　日
5. 贸易方式：	8. 进口国（地区）：
6. 合同号：	9. 付款方式：
7. 报关口岸：	10. 运输方式：

11. 商品名称：　　　　　　　　　商品编码：						
12. 规格、等级	13. 单位	14. 数量	15. 单价（币别）	16. 总值（币别）	17. 总值折美元
18. 总　计					

19. 备　注 申请单位盖章 申领日期：	20. 签证机构审批（初审）： 经办人：
	终审：

填表说明：（1）本表应用正楷逐项填写清楚，不得涂改、遗漏，否则无效。

　　　　　（2）本表内容需打印多份许可证的，请在备注栏内注明。

范例 7-4

出口许可证

中华人民共和国出口许可证

EXPORT LICENCE OF THE PEOPLE'S REPUBLIC OF CHINA   No.

1. 出口商： 编码 Exporter	3. 出口许可证号： Export licence No.
2. 发货人： 编码 Consignor	4. 出口许可证有效截止日期： Export licence expiry date
5. 贸易方式： Forms of trade	8. 进口国（地区）： Country/Region of purchase
6. 合同号： Contract No.	9. 付款方式： Payment
7. 报关口岸： Place of clearance	10. 运输方式： Mode of transport

11. 商品名称： Description of goods			商品编码： Code of goods		
12. 规格、等级 Specification	13. 单位 Unit	14. 数量 Quantity	15. 单价（币别） Unit price	16. 总值（币别） Amount	17. 总值折美元 Amount in USD
18. 总计 Total					

19. 备　注 Supplementary details	20. 签证机构签章： Issuing authority's stamp & signature
	21. 发证日期 Licence date

中国商务部监制（2016）

范例 7-5

进口许可证

中华人民共和国进口许可证

IMPORT LICENCE OF THE PEOPLE'S REPUBLIC OF CHINA   No.

1. 进口商： Importer	3. 进口许可证号： Import licence No.
2. 收货人： Consignee	4. 进口许可证有效截止日期： Import licence expiry date

续表

5. 贸易方式： Forms of trade				8. 贸易国（地区）： Country/Region of trading		
6. 外汇来源： Terms of foreign exchange				9. 原产地国（地区）： Country/Region of origin		
7. 报关口岸： Place of clearance				10. 商品用途： Use of goods		
11. 商品名称： Description of goods				商品编码： Code of goods		
12. 规格、型号 Specification	13. 单位 Unit	14. 数量 Quantity	15. 单价（币别） Unit price	16. 总值（币别） Amount	17. 总值折美元 Amount in USD	
18. 总计 Total						
19. 备注 Supplementary details				20. 签证机构签章： Issuing authority's stamp & signature 21. 发证日期： Licence date		

中国商务部监制（2016）

范例 7-6　　　　　　　**输美纺织品出口许可证**
TEXTILE EXPORT LICENCE

COPY

出口商（代码、名称和地址） Exporter（EID，Name & address）	许可证编号 Licence No.		
	协议年度　　　　　　类别号 Agreement year　　　Category No.		
	发票号码 Invoice No.		
收货人（名称和地址） Consignee（Name & address）	装运地、装运期及目的地 Place and time of shipment, destination		
	中国港口离岸价 Value of FOB Chinese port		
唛头、包装件数、商品名称 Marks & numbers, Number of packages, Description of goods	数量 Quantity	单价 Unit price	总值 Amount
生产厂家代码 MID CODE			

续表

发证机构证明 Declaration by the issuing authority	发证机构签章 Issuing authority's stamp & signature
	发证日期 Licence date

商务部监制　　　　　　　　　　　　　　　　本证不得涂改，不得转让

上岗操作

　　岗位情境中，大连服装进出口公司报关人员刘敏6月下旬持法人卡登录中国电子口岸进行资格申请，通过报关单预录入客户端选择"通关无纸化"方式，同时录入报关单和随附单证电子数据，请公司主管审阅。公司主管审阅、修改无误后发送单证电子数据。大连海关电子审核、对进出口货物进行风险分析后，认为其属于低风险货物，计算机自动放行报关单，同时向监管场所发送电子风险信息，向大连服装进出口公司客户端发出放行通知，大连服装进出口公司凭海关电子放行信息缴纳税费并办理货物装运手续。

【出口货物报关单】

中华人民共和国海关出口货物报关单

预录入编号：　　　　　　　　　　　　　　海关编号：090020160704213579

收发货人 大连服装进出口公司		出口口岸 大连	出口日期 2016年6月29日	申报日期 20160626
生产销售单位 大连服装进出口公司（2102964110）		运输方式 江海运输（2）	运输工具名称 SHUNFENG/V.901	提运单号 COSU10118610
申报单位 大连服装进出口公司（2102914110）		监管方式 一般贸易（0110）	征免性质 照章征税	备案号
贸易国（地区） 中国（142）	运抵国（地区） 加拿大（501）	指运港 多伦多		境内货源地 大连（21029）
许可证号	成交方式 CIF（1）	运费 USD2 000	保费 502/1 300/3	杂费
合同协议号 DLG100535	件数 780	包装种类 纸箱/CTNS	毛重（kg） 2 730	净重（kg） 2 340
集装箱号 CBHU3202732/20/2200	随附单据			
标记唛码及备注　　ABD 　　　　　　　　　TORONTO 　　　　　　　　　C/NO.1-780				

续表

项号	商品编号	商品名称、规格型号	数量及单位	最终目的国（地区）	单价	总价	币制	征免
01	6105200099	龙牌男式衬衫	9 360 件	加拿大（501）			USD 美元	照章征税（1）
		STYLE NO. 001	300 DOZS		55.00	16 500.00		
		STYLE NO. 002	480 DOZS		70.00	33 600.00		
				CIF TORONTO USD50 100.00				

特殊关系确认：否　价格影响确认：否　支持特许权使用费确认：否

录入员　录入单位	兹申明对以上内容承担如实申报、依法纳税之法律责任	海关批注及签章
报关员　刘敏	申报单位（签章）　大连服装进出口公司	

操作指导：出口报关单经审核发现下列项目填制有误：①收发货人一栏填制有误，必须填报收发货人的中文名称和海关注册编号，即"大连服装进出口公司（2102964110）"只填名称或只填代码都是错误的。②出口口岸一栏填制有误，应填货物实际出关境的口岸海关名称及代码，即"大连海关（0900）"。③出口日期一栏填制有误，应填 8 位数字，即"20160629"。④征免性质一栏填制有误，应注意监管方式、征免性质和征免各栏目的协调，一般贸易对应的征免性质是"一般征税"，代码 101。⑤运费一栏填制有误，本栏可选择三种方式之一填报，因已知总运费 USD2 000，本栏应填写"502/2000/3"。

岗位实操

（一）单选题

1. 出口货物的申报期限为货物运抵海关监管区后、（　　）。

A. 装货前的 24 小时　　　　　　B. 装货的 24 小时前

C. 装货前的 48 小时　　　　　　D. 装货的 48 小时前

2. 某外资企业公司委托某国营外贸公司购买进口投资设备及用作生产原料的钢材一批。货物由某物流公司承接进口运输相关事宜，并委托某报关公司向海关办理进口报关手续。该批钢材报关时报关单经营单位应填报（　　）。

A. 该外资企业　　　　　　　　　B. 某国营外贸公司

C. 某物流公司　　　　　　　　　D. 某报关公司

3. 下列关于报关企业和进出口货物收发货人报关范围的表述，正确的是（　　）。

A. 两者均可在关境内各海关报关

B. 两者均只能在注册地海关辖区内各海关报关

C. 报关企业可以在关境内各海关报关；进出口货物收发货人只能在注册地海关辖区内各海关报关

D. 报关企业只能在注册地海关辖区内各海关报关；进出口货物收发货人可以在关境内各海关报关

4. 某进出口公司从悉尼装运澳大利亚羊毛至马来西亚的吉隆坡，再从吉隆坡转船运达广州黄埔港，报关单中这批羊毛的装货港应填报（　　）。

A. 悉尼　　　　　　　　B. 吉隆坡　　　　　　　　C. 黄埔港

（二）多选题

1. 报关程序按时间先后分为三个阶段：前期阶段、进出境阶段、后续阶段。其中对进出口收发货人而言，进出境阶段包括（　　）。

A. 进出口申报　　　　　　　　B. 缴纳税费

C. 备案　　　　　　　　　　　D. 配合查验

E. 销案

2. 进出口货物收发货人进口货物可采用的报关方式是（　　）。

A. 自理报关

B. 委托报关行以委托人的名义代理报关

C. 委托已在海关办理报关注册的货代公司以委托人的名义代理报关

D. 委托报关公司以报关公司的名义代理报关

3. 在反映进出口商品情况的项目中，须分项填报的主要有（　　）情况。

A. 商品编号不同的　　　　　　　B. 商品名称不同的

C. 原产国（地区）/最终目的国（地区）不同的

（三）判断题

1. 进口属于进口许可证管理的货物，收货人在货物进境后、办理海关报关手续前，应向相应的发证机构递交进口许可证申请，并取得进口许可证。（　　）

2. 按照《海关法》规定，进出境的人员不需要办理报关手续。（　　）

答案及解析

第8章

国际货运保险单证制作与审核

在国际贸易中，无论采用何种运输方式，货物都要经过长途运输和多次装卸才能到达目的地（港）。

货物在途中有可能遭遇各种自然灾害、意外事故或其他外来风险，从而导致货损货差。为了防范风险、降低损失，在货物出运前需要办理运输保险，以确保发生损失时能够得到经济补偿。通常货主投保时，需要提交投保单，交纳保险费，以换取保险公司签发的保险单作为索赔和理赔的依据。

知识目标

★ 了解国际货运保险合同当事人及主要条款内容；

★ 熟悉保险单据的含义、性质、种类、作用及《UCP600》的有关规定；

★ 掌握国际货运投保单、保险单等保险单证的内容与缮制规范。

技能要求

★ 掌握国际货运保险的投保程序；

★ 熟练缮制和审核国际货运投保单和保险单等保险单证。

岗位情境

因为大连服装进出口公司与 ABD 有限公司是按 CIF 条件订立的出口合同，所以大连服装进出口公司必须办理出口货物运输保险事宜。在货物装船前取得配舱回单后，单证员刘敏着手填写国际货运保险投保单，备齐商业发票等复印件，向中国人民保险公司大连分公司办理投保手续。

【思考】

什么是国际货运保险？怎样办理国际货运投保手续？保险单据有哪些？如何填写国际货运投保单和保险单？

【任务】

请以大连服装进出口公司单证员刘敏的身份，根据第 3 章出口销售合同、第 4 章修改后的信用证以及下列补充信息缮制国际货运保险投保单和保险单。

【补充信息】

编号信息	日期信息	其他信息
* 发票号码：AB10/035 * 保险单号次：PYIE2016989	* 投保日期：JUN. 26，2016 * 保险单日期：JUN. 27，2016 * 提单日期：JUN. 29，2016	* 船名、航次： SHUNFENG V. 901

岗位认知

8.1 国际货运保险的办理

国际货物运输保险是指投保人或被保险人与保险人签订保险合同，约定由投保人缴付一定的保险费，一旦货物在国际运输途中遭受保险人承保范围内风险造成的损失时，由保险公司对被保险人负责经济补偿的一种保险做法，属于财产保险范畴。国际货运保险是国际贸易必不可少的环节，有利于保证进出口企业的经济核算和经营稳定，避免由于意外损失引起进出口双方和有关利益方之间的经济纠纷，而且在本国投保，还可以增加国家的外汇收入。

在国际贸易中，采用的运输方式不同，货运保险的种类也就不同，其中起源最早、涉及面最广、业务量最大的是海运货物保险。

8.1.1 货运保险合同的当事人

一份国际货运保险合同，通常涉及以下几方面当事人：

（1）保险人（Insurer），又称承保人（Underwriter），是指与投保人订立保险合同，收取保险费并负责赔偿损失或履行给付义务的人，在我国专指保险公司。

（2）投保人（Applicant），又称要保人，是指与保险人订立保险合同并交付保险费的人。投保人对保险标的具有保险利益。

（3）被保险人（Insured），是指按照保险合同向保险人取得赔款或期满给付的人，是保险合同保障的人。财产保险的被保险人通常就是投保人，是对被保险财产具有利益的人。

在实际的货运保险业务中，如果采用 CIF 贸易条件，由出口商办理投保，投保人和被保险人都是出口商，但当货物所有权和风险转移给进口商后，只要进口商持有出口商背书转让给他的保险单，就成为被保险人。

8.1.2 国际货运保险条款

目前，我国的国际货物运输保险主要依据的是中国人民保险公司的保险条款和英国伦敦保险协会的协会货物条款。

1）中国保险条款（China Insurance Clauses，CIC）

在我国，进出口货物运输最常用的保险条款是中国保险条款，该条款是由中国人民保险公司制定，中国人民银行及中国保险监督委员会审批颁布。其中，《海洋运输货物保险条款》和《海洋运输货物战争险条款》运用最广，其他各种货运保险的保险条款都是以其为基础，并结合各自特点加以补充或修订的。

2）英国伦敦协会货物条款（Institute Cargo Clauses，ICC）

英国伦敦协会货物条款是国际上通用的保险条款，被国际贸易、航运、保险界广泛接受。其现行条款于 1982 年 1 月 1 日修订公布，是在英国劳合社船货保险单的基础上发展来的。

在我国以 CIF 条件出口时，通常都是以中国保险条款为依据，但是国外客户如果提出以英国伦敦协会货物条款为准，我方也可以酌情接受。

8.1.3　国际货运保险金额

保险金额又称投保金额，是指一个保险合同项下，保险公司承担赔偿或给付保险金责任的最高限额，也是保险公司计算保险费的基础。

按照国际保险市场的习惯做法，采用 CIF、CIP 等贸易条件出口的货物，其保险金额一般是在 CIF 或 CIP 货价的基础上增加一定的百分率，即所谓的"保险加成率"。这部分增加的金额就是被保险人进行这笔交易所支付的费用和预期利润。

保险金额的计算公式是：

保险金额 = CIF（或 CIP）货价 × 投保加成

注：投保加成 = 1 + 保险加成率

相关链接

《UCP600》有关保险金额的规定

1. 保险单据必须表明投保金额，并以与信用证相同的货币表示。

2. 信用证对于投保金额为货物价值、发票金额或类似金额的某一比例的要求，将被视为对最低保额的要求。

3. 如果信用证对投保金额未作规定，投保金额须至少为货物的 CIF 或 CIP 价格的 110%。

4. 如果从单据中不能确定 CIF 或者 CIP 价格，投保金额必须基于信用证要求承付或议付的金额，或者基于发票上显示的货物总值来计算，两者之中取金额较高者。

8.1.4　国际货运保险险别

保险险别是指保险公司对承保货物遭受损失时的赔偿责任范围。目前，不同货运保险条款根据保险人承保的责任范围不同，分别设置不同的保险险别。海运货物保险险别分类见表 8-1。

表 8-1　　　　　　　　　　　　　　海运货物保险险别分类

		中国海洋运输货物保险条款	伦敦协会海运货物保险条款	可否单独投保
海洋运输货物保险险别	基本险	平安险 （Free from Particular Average，FPA）	协会货物（A）险条款 （Institute Cargo Clauses A，ICC（A））	可以单独投保
		水渍险 （With Particular Average，WPA 或 WA）	协会货物（B）险条款 （Institute Cargo Clauses B，ICC（B））	
		一切险 （All Risks）	协会货物（C）险条款 （Institute Cargo Clauses C，ICC（C））	

续表

		中国海洋运输货物保险条款	伦敦协会海运货物保险条款	可否单独投保
海洋运输货物保险险别	附加险 一般附加险	偷窃、提货不着险（Theft, Pilferage & Non-delivery Risk, T. P. N. D.）	协会战争险条款（货物）（Institute War Clauses-Cargo, IWCC）	
		淡水雨淋险（Fresh Water &/or Rain Damage Risks, F. W. R. D.）		
		渗漏险（Leakage Risk）		
		短量险（Shortage Risk）		
		混杂、玷污险（Intermixture & Contamination Risk）		
		碰损破碎险（Clashing & Breakage Risk）		
		串味险（Taint of Odour Risk）	协会罢工险条款（货物）（Institute Strikes Clauses-Cargo, ISCC）	不可单独投保
		受潮受热险（Sweating & Heating Risk）		
		钩损险（Hook Damage Risk）		
		包装破裂险（Breakage of Packing Risk）		
		锈损险（Rust Risk）		
	特殊附加险	战争险（War Risk）	恶意损害险条款（Malicious Damage Clauses）	
		罢工险（Strike Risk）		
		进口关税险（Import Duty Risk）		
		舱面险（On Deck Risk）		
		黄曲霉素险（Aflatoxin Risk）		
		拒收险（Rejection Risk）		
		交货不到险（Failure to Deliver Risk）		
		易腐货物险（Perishable Goods Risk）		
		出口货物到香港（包括九龙在内）或澳门存仓火险责任扩展条款（Fire Risk Extension Clause, F. R. E. C.）		

采用 CIF 或 CIP 条件成交，按《2010 通则》规定，出口商仅投保最低险别（如 CIC 的平安险），如果进口商想加保战争险、罢工险等，可在负担保险费的情况下由出口商办理。

┌─ **相关链接** ┄┄┄┄┄┄┄┄┄┄┄┄┄┄┄┄┄┄┄┄┄┄┄┄┄┄┄┄┄┄┄┄┄┄┄┄┄┄┄┐

《UCP600》有关保险险别的规定

1. 信用证应规定所需投保的险别及附加险（如有）。如果信用证使用诸如"通常风险"或"惯常风险"等含义不确切的用语，则无论是否有漏保风险，保险单据都将被照样接受。

2. 当信用证规定投保"一切险"时，只要保险单据载有任何"一切险"批注或条款，无论是否有"一切险"标题，均将被接受，即使其声明某些险别除外。

└┄┄┘

8.1.5　国际货运保险费

保险费是指投保人根据投保时所约定的保险费率向保险人交付的费用。保险费的数额取决于保险金额的大小、保险费率的高低和保险期限的长短，即保险金额越大，保险费率越高，保险期限越长，则保险费也就越多。

有关保险费的计算请参照第 3 章内容。

8.1.6　国际货运保险的投保程序

国际货运保险的投保是指投保人向保险人提出申请，愿意与保险人订立货运保险合同、支付保险费以得到保险人有条件承诺保险责任的行为，是投保人在货物遭受承保范围内的意外损失后得到保险人经济补偿的前提。

1）海运出口货物的投保程序

我国海运出口货物一般按 CIF 条件成交，由出口商办理保险，即出口商向当地保险公司逐笔办理投保手续。由于海运出口货物保险承保责任一般采用"仓至仓条款"，所以出口商在办理托运手续并取得配舱回单后，且在货物离开发货人仓库运往码头或车站之前及时投保。

2）海运进口货物的投保程序

我国海运进口货物一般按 FOB 或 CFR 条件成交，由进口商办理保险。对于长期稳定的外贸业务，为了简化投保手续和防止漏保或迟保等情况，我国进口商一般采取预约保险的做法，与保险公司事先签订长期性的保险合同。

按照海运进口货物预约保险合同（Open Cover）的规定，投保人在获悉每批货物的启运消息后，应将船名、开船日期和航线、货物品名及数量、保险金额等内容以书面形式定期通知保险公司，即办理了投保手续，而无须填写投保单。如果进口商未与保险公司签订预约保险合同，则和出口货物一样，采用逐笔投保方式，在收到出口商的装运通知后立即办理货运保险。

此外，其他运输方式下的货运保险的办理与海运相似，一般出口货物采用逐笔投保方式，进口货物采取预约保险的做法。

海运进出口货物逐笔投保流程如图 8-1 所示。

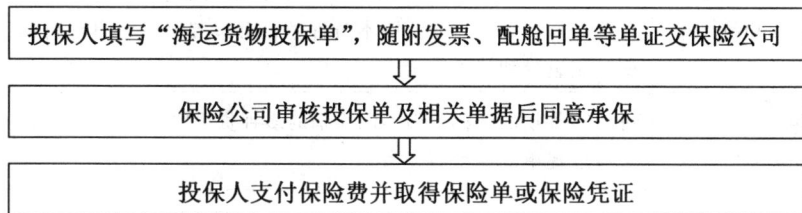

投保人填写"海运货物投保单"，随附发票、配舱回单等单证交保险公司

⬇

保险公司审核投保单及相关单据后同意承保

⬇

投保人支付保险费并取得保险单或保险凭证

图 8-1　海运进出口货物逐笔投保流程图

小思考

我某公司按照 FOB 贸易条件从德国进口货物 200 箱，在国内投保平安险，在目的港卸货时，因吊钩脱落，有两箱货物掉在甲板上受损，保险公司是否应予赔偿？

8.2 国际货运保险投保单的填制

在国际贸易中，进出口商如果投保货物运输保险，一般需要填写国际货运保险投保单。该投保单经保险人签章承诺后，保险双方即确立合同关系。

8.2.1 国际货运保险投保单的含义和作用

国际货运保险投保单（Application for International Transportation Insurance）是指进出口商在货物发运前，向保险公司办理投保手续、申请订立货运保险合同时填写和提交的书面凭证。它是保险公司衡量风险、计算保费、接受投保和签发保险单的依据。

8.2.2 国际货运保险投保单的内容与规范

目前，各保险公司都印制有投保单，格式不固定，但主要内容一致。国际货运保险投保单的内容与规范见表8-2。国际货物运输保险投保单参见范例8-1。出口货物明细单参见范例8-2。

表8-2　　　　　　　　　　　　国际货运保险投保单的内容与规范

基本项目	内容与规范
1. 被保险人 （The Insured）	应按照保险利益的实际有关人填写。出口货物如果采用 CIF 或 CIP 条件成交，填写出口商或受益人名称。进口货物如果采用 FOB、CFR、FCA 或 CPT 条件成交，则填写进口商名称
2. 参考信息 （Reference Information）	应按照要求填写合同号码、发票号码、信用证号码等
3. 标记和唛头 （Marks & Nos.）	唛头应按信用证规定填写，且与发票、提单上的标记一致。如标记繁杂，可以简化，如"与 xxx 号发票相同（as per invoice No. xxx）"
4. 包装与数量（件数） （Package & Quantity）	应填写货物最大包装性质和件数，如箱、捆、包及具体数量；如果以集装箱装运的，应填"In Container"；如果是散装货，应填"In Bulk"，并注明净重；裸装货要注明本身件数；有包装但以重量计价的，应同时注明包装重量和计价重量
5. 保险货物项目 （Description of Goods）	可填写货物的统称，但不同类别的多种货物应注明不同类别的各自总称，与海运提单此栏填写一致
6. 保险金额 （Amount Insured）	出口货物一般以发票的 CIF/CIP 价为基础适当加成计算，加成率一般为 10%；进口货物也以其 CIF 价适当加成计算；此栏可填小写金额
7. 总保险金额 （Total Insurance Amount）	填写第6项保险累计金额的英文大写，与小写应一致

续表

基本项目	内容与规范
8. 运输工具 （Per Conveyance）	如果是海运，应写明船名和航次；如需转运的也要注明；如果是火车、汽车或航空运输的，仅写明火车车次、汽车牌号或空运航班号即可。多式联运的应写明联运方式，如陆海联运
9. 开航日期 （Slg. Date）	按确定日期填写，应与提单所列开航日期一致，也可仅填"As Per B/L"
10. 运输航线 （From...Via...To...）	填写从何地启运至何地止运。标明装运港（地）和目的港（地），如需转运，应标明转运港（地）
11. 赔款偿付地点 （Claim Payable at）	无特别声明外，一般应在保险目的地支付赔款
12. 承保险别 （Conditions）	按信用证或合同规定的险别填写，应明确具体，并注明依据的保险条款。如有附加险别或与保险人有其他特别约定的也要在此栏注明
13. 投保日期 （Applicant's Date）	向保险公司投保的日期，不能迟于提单上的开航日期
14. 投保签章 （Applicant's Signature）	填投保人的全称、地址，由具体经办人签名并注明日期

实际业务中，有些保险公司为了方便工作，不使用投保单，由被保险人自己直接代保险公司缮制保险单，再提供发票及信用证副本给保险公司，保险公司据以审核、填制险别和签章；或者用出口货物明细单或发票副本来代替投保单，同时加注有关保险项目，比如运输工具、开航日期、承保险别、投保金额、赔款地点及保单份数等。

范例 8-1　　　　　　　**国际货物运输保险投保单**

中保财产保险有限公司

The People's Insurance （Property） Company of China, Ltd.

货 物 运 输 保 险 投 保 单

APPLICATION FORM FOR I/E MARINE CARGO INSURANCE

被保险人：

Insured

发票号（出口用）或合同号（进口用）：

Invoice No. or Contract No.

兹有下列物品向中保财产保险有限公司投保：

Insurance Is Required on The Following Commodities：

标记和唛头 Marks & Nos.	包装及数量 Quantity	保险货物项目 Description of Goods	保险金额 Amount Insured

总保险金额（大写）

Total Insurance Amount

续表

装载运输工具 Per Conveyance		航次、航班或车号 Voy. No.	开航日期 Slg. Date
自 From Via	转运地	到 To	赔款点 Claim Payable at
投保险别 Conditions Special coverage			
	投保人签章及公司名称、电话、地址: Applicant's Signature and Co.'s Name, Add. and Tel. No.		
备注 Remarks	投保日期 Applicant's Date		

范例 8-2 　　　　　　　　　　出口货物明细单

出 口 货 物 明 细 单
年　　月　　日

银行编号		外运编号	
核销单号		许可证号	

经营单位 (装船人)		合 同 号		
		信用证号		
		收汇方式		
提单或承运收据	抬头人		开证日期	金额
			贸易性质	贸易国别
	通知人		出口口岸	目 的 港
			可否转运	可否分批
	运费		装运期限	有效期限

标记和唛头	货名规格及货号	件数及 包装式样	毛重	净重	价格（成交条件）	
			KG		单价	总价

TOTAL:

SAY TOTAL:

本公司注意事项		总体积		
		保险单	险别	
			保额	
			赔款地点	
外运外轮注意事项		船名		
		海关编号		
		放行日期		
		制单员		

8.3　国际货运保险单据的缮制

保险单据（Insurance Policy）是指保险人根据投保人或被保险人的申请签发的，承保某批货物在一定航程内的风险和损失的一种凭证。在国际贸易中，出口货物以 CIF、CIP 条件成交时，出口方办理投保，填写保险单是其基本义务，进口货物以 FOB、CFR、FCA、CPT 条件成交时，进口方办理投保，填写保险单是其基本义务。

8.3.1　保险单据的性质和作用

（1）保险单据是保险人和被保险人之间订立的保险合同的证明。

（2）保险单据是保险人承保的证明，是一种潜在的利益凭证。

（3）当货物遭受承保范围内的损失时，保险单据是当事人处理索赔和理赔的依据。

（4）在 CIF/CIP 合同中，保险单据是出口商向银行办理结汇的主要单据之一。

8.3.2　保险单据的种类

保险单据的种类见表 8-3。

表 8-3　保险单据的种类

单据名称	含义特点	适用范围
保险单 （Insurance Policy）	保险单俗称大保单，是一种独立正规的保险合同，承保指定航程内某批货物的运输保险，包括正面内容和背面条款	保险单是使用最广泛的一种保险单据
保险凭证 （Insurance Certificate）	保险凭证俗称小保单，是一种简化的保险单据，与正式保险单具有同样的效力，仅有正面内容，没有背面条款	为了实现单据规范化，许多保险公司已不再使用这种保险凭证
预约保险单 （Open Policy/Open Cover）	预约保险单又称开口保险单，是指保险人与被保险人事先约定在一定时期内对指定范围内的货物进行统一承保的协议，既可以简化保险手续，也可以使货物一经装运就取得保障	这种保险单据适用于经常有相同类型货物需要陆续装运的保险；被保险人在每批货物装运时，应以保险声明书的形式及时通知保险人，并按约定交纳保险费，即完成投保手续
联合凭证 （Combined Certificate）	联合凭证亦称联合发票，是一种将商业发票和保险单相结合，比保险凭证更为简化的保险单据。与正式保险单具有同等的效力，但不能转让	这种凭证仅适用于对港、澳地区中资银行的信用证项下的出口业务，目前已很少使用
保险批单 （Endorsement）	保险批单是指保险单据签发生效后，投保人若需补充变更其内容，应向保险公司申请，由其出具另外的凭证，注明补充或变更的内容。该凭证就是批单，是原保险单据的组成部分	该批单仅限于投保人对保险单的内容变更或补充时使用

小资料

保险单据的背书

在 CIF 或 CIP 贸易条件下，被保险人是出口商，但发生承保范围内的货损时，由进口商行使索赔权益。因此出口商需要通过背书方式将保险单的权益转让给保险单持有人。保险单持有人就成为被保险人。保险单据的背书无须通知保险公司，出口商只需在保险单上背书就完成了转让手续。保单背书的方式有空白背书、记名背书和记名指示背书。

空白背书是指在保险单背面打上被保险人的公司名称或盖上公司图章，再由背书人签字。当来证未明确使用哪种背书时，一般作成空白背书，目前我国出口业务中大多使用这种方式。

记名背书是指在保险单背面打上 "Endorsed to ×××"   "Delivery to ×××" "Endorsed in the Name of ×××" 等字样，注明被保险人的公司名称或盖上公司图章，再由背书人签字。这种保险单不便于转让，实际业务中较少使用。

记名指示背书是指在保险单背面打印 "Delivery to the order of ×××" 等字样，注明被保险人的公司名称或盖上公司图章，再由背书人签字。

保险单据的背书与海运提单的背书既有联系也有区别：在 CIF 价格条件下成交时，提单的背书关系到货物所有权的归属，而保险单据的背书关系到被保货物出险后对保险公司及其代理人的索赔权和合理补偿权。所以在货物出险后只有在掌握了提单的同时又掌握了保险单据的情况下，才是真正地掌握了货权。

8.3.3　信用证中常见的保险单据条款

例 1. Insurance policy or certificate covering FPA and War Risks as per CIC dated Jan. 1, 1981 of PICC.

保险单或凭证根据中国人民保险公司 1981 年 1 月 1 日的海洋运输货物保险条款投保平安险和战争险。

例 2. Full set of negotiable insurance policy or certificate, blank endorsed for 110 Pct. of the invoice value covering All Risks and War Risk as per CIC dated Jan. 1, 1981 of PICC.

全套可议付的保险单或保险凭证，空白背书，按发票价值的 110% 投保一切险和战争险，以中国人民保险公司 1981 年 1 月 1 日的海洋运输货物保险条款为准。

例 3. Covering All Risks as per ocean marine cargo clauses and overland transportation cargo insurance clause（train, truck）of PICC dated…

按照中国人民保险公司某年某月某日海洋运输货物保险条款和陆上运输货物保险条款（火车、汽车）投保海陆联运一切险。

信用证中有关保险单据条款的表述不尽相同，一般包括保单的份数、保险金额、保险险别、保险条款、仓至仓条款及保单的背书等内容。

相关链接

《UCP600》有关保险单据的规定

1. 如果信用证要求提交保险单据，如保险单或预约保险项下的保险证明书或声明书，则适用《UCP600》第 28 条。

2. 可以接受保险单代替预约保险项下的保险证明书或声明书，但暂保单将不被接受。

3. 责任范围：保险单据须标明承保的责任范围至少涵盖从信用证规定的货物监管地或发运地开始到卸货地或最终目的地为止。

保险单据可以援引任何除外责任条款；可以注明受免赔率或免赔额（减除额）约束。

8.3.4　保险单的缮制

目前，从事国际货物运输保险的公司有很多，不同保险公司出具的保险单虽然在格式上千差万别，但其内容都应与投保人提供的投保单一致，以满足投保人对保险的要求。保险单的内容与规范见表 8-4。海洋货物运输保险单参见范例 8-3。进口货物运输预约保险合同参见范例 8-4。

表 8-4　　　　　　　　　　　　　　保险单的内容与规范

基本项目	内容与规范
1. 保险公司名称 （Name of Insurance Company）	应按信用证或合同要求的保险公司办理。通常在保险单最上端已事先打印好
2. 单据名称 （Name of Document）	必须有保险单据的字样并符合信用证要求。比如，"Insurance Policy"或"Insurance Certificate"
3. 发票号码 （Invoice Number）	填写发票号码
4. 保险单据号码 （Policy Number）	填写保险公司指定号码
5. 被保险人 （Insured）	本栏应按信用证或合同规定填写。常见的填法如下： ①一般情况下，出口商投保时，本栏应填信用证上受益人的名称，并由该受益人在保单背面作空白背书。②如果信用证指定某特定方为被保险人，则该栏直接填写特定方，受益人无须背书。③如果信用证指定作成"To Order"，则在本栏填"To Order"，再由受益人背书。④如果信用证规定保险单以中性名义，本栏应填写"To Whom It May Concern"。⑤如果信用证要求填"To Order of xxx"或"In Favour of xxx"，受益人须在保单背面背书
6. 标记和唛头 （Marks & No.）	应按发票或提单上所标的唛头填写，且与信用证或合同相符。也可仅填写"As Per Invoice No. xxx"

基本项目	内容与规范
7. 包装及数量 （Packing & Quantity）	应填写货物最大包装件数。如果散装货应注明"In Bulk"和净重；裸装货要注明本身件数；有包装但以重量计价的，应同时注明包装重量和计价重量
8. 保险货物项目 （Description of Goods）	可按发票上的名称填写，如果品名繁多可以用统称，但不得与信用证和其他单据中对货物的描述冲突
9. 保险金额 （Amount Insured）	填写阿拉伯数字。信用证项下，保险金额必须按信用证规定的货币种类及金额表示。如果信用证对保险金额没有规定，一般按照发票金额加成10%计算
10. 总保险金额 （Total Amount Insured）	本栏用英文大写表示第9栏的保险金额，且应使用币种的全称（例如，美元应写成"U. S. DOLLARS"）。大小写金额须相符
11. 保费和费率 （Premium，Rate）	本栏通常已印就"As Arranged"。如果信用证要求注明"Premium Paid"，可将原印制的"As Arranged"删掉填上"Paid"或"Prepaid"
12. 装载运输工具 （Per Conveyance）	如果是海运，本栏填写船名、航次。如果需中途转船，应分别填写一程轮船名和第二程轮船名。除非信用证另有规定，保单只有船名没有注明航次，银行应予接受；如果是陆运，则填写"By Train"或"By Wagon No. …"；如果是空运，填写"By Air"；邮包运输，填写"By Parcel"等
13. 开航日期 （Slg. on or abt. ）	如果是海运，填提单签发日期或签发日前5天内的任何一天，也可填"as per B/L"；如果是空运，可填"as per AWB"等
14. 起讫地点 （From. . . to. . . ）	①如果是海运，本栏填装运港和目的港，应与海运提单一致。②如果中途需要转船，则应注明转运地点。比如，"From Shanghai to New York W/T at Hong Kong"。③如果信用证上的目的地是内陆城市而非提单卸货港，则保单上的起讫地点应按信用证规定原样显示。比如，"From Shanghai to Hamburg in transit to（and thence to）Austria"。④如果选陆、空、邮运，则可在"To xxx"栏中直接填上目的地即可
15. 承保险别 （Conditions）	应根据信用证或合同中的保险险别填写，并注明依据的保险条款
16. 赔款偿付地点 （Claim Payable at）	本栏填地点和币种两项内容。赔付地点应按信用证或合同的规定填写，如果未明确表示，一般填目的港（地）。如果来证要求在第三国赔付，则本栏应填第三国。有时信用证或合同要求填赔款币制，应按要求填写
17. 出单日期 （Date of Issue）	填写保险单的签发日期，应不早于货物离开仓库的日期和不晚于提单签发的日期
18. 签发地点 （Place of Issue）	一般填受益人所在地

基本项目	内容与规范
19. 盖章和签字 （Stamp & Signature）	由第一栏的保险公司盖章及其负责人签字
20. 特殊条款 （Special Conditions）	如果信用证或合同对保险单有特殊要求，可填入本栏目
21. 保险单的份数和 "ORIGINAL" 字样	正本的保险单必须有"ORIGINAL"字样，如果信用证未明确规定保险单份数，一般需出具一套三份正本的保险单
22. 投保币种	应填写与信用证相同的货币
23. 免赔率 （Franchise）	如果信用证要求不计免赔率（IOP），则保险单中不应含有此条款，但如果信用证未明确规定，则本栏根据情况表明有免赔率或免赔额
24. 赔付代理人 （Claim Settling Agents）	由保险公司填写，一般是保险人在货物进口地的代理人的名称和地址
25. 保险勘查人 （Insurance Surveying Agents）	由保险公司填写指定的保险勘查人的名称和地址，一般也在货物的进口地

范例 8-3　　　　　　　　　　**海洋货物运输保险单**
中保财产保险有限公司
The People's Insurance（Property）Company of China, Ltd.

发票号码　　　　　　　　　　　　　　　　　　　　保险单号次
Invoice No.　　　　　　　　　　　　　　　　　　　Policy No.

海 洋 货 物 运 输 保 险 单
MARINE CARGO TRANSPORTATION INSURANCE POLICY

被保险人
Insured:

中保财产保险有限公司（以下简称本公司）根据被保险人的要求及其所缴付约定的保险费，按照本保险单承担险别和背面所载条款与下列特别条款承保下列货物运输保险，特签发本保险单。

This policy of Insurance witnesses that the People's Insurance（Property）Company of China, Ltd. （hereinafter called "The Company"）, at the request of the Insured and in consideration of the agreed premium paid by the Insured, undertakes to insure the under mentioned goods in transportation subject to conditions of the Policy as per the Clauses printed overleaf and other special clauses attached hereon.

保险货物项目 Descriptions of Goods	包装　单位　数量 Packing　Unit　Quantity	保险金额 Amount Insured

承保险别	货物标记
Conditions	Marks of Goods

总保险金额

Total Amount Insured _____

保费	载运工具	开航日期
Premium _____	Per conveyance S. S. _____	Slg. on or abt. _____

起运港　　　　　　　　　　目的港

From _____ To _____

　　所保货物，如发生本保险单项下可能引起索赔的损失或损坏，应立即通知本公司下述代理人查勘。如有索赔，应向本公司提交保险单正本（本保险单共有＿＿份正本）及有关文件。如一份正本已用于索赔，其余正本则自动失效。

　　In the event of loss or damage which may result in a claim under this Policy, immediate notice must be given to the Company's Agent as mentioned hereunder. Claims, if any, one of the Original Policy which has been issued in _____ original (s) together with the relevant documents shall be surrendered to the Company. If one of the Original Policy has been accomplished, the others to be void.

中保财产保险有限公司

The People's Insurance（Property）Company of China, Ltd.

赔款偿付地点

Claim payable at _____

日期	在	Authorized signature
Date _____	at _____	

地址

Address _____

传真（Fax）_____

邮编（Post code）_____

范例8-4　　**进口货物运输预约保险合同**

合同号　　　　　　　　年　月　日

甲方：

乙方：中国人民保险公司上海分公司

　　双方就进口货物的运输预约保险拟定各条以资共同遵守：

　　一、保险范围

　　甲方从国外进口全部货物，不论运输方式，凡贸易条件规定由买方办理保险的，都属于本合同范围之内。甲方应根据本合同规定，向乙方办理投保手续并支付保险费。

　　乙方对上述保险范围内的货物，负有自动承保的责任，在发生本合同规定范围内的损失时，均按本合同的规定，负责赔偿。

　　二、保险金额

　　保险金额以货物到岸价格（CIF）即货价加运费加保险费为准（运费可用实际运费，亦可由双方协定一个平均运费率计算）。

三、保险险别和费率

各种货物需要投保的险别由甲方选定并在投保单中填明。乙方根据不同的险别规定不同的费率。现暂定如下：

货物种类	运输方式	保险险别	保险费率

四、保险责任

各种险别的责任范围，按照所属乙方制定的"海洋货物运输保险条款""海洋运输货物战争险条款""海运进口货物国内转运期间保险责任扩展条款""航空运输一切险条款"和其他有关条款的规定为准。

五、投保手续

甲方一经掌握货物发运情况，即应向乙方寄送启运通知书，办理投保。通知书一式五份，由保险公司签认后，退回一份。如不办理投保，货物一旦发生损失，乙方不予理赔。

六、保险费

乙方按照甲方寄送的启运通知书照前列相应的费率逐笔计收保费，甲方应及时付费。

七、索赔手续和期限

本合同所保货物发生保险责任范围内的损失时，乙方应按制定的"关于海运进口保险货物残损检验的赔款给付方法"和"进口货物施救整理费用支付方法"迅速处理。甲方应尽力采取防止货物扩大受损的措施，对已遭受损失的货物必须积极抢救，尽量减少货物的损失。向乙方办理索赔的有效期限，以保险货物卸离海港之日起满一年终止。如有特殊需要可向乙方提出延长索赔期。

八、合同期限

本合同自　　年　月　日起开始生效。

甲方　　　　　　　　　　　　　　乙方：中国人民保险公司上海分公司

8.4　保险单证的审核

8.4.1　国际货运保险投保单的审核

1）投保内容真实性问题

在投保货物运输保险时，投保单是投保人对保险标的物的各项事实的陈述和说明，如果投保单的填报不真实、不准确，将影响保险人对风险程度的预测和承保决策的作出。对于投保人故意隐瞒事实的，保险人可以解除合同，没收保险费；对于投保人因过失未能如实申报的，保险人也可考虑解除合同或加收保险费。

2）投保项目批改问题

投保人投保后，如果发现投保项目有错漏，比如保险金额的增减、保险目的地的变动等，应及时联系保险公司申请批改。

8.4.2　国际货运保险单据的审核

保险单据不仅是保险人与被保险人权利和义务的说明，在 CIF 或 CIP 合同中，还是出口商向银行交单结汇的主要单据之一。如果填写有差错，将会影响被保险人的索赔利益，以及出口商能否安全及时收汇。应重点审核下列问题：

1）保险单据签发人和签署问题

《UCP600》规定，保险单据必须由保险公司或承保人或其代理人或代表出具并签署，以表明其承担了保险的责任。

保险公司或承保人签署保险单据时，无须注明自己的身份，但代理人或代表签发时，必须标明其是代表保险公司或承保人签字。

如果是中间人或代理商发出的保险单据，银行将拒绝接受。

2）正本保险单据问题

保险单上可以不注明正本份数。通常，受益人只需要提交一份正本保险单即可。如果保险单据表明其以多份正本出具，所有正本均需提交。

3）保险单据日期问题

应当注意保险单据日期不得晚于提单签发日、发运日或接受监管日，最晚与运输单据同一天，否则出险后保险公司不予赔偿，这样的保险单据银行也拒绝接受。

4）被保险人问题

必须根据信用证的要求填写被保险人。实际业务中，当货物所有权和风险由出口方转移给进口方时，保险单中的可保利益（货物）也随之转移，所以货运保险一般都是进口方进行索赔的。当投保人是进口商时，保险单无须背书转让。当投保人是出口商时，出口商（信用证项下的受益人）应当做适当背书，将保险单的权利义务转让给保险单的持有者，以便其向保险公司索赔。

5）保险金额问题

出口业务中，出口商投保时应注意：

（1）应严格按照信用证或合同中规定的保险金额和币种填写。如果信用证或合同未明确规定，应按货款的 CIF 或 CIP 价的 110% 计算。

（2）如果无法确定 CIF 或 CIP 价，应按发票金额的 110% 填写。

（3）如果货价中含有佣金或折扣，该保险金额应是扣除佣金或折扣前的 110% 的金额。

（4）如果进口商要求以发票金额的 120%、130% 等更高的保险加成投保时，出口商应在保险公司同意后再办理，并要求进口商负担多交出的保险费。

（5）保险金额如果是小数，必须采用进一法填写。比如，保险金额为 USD1 281.26 应填写 USD1 282。

进口业务中，保险金额一般按 CIF 价计算，如果是按 FOB 或 CFR 价进口时，应按预先约定的平均运费率和平均保险费率计算保险金额。

6）承保险别问题

实际业务中，应避免一律投保一切险的做法。应考虑商品的特性、包装、用途和价值、运输方式、工具、路线和港口等因素，以及不同的保险条款，选择投保合适的险别。通常，出口商在制单时，先在副本上填写这一栏的内容，当全部保险单填好交给保险公司审核确认时，才由保险公司把承保险别的详细内容加注在正本保险单上。

7）赔款偿付地点问题

（1）如果信用证中的赔偿地点笼统规定"国外"，应要求对方修改，因为不明确赔偿地点，容易使工作被动。

（2）如果目的港与赔付地点不一致，一般应修改信用证。

8）保险单据的批改问题

保险公司出具保险单后，如果投保人需要更改保险金额、险别、运输工具、承保期限等，应及时向保险公司申请更改，如果保险公司同意更改，会出具批单，作为保险单的组成部分。

小思考

如果信用证规定成交价格为 FOB 或 CFR 价，但同时又要求出口商办理保险，向银行提交保险单据，请问出口商应如何处理？

上岗操作

岗位情境中，大连服装进出口公司单证员刘敏按照信用证的规定，填写了海运出口货物投保单交公司主管审阅。

【投保单】

海运出口货物投保单

1）保险人：
THE PEOPLE'S INSURANCE COMPANY OF CHINA
DALIAN BRANCH

2）被保险人：
DALIAN GARMENTS IMPORT &
EXPORT CORPORATION

3）标记	4）包装及数量	5）保险货物项目	6）保险金额
ABD TORONTO C/NO. 1–780	780CTNS	DRAGON BRAND MEN'S SHIRTS	USD60 120.00
7）总保险金额：（大写） SAY U. S. DOLLARS FIFTY FIVE THOUSAND ONE HUNDRED AND TEN ONLY			

8）运输工具：（船名）SHUNFENG（航次）V. 901

9）装运港：DALIAN

10）目的港：TORONTO

11）投保险别：

12）货物启运日期：JUN. 25，2016

FOR 120 PCT OF THE INVOICE VALUE COVERING

ALL RISKS AND WAR RISK AS PERCIC DATED JAN. 1, 1981 OF PICC.

13）投保日期：JUN. 26, 2016   14）投保人签字：刘敏

    操作指导：该投保单缮制错误的地方有：①保险金额小写有误，而且大小写要一致，应按信用证的要求，即发票金额的 110% 填写，即 USD55 110。②货物启运日期要以提单为准，应填 AS PER B/L DATE 或 JUN. 29, 2016。

    投保单经审核修改后，刘敏连同投保需要的商业发票、配舱回单等随附单据于 6 月下旬向中国人民保险公司大连分公司申请投保，保险公司审核上述单证，按约定的保险费率收取保险费后，出具了国际货物运输保险单。刘敏按规定在保险单上做背书转让。

【保险单】

中 国 人 民 保 险 公 司

THE PEOPLE'S INSURANCE COMPANY OF CHINA

总公司设于北京   一九四九年创立

Head Office：BEIJING   **Established in 1949**

保 险 单   保单号次

INSURANCE POLICY   Policy No.：PYIE2016989

中国人民保险公司（以下简称本公司）

This Policy of Insurance witnesses that The People's Insurance Company of China（here in after called "The Company"），

根 据   （以 下 简 称 被 保 险 人）的 要 求，

At the request of DALIAN GARMENTS IMPORT & EXPORT CORPORATION（here in after called "The Insured"）

由被保险人向本公司缴付约定的保险费，

And in consideration of the agreed premium paid to the Company by the Insured，

按照本保险单承保险别和背面所载条款与下列

Undertakes to insure the undermentioned goods in transportation subject to the conditions of this

条款承保下述货物运输保险，特立本保险单。

Policy as per the Clauses printed overleaf and other special clauses attached hereon.

标 记 Marks & Nos.	包装及数量 Quantity	保险货物项目 Description of Goods	保险金额 Amount Insured
AS PER INVOICE NO. AB10/035	780CTNS	DRAGON BRAND MEN'S SHIRTS	USD55 110.00

总保险金额

Total Amount Insured SAY U. S. DOLLARS FIFTY FIVE THOUSAND ONE HUNDRED AND TEN ONLY

保费   费率   装载运输工具

Premium AS ARRANGED Rate AS ARRANGED Per conveyance S. S. SHUNFENG V. 901

开航日期   自   至

Slg. on or abt. AS PER B/L DATE From DALIAN To TORONTO

承保险别

Conditions FOR 110 PCT OF THE INVOICE VALUE COVERING ALL RISKS AND WAR RISK

所 保 货 物，如 遇 出 险，本 公 司 凭 本 保 险 单 及 其 他 有 关 证 件 给 付 赔 款。

Claims，if any，payable on surrender of this Policy together with other relevant documents.

所保货物，如发生本保险单项下负责赔偿的损失或事故，

In the event of accident whereby loss or damage may result in a claim under this Policy immediate notice applying.

应立即通知本公司下述代理人查勘。

For survey must be given to the Company's Agent as mentioned hereunder.

中国人民保险公司大连分公司

THE PEOPLE'S INSURANCE CO. OF CHINA DALIAN BRANCH

赔款偿付地点：

Claim payable at TORONTO IN USD　　　　　　　　　王东

出单日期：　　　　　　　　　　　　　　　　Authorized Signature

Date of Issue JUN. 27，2016

地址：中国大连西岗区黄河路 2 号

Address：2 Huang He Road，Dalian，China

Tel.：0411-3626388　　Telex：33128 PICCS CN.

BLANK ENDORSED：DALIAN GARMENTS IMPORT & EXPORT CORPORATION　刘敏

　　操作指导：该保险单经审核无误。保险单的缮制规范，我们已在【岗位认知】中详细介绍。这里仍需注意，凡以出口商为投保人的保险单，出口商都要做空白背书，以利于转让。

岗位实操

（一）单选题

1. 如果信用证没有规定投保加成比例，投保金额须至少为货物的 CIF 或 CIP 价格的（　　）。

A. 100%　　　　　B. 110%　　　　　C. 120%　　　　　D. 130%

2. 某外贸公司出口茶叶 5 公吨，在海运途中遭受暴风雨，海水涌入舱内，致使一部分茶叶发霉变质，这种损失属于（　　）。

A. 实际全损　　　B. 推定全损　　　C. 共同海损　　　D. 单独海损

3. 如果整个运输由两程完成，提单中一程船名为"Joyce"，二程船名为"Peace"，则保险单中船名应填写（　　）。

A. Joyce　　　　B. Peace　　　　C. Joyce/ Peace

4. 转让保险单时，如信用证未明确规定背书方式，应采用（　　）。

A. 不必背书　　　B. 记名背书　　　C. 记名指示背书　　D. 空白背书

（二）多选题

1. 中国保险条款中属于一般附加险别的有（　　）。

A. 淡水、雨淋险　　B. 短量险　　　C. 钩损险　　　D. 黄曲霉素险

E. 拒收险

2. 我国海运货物保险条款中，适用"仓至仓条款"的险别是（　　）。

A. WAR RISKS　　B. STRIKE RISK　　C. FPA　　　D. WPA

E. ALL RISKS

3. 以下关于保险凭证的正确叙述是（　　　）。

A. 俗称"小保单"，是一种简化的保险单　B. 既有正面内容，又有背面条款

C. 与保险单具有同等效力　　　　　　　D. 在实务中，保险凭证可以代替保险单

E. 只在进口业务中使用

（三）判断题

1. 运输途中部分纸箱受潮，里边装的服装上出现水渍，由于该批货物投保了水渍险，所以货主可向保险公司索赔。（　　　）

2. 如果提单装运港为青岛，目的港为美国长滩，来证规定投保至芝加哥，则投保单起讫地点应填写"From Qingdao to Long Beach and Thence to Chicago"。（　　　）

3. 海上保险业务中的意外事故，仅局限于发生在海上的意外事故。（　　　）

4. 如果信用证没有具体规定险别，投保时可以按照中国保险条款海运货物保险投保最低险别平安险。（　　　）

5. 如保险单据表明所出具正本单据是一份以上，则提交保险单据时只要提交一份即可。（　　　）

（四）单证缮制与操作

根据已知资料指出保险单据中错误的地方。

已知资料：

参看第6章"岗位实操"第11题的已知资料（1）和（2）。

保险单：

中国人民保险公司江苏省分公司

THE PEOPLE'S INSURANCE COMPANY OF CHINA JIANGSU BRANCH

货物运输保险单

CARGO TRANSPORTATION INSURANCE POLICY

发票号（INVOICE NO.）NJT090218-09

保单号次 PYIE2006080

合同号（CONTRACT NO.）NJT090218　　　　　　　POLICY NO.

信用证号（L/C NO.）CCPIT091810528

被保险人（Insured）NANJING JINLING TEXTILE LTD.

中国人民保险公司（以下简称本公司）根据被保险人的要求，由被保险人向本公司缴付约定的保险费，按照本保险单承保险别和背面所载条款与下列条款承保下述货物运输保险，特立本保险单。

THIS POLICY OF INSURANCE WITNESSES THAT THE PEOPLE'S INSURANCE COMPANY OF CHINA (HE REINAFTER CALLED "THE COMPANY") AT THE REQUEST OF THE INSURED AND IN CONSIDERATION OF THE AGREED PREMIUM PAID TO THE COMPANY BY THE INSURED, UNDERTAKES TO INSURE THE UNDERMENTIONED GOODS IN TRANSPORTATION SUBJECT TO THE CONDITIONS OF THIS OF THIS POLICY AS PER THE CLAUSES PRINTED OVERLEAF AND OTHER SPECIAL CLAUSES ATTACHED HEREON.

标记 MARKS&NOS	包装及数量 QUANTITY	保险货物项目 DESCRIPTION OF GOODS	保险金额 AMOUNT INSURED
DEXICA S/C NJT090218	10 800DOZEN	LADIES GARMENTS	USD54 000. 00

总 保 险 金 额　TOTAL　AMOUNT　INSURED：US　DOLLARS　FIFTY　FOUR THOUSANDS ONLY

保费　　　　　　　启运日期　　　　　　装载运输工具

AS ARRANGED DATE OF COMMENCEMENT：APR 09，2017　PER CONVEYANCE：PRINCESS V.018

自　　　　　　　　　经　　　　　　至

FROM：NANJING PORT CHINA　　　VIA　　　　　TO BRUSSELS，BELGIUM

承保险别：

CONDITIONS：Covering F. P. A up to PORT OF DESTINATION.

所保货物，如发生保险单项下可能引起索赔的损失或损坏，应立即通知本公司下述代理人查勘。如有索赔，应向本公司提交保险单正本（本保险单共有 3 份正本）及有关文件。如一份正本已用于索赔，其余正本自动失效。

IN THE EVENT OF LOSS OR DAMAGE WITCH MAY RESULT IN A CLAIM UNDER THIS POLICY, IMMEDIATE NOTICE MUST BE GIVEN TO THE COMPANY'S AGENT AS MENTIONED HEREUNDER. CLAIMS, IF ANY, ONE OF THE ORIGINAL POLICY WHICH HAS BEEN ISSUED IN 3 ORIGINAL（S）TOGETHER WITH THE RELEVANT DOCUMENTS SHALL BE SURRENDERED TO THE COMPANY. IF ONE OF THE ORIGINAL POLICY HAS BEEN ACCOMPLISHED, THE OTHERS TO BE VOID.

中国人民保险公司广州市分公司

THE PEOPLE'S INSURANCE COMPANY OF CHINA JIANGSU BRANCH

赔款偿付地点

CLAIM PAYABLE AT NANJING，CHINA

出单日期 ISSUING DATE APR. 20，2017

王天华

Authorized Signature

答案及解析

第9章 国际结算单证制作与审核

国际结算（International Settlement）是指不同国家或地区的当事人由于政治、经济、文化、外交、军事等方面的交流合作，产生了以货币表现的债权债务，为清算这种关系，通过银行办理国际间货币收付的业务活动。其主要涉及国际间债权债务的清偿，包括各类结算工具、结算方式和单证等内容，是伴随着国际贸易发展而产生的，对国际间经济活动和交往的正常开展至关重要。国际结算分为国际贸易结算和非贸易结算两类。其中，国际贸易结算是以商品交易、货钱两清为基础的有形贸易结算，是国际结算的核心，而凭单付款是国际贸易结算的主要特征。在当今的国际贸易实践中，结算单证工作几乎贯穿了交易的全过程。无论哪种结算方式，出口方都必须按照进口方的要求提供符合合同和／或信用证的单据，才能确保安全收汇，顺利履行合同，在信用证结算方式下尤为如此。随着经济全球化的推进，国际间商务活动日趋频繁和紧密，经济合作形式日益多样化，国际结算业务也将不断发展和演变以适应最新变化趋势。

知识目标

★了解国际结算方式的含义、性质、种类及应用；
★熟悉进出口结汇单证的含义、种类、作用及《UCP600》《ISBP745》的规定；
★熟悉货物贸易外汇管理的新制度和出口退税的新规定；
★掌握发票、装箱单、汇票、受益人证明等出口结汇单证的内容与缮制规范。

技能要求

★掌握不同国际结算方式的选用以规避交易风险；
★掌握出口收汇和退税的操作流程、进口付汇的程序；
★熟练制作和审核发票、装箱单、汇票、受益人证明等出口结汇单证；
★学会审核进口单证。

岗位情境

大连服装进出口公司单证员刘敏在货物装运完毕并向 ABD 有限公司发出装运通知后，按照信用证规定开始缮制全套单据，办理有关结汇及退税手续。

【思考】

出口结汇单据有哪些？如何缮制？怎样交单结汇？如何办理外汇管理和出口退税？

【任务】

请以大连服装进出口公司单证员刘敏的身份，根据第 4 章修改后的信用证以及补充信息缮制商业发票、装箱单、海关发票、受益人证明、汇票等结汇单据。

【补充信息】

编号信息	日期信息	包装信息	其他信息
*发票号码：AB10/035 *报关单编号： 090020110704213579 *单位代码：569139411	*发票日期：JUN. 17，2016 *汇票日期：JUN. 30，2016 *报关日期：2016.6.26 *海关发票日期：JUN. 29，2016	*PACKING： G. W：3.5KGS/CTN N. W：3.0KGS/CTN MEAS：0.05CBM/CTN PACKED IN ONE 20′ CONTAINER	*船名、航次： SHUNFENG V. 901

岗位认知

9.1　国际结算方式

国际结算方式又称国际收付方式，是指为清偿国际间的债权债务关系所使用的收付货币的手段和渠道，主要分为现金结算方式和非现金结算方式。非现金结算方式是指通过银行间的划账冲抵以结清国际间债权债务关系的结算方式。传统的、基本的非现金结算方式主要有汇付、托收和信用证。近年来，随着经济、金融全球化浪潮的到来，国际市场发生了重大变化，国际结算方式正经历着重大变革，银行保函、备用信用证、国际保理、福费廷等新兴的结算方式应运而生，并因其针对性强、适用范围广等特点，越来越多地被引入贸易、劳务等商务活动中。国际结算方式呈现出多元化的发展趋势。

9.1.1　汇付结算方式

汇付（Remittance）又称汇款，是指付款人主动通过银行或其他途径将款项汇交收款人的做法。国际贸易中的汇付结算，一般是由进口商按照合同的约定，将货款通过银行汇交出口商，是一种比较简便、灵活的结算方式。汇付业务通常涉及四个基本当事人，即汇款人、汇出行、汇入行和收款人。

1）汇付的种类

根据使用的支付工具不同，汇付可以分为信汇、电汇和票汇。

（1）信汇

信汇（Mail Transfer，M/T）是指汇出行应汇款人的申请，将信汇委托书寄给汇入行，授权解付一定金额的款项给收款人的汇付方式。采用信汇方式虽然费用较为低廉，但收款人收到汇款的时间较慢，许多发达国家已不再办理这种业务。

（2）电汇

电汇（Telegraphic Transfer or Telex Transfer，T/T）是指根据汇款人的申请，汇出行以加押电报、电传或 SWIFT（环球同业银行金融电信协会）的方式，指示汇入行解付一定金额的款项给收款人的汇付方式。采用电汇方式，收汇快、效率高，随着现代通信技术的发展和成本的降低，电汇已成为使用较多的一种汇付方式。

（3）票汇

票汇（Banker's Demand Draft，D/D）是指根据汇款人的申请，汇出行开立以其分行或代理行为解付行的银行即期汇票，交由汇款人自行邮寄收款人或由其自带出境，凭票向汇入行提取一定款项的汇付方式。采用票汇方式，由于中间环节多，时间长，收汇慢，安全性较差，在国际贸易中使用不多，一般用于小额的非贸易业务。

2）汇付的性质和特点

汇付属于商业信用，收款人能否收到款项完全取决于付款人（工商企业或个人）的信用，银行仅充当中介，为双方办理收付款业务，并不涉及银行的信用。与其他结算方式相比，汇付具有下列特点：

（1）在汇付业务中，作为结算工具的票据传送方向与资金的流向相同，故属于顺汇方式。

（2）资金负担不平衡。在预付货款业务中，买方需先行垫付资金，资金负担较重，卖方可得到资金融通。在货到付款业务中正相反。

（3）汇付属于商业信用，风险较大。能否收到货款或货物完全取决于双方的信用。如果对方信用不好，很可能出现钱货两空。

（4）采用汇付方式，手续简便，费用较低。

3）汇付的应用

在国际结算业务中，由于汇付方式的上述性质和特点，其应用主要限于预付货款、货到付款、分期付款、小额交易的支付货款、定金支付、佣金支付、代付货款尾数等。

当然，考虑到汇付手续简便、费用较低的优点，交易双方在关系密切、彼此信任的情况下可以采用这种方式扩大贸易。

9.1.2　托收结算方式

按照《URC522》的规定，托收（Collection）是指银行依据收到的托收指示处理金融单据和/或商业单据，以便取得付款和/或承兑，或凭以付款或承兑交单；或按照其他条款和条件交单。国际贸易中的托收业务，一般是由出口商按照合同的约定，委托银行向进口商收取货款，是较常用的一种国际结算方式。由于作为结算工具的票据传送方向与资金的流向相反，故托收属于逆汇方式。托收业务通常涉及四个基本当事人，即委托人、付款人、托收行和代收行。此外，根据需要，有时还涉及提示行及需要时的代理。

1）托收的种类

托收根据是否随附货运单据，分为光票托收和跟单托收。国际贸易中，大多数托收业务采用的是跟单托收。根据交单条件的不同，跟单托收又分为付款交单和承兑交单两种。

（1）付款交单

付款交单（Documents Against Payment，D/P）是指委托人以付款人付清款项为条件指示托收行、代收行交付单据。按付款时间的不同，付款交单又可分为即期付款交单（D/P at Sight）和远期付款交单（D/P after Sight）。付款交单的手续简便，尤其是即期付款交单，对出口商来说风险相对较小。

（2）承兑交单

承兑交单（Documents Against Acceptance，D/A）是指委托人以付款人对远期汇票承兑为条件，指示托收行、代收行交付单据。

> **小思考**
>
> **承兑交单和远期付款交单有何不同？**
>
> 1. 交单条件不同：远期付款交单是凭付款人先承兑，到期付款再交单。承兑交单是凭付款人承兑即可交单，汇票到期之日再收款。
>
> 2. 风险大小不同：对委托人而言，承兑交单的风险大于远期付款交单的风险。

2）托收的性质和利弊

在托收结算方式中，银行虽然提供了完善的服务，但不提供信用。能否收到款项和货物，完全取决于委托人与付款人之间的相互信任，银行不承担保证收款的责任，所以与汇付方式一样属于商业信用。

对进口商而言，托收先发货后收款的特点为其提供了资金融通的便利，而且还可免去开立信用证的手续，不必预付银行押金等。

对出口商而言，托收从发货到收款周期较长，容易造成资金占压，不利于周转，而且风险较大，主要面临进口商倒闭；拒付；以货物的规格、质量、包装、数量等不一致为由而要求降价等风险。

托收虽然对出口商不利，但对进口商有利，当国际市场是买方市场或有库存积压，出口商可利用这一方式调动进口商的积极性，以促成交易，扩大出口。

3）托收的国际惯例

现行的有关跟单托收业务的国际惯例是《托收统一规则》（国际商会第 522 号出版物），简称《URC522》，于 1996 年 1 月 1 日起实施，是国际商会为了统一托收业务的做法，减少托收业务各有关当事人可能产生的矛盾和纠纷，以适应国际贸易发展的需要，在总结实践经验的基础上修订的。

4）托收委托书

托收委托书（参见范例 9-1）是指委托人委托银行办理托收时所填制的书面文件，是委托人与托收行之间关于该笔托收业务的契约性文件，也是银行办理该托收业务的依据。托收行必须依照托收委托书的指示行事，假如无法照办，应立刻通知委托人。托收委托书的主要内容包括：

（1）基本信息

基本信息包括：①委托日期、托收行名称；②委托人、付款人、代收行的名称和地址；③合同号或发票号及核销单编号；④付款期限、币别、托收金额；⑤托收方式，选择付款交单还是承兑交单。

（2）单据种类及份数

（3）款项拨付方式

（4）委托事项

委托事项包括：①票款收妥后代收行汇交托收款的方式，选择信汇（M/T）还是电汇（T/T）。②关于远期付款交单是否委托国外代收行代为存仓、保险。③银行费用处理。一般是贸易双方各自负担本国银行的费用，但应明确如果付款人不支付代收行的费用，提示行是否就不得交单。④付款时间的附加规定，即付款人延迟付款是否加收利息，提前付款是否给予贴息等。⑤如果付款人拒绝付款或承兑，是否要作成拒绝证书。⑥明确在付款交单条件下，遇到拒付时对于货物的处理办法。⑦关于指定代收行的意见。

（5）委托人签章

范例 9-1 　　　　　　　　**出口托收委托书**
中国建设银行
China Construction Bank
出口托收委托书

致：中国建设银行分行

兹随附下列出口托收单据一套，请按国际商会《托收统一规则》（第 522 号出版物）办理托收业务。

代收行（若空白，由贵行选择）							委托人				
付款人							托收金额				
							期限				
发票号码							核销单编号				
单据	汇票	发票	提单	空运单	保险单	装箱单	产地证	GSP FORM A	检验/分析证	受益人证明	装船通知
份数											

委托事项：请依照下列标有"×"的内容

□请贵行要求代收行　　□付款交单（D/P）　　□承兑交单（D/A）

□上述托收款项收妥后：

　　□请结汇划至开户行：　　　　　　　　□账号：

　　□请原币划至开户行：　　　　　　　　□账号：

□请贵行对上述单据办理出口托收贷款，出口托收贷款比例为托收金额的_____％。

　　□愿与贵行签订单笔使用的出口托收项下《出口托收贷款合同》。

　　□请支用我公司与贵行签订的编号为_____《贸易融资额度合同》项下的出口托收贷款额度。请
　　　贵行将出口托收贷款款项：

　　□结汇划至开户行：　　　　　　　　□账号：

　　□原币划至开户行：　　　　　　　　□账号：

□贵行费用由我公司承担。

□贵行银行费用由付款人承担　　□可放弃　　□不可放弃

□请贵行通知我公司汇票到期日。

□若付款人拒绝付款/承兑，请立即通知我公司并说明原因。

□货物抵港时是否代办存仓保险：□是　　□否

□寄单方式：□DHL　□EMS　□快邮　□航邮

其他：

公司联系人：　　　　　　联系电话：　　　　　　　　公司公章 　　　　　　　　　　　　　　　　　　　　　　　年　月　日
银行签收人：　　　　　　　　　　　　│　签收日期：
银行复审记录

9.1.3　信用证结算方式

信用证方式是随着国际贸易的发展、银行参与国际贸易结算的过程中逐步形成的，设计之初，就是希望各方当事人都能从中获益，实现共赢。因而具有汇付、托收结算方式所不可比拟的优势：

第一，信用证具有银行的保证作用，可以缓和交易双方互不信任的矛盾。

第二，信用证具有融资作用，为交易双方提供了资金融通的便利。

第三，信用证具有平衡风险的作用，较公平地兼顾了交易各方的利益。

第四，信用证具有相对完善、规范的国际惯例体系，有助于调和各有关当事人之间的争议和纠纷。

由于信用证方式的上述优势，为各国贸易商带来了种种便利，银行也可以从中受益，因此被各国商人和银行业普遍接受，成为国际贸易中影响最大、适用范围最广的一种结算方式。

但是进入 21 世纪以来，信用证方式的使用率呈逐年下降趋势。越来越多的地区，尤其是发达国家在进出口贸易中，更愿意采用非信用证结算方式。可以看出，信用证方式虽然有诸多优点，但也并非完美无缺，其不足和风险日益暴露：

第一，由于信用证方式的纯单据性，出口商只要交单符合信用证，银行、进口商就必须付款，若出口商交货以次充好，则受害的是进口商，而且一些不法商人通过伪造信用证和造假单据，欺诈银行和进口商的情况时有发生。反过来，在市场不景气时，一些进口商也常挑剔单据问题，以单证不符为由推迟付款或拒绝付款。

第二，开证手续烦琐，结算时间较长；银行对开证申请人收取较高的银行费用和押金，造成进口商资金占压；而且审证、审单的技术性较强。

第三，开证行可能在信用证中设置"软条款"，试图改变开证行第一付款人的责任，使信用证丧失银行保证作用。

由于信用证方式存在上述局限性，再加上当今国际市场处于典型的买方市场状态，出口商品的竞争异常激烈，为了迁就买方，促成交易，许多商人转而大量选择汇付、托收等结算方式，但这些商业信用的结算方式带来的收汇风险却成为企业发展外贸的一大隐患。特别是 2008 年全球爆发金融危机至今，整个国际市场处于疲软状态，许多外贸企业的应收账款无法按时收回，甚至成为滞账、呆账。那么，如何有效地排除这一隐患，规避风险呢？权衡利弊，采用信用证结算方式仍将是较为有效的途径之一，而且只要扬长避短、趋利避害，这种方式仍将有广阔的发展前景。

9.1.4　其他结算方式

1）银行保函

银行保函（Banker's Letter of Guarantee, L/G），又称银行保证书，是指银行根据申请人的要求向受益人开立的，担保在申请人未履行某项义务前提下，由该银行承担保函规定的付款或赔偿责任的书面保证文件。银行保函属于银行信用，担保银行开立保函只是为了提供信用担保，只有在保函申请人违约时，才承担付款或赔偿责任。

在国际商务实践中，银行保函的使用范围非常广泛，只要当事人为了防范风险需要第三者提供担保，都可以考虑使用。常见的保函有投标保函、履约保函、还款保函和付款保函等。

2）备用信用证

备用信用证（Standby Letter of Credit），又称担保信用证，是指银行根据申请人的请求向受益人开立的，在申请人未履行某项义务前提下，由其承担信用证规定的付款或赔偿责任的一种信用证。一般用于投标、还款、履约保证或预付货款、赊销等业务。

备用信用证也属于银行信用，是在开证申请人违约时，受益人取得补偿的一种方式，索赔时须凭信用证规定的声明或证明文件。如果开证申请人按期履约，备用信用证就不必使用。

3）国际保理

国际保理（International Factoring），又称国际保付代理，是指出口商与保理商签订代理协议，将其现在或将来与进口商订立的货物或服务合同产生的应收账款转让给保理商，由保理商向其提供资信调查、贸易融资、风险担保、进口额度核定、应收账款的催收、坏账担保、销售账目管理等服务的综合性贸易结算方式。适用于非信用证中的结算服务，有利于出口商减少损失防范风险。

4）包买票据

包买票据（Forfaiting），音译为福费廷，是指包买商（银行或金融公司）从出口商那里无追索地购买由进口商已经承兑的、并通常由进口地银行担保的远期汇票或本票的国际贸易结算方式。其实质是以票据买卖为形式的应收账款的转让。

包买票据业务是一种票据买断，包买商放弃对出口商的追索权，出口商将收取债款的权利、风险和责任转嫁给包买商，所以对出口商最有利。实际业务中，多用于大型项目的交易。

9.1.5 不同结算方式的选用

国际贸易中，采用不同的结算方式就意味着不同的银行费用、资金负担、风险程度和办理程序。交易双方如何选择合适的国际结算方式，对增强企业竞争力，保护其交易安全与经济效益至关重要。具体做法如下：

1）单一结算方式的灵活选用

（1）在正常的进出口业务中，一般采用即期信用证方式。但为了推销新产品，出口商给进口商提供优惠条件，既可采用远期信用证方式成交，也可采用付款交单的托收方式结算。

（2）为了处理库存积压商品或滞销商品，将商品变成外汇，出口商可采用赊销或承兑交单方式成交。

2）不同结算方式的结合使用

（1）信用证与汇付相结合。交易双方约定，大部分货款采用信用证方式结算，待货到后经过验收，将余款采用汇付办法支付。

（2）信用证与跟单托收相结合。交易双方约定，部分货款采用光票信用证支付，余款采用即期付款交单的跟单托收结算。

（3）定金与跟单托收相结合。交易双方约定，要求进口商先支付一部分定金，等货物装运后，出口商取得全套单据办理即期付款交单的跟单托收，收取其余货款。

（4）备用信用证与跟单托收相结合。交易双方约定，在采用跟单托收方式的同时，由进口商开立备用信用证，一旦进口商拒付货款，出口商可凭备用信用证所列的条款予以追偿。

（5）汇付与银行保函相结合。无论是预付货款，还是赊销业务都可采用银行保函以防止出口商不交货，进口商不付款。

（6）托收与银行保函相结合。出口商采用托收方式收款时，为确保收汇安全，要求进口商申请开出付款保函。一旦进口商未按时付款，出口商有权向开立保函的银行索取货款。

（7）汇付、托收、信用证相结合。针对大型机械、成套设备的交易，因交易金额大、生产周期长、检验手段复杂、交货条件严格等特点，可采用买方先以汇款方式预付一部分货款，大部分货款以信用证结算，尾款再采用托收方式收付。

此外，随着国际贸易项下生产经营的专业化和集约化程度的不断加深，国际贸易商品结构的变化，国际结算方式也在不断发展和变革，银行保函、国际保理、福费廷等新型的结算方式由于其自身独特的优势将越来越被广泛地应用。

总之，国际贸易错综复杂，由于交易双方分处不同国家和地区，更增加了贸易结算的困难。因此不论是单一结算方式的灵活选用，还是不同结算方式的结合使用，最基本的前提是对贸易方的资信状况要了解清楚，只有双方有良好的信用，才能确保贸易的顺利完成。

案例分析

我国某食品进出口公司主要经营水产品加工出口，因质优价稳，产品远销欧美、东南亚市场。正当公司不断增加产量扩大规模时，出现了全球性的金融危机，国际市场持续疲软，食品公司面临诸多问题一时难以解决：

首先，许多进口国实行贸易保护措施，绿色壁垒不断加强，要求产品通过本国检验机构的检验后才能进口。进口商以此为由须待进口检验后再付款。

其次，因目前的国际市场是买方市场，采用货到付款的方式越来越普遍，进口商基于市场的优势也要求食品公司采用赊销方式，如提单后 90 天付款。

由于上述市场变化引发了食品公司新一轮问题：收汇期从过去的 30 天延长到 60 天、90 天，出口应收账款也翻了 5 倍。而且水产品具有季节性特点，销售旺季时公司需要动用大量资金储备存货以备生产。然而，大量的应收账款和存货占用了公司大部分资金，造成了公司资金周转困难，产量扩大受到制约，经营活动受到很大影响。请从结算方式的选用方面考虑为公司制定方案以解决当前面临的困难。

9.2　出口结汇单证的制作

结汇单证是指国际贸易结算中，为解决货币收付问题所使用的各种单据、文件和证明，是国际贸易的核心，是出口商履约的证明，是进口商或开证行付款的依据，其中的提单还具有物权凭证的作用。

国际结算中所涉及的单据种类繁多，因地区不同、商品不同、结算方式不同、贸易惯例不同，对结汇单证的要求也有所不同，通常包括汇票、商业发票、包装单据、运输单据、保险单据、海关发票、许可证书、产地证书、商检证书、装运通知、受益人证明、船公司证明等。

由于国际贸易大多采用凭单交货、凭单付款的方式，制单结汇就成为整个进出口业务操作中至关重要的环节，如何正确、及时地做好制单工作，对出口商安全迅速收汇意义重大。

有关运输单据、保险单据、官方单据的基本知识，我们已在前面章节进行了讲述，本节重点介绍商业发票、包装单据、其他附属单据和汇票等。

9.2.1 商业发票

1）商业发票的性质与作用

我国进出口贸易中使用的发票主要有商业发票（Commercial Invoice）、海关发票（Customs Invoice）、形式发票（Proforma Invoice）、领事发票（Consular Invoice）、厂商发票（Manufacturer's Invoice）及联合发票（Combined Invoice）等。其中最常见的是商业发票。

商业发票（Commercial Invoice）是指出口商对所装运货物的情况进行的详细描述，并凭以向进口商收取货款的一种价目总清单，是全套出口结汇单据的核心，在实际工作中简称发票。

发票的具体作用如下：①作为进出口双方记账、核算的原始依据；②作为进出口地报检、报关及纳税的凭证；③在不用汇票结算的业务中，可替代汇票作为付款依据；④是整套出口单据的中心及其填制和审核的依据；⑤可作为索赔、理赔的重要凭据。

> **提醒您**
>
> **商业发票与形式发票的区别**
>
> 形式发票是指出口商向进口商发出的有关货物名称、规格、单价等内容的非正式的参考性发票，供进口商申请进口许可证和批汇之用。与一般商业发票的区别如下：
>
> 1. 性质不同。商业发票是一种正式发票，具有确定性，对交易双方具有法律约束力。而形式发票是一种非正式发票，不具有确定性，只能算是一种简式合同，不能用于托收和议付。
>
> 2. 作用不同。商业发票是国际贸易中全套出口结汇单据的核心，是在成交后，出口商用来托运、报检、报关和给进口商出具的正式单据。形式发票一般用于申请进口许可证或向海关申报货物价格；也可用作对实行外汇管制、进口管理比较严格的国家的客户发盘用，是应进口商的要求提供的。此外，形式发票还可用于其他需要结算的场合。但因其不具有法律效力，容易产生争议和纠纷，如何使用还需谨慎。

2）信用证中常见的商业发票条款

例 1. Manually signed commercial invoice 手签的商业发票

例 2. Signed commercial invoice in duplicate indicating S/C No. and L/C No. .

已签署的商业发票一式两份，标明合同号码和信用证号码。

例 3. Beneficiary must certify on the invoice. . . have been sent to the applicant.

受益人须在发票上证明，已将……寄交开证申请人。

例 4. Combined invoice is not acceptable 不接受联合发票

信用证中有关商业发票条款的表述不尽相同，一般来讲，可以是对份数、签署及需要标明事项的要求等。

相关链接

《UCP600》对商业发票的要求

1. 商业发票必须在表面上看来系由受益人出具（第 38 条另有规定者除外）；必须作成以申请人的名称为抬头（第 38 条 g 款另有规定者除外）；必须将发票币别作成与信用证相同币种；无须签字。

2. 按照指定行事的被指定银行、保兑行（如有）或开证行可以接受金额超过信用证所允许金额的商业发票，倘若有关银行已兑付或已议付的金额没有超过信用证所允许的金额，则该银行的决定对各有关方均具有约束力。

3. 商业发票中货物、服务或行为的描述必须与信用证中显示的内容相符。

3）商业发票的内容与规范

商业发票（参见范例 9-2）一般无统一格式，由出口商自行设计，但内容必须符合信用证或合同的要求，并且真实反映货物实际出运信息。商业发票的内容与规范见表 9-1。

表 9-1　　　　　　　　　　　　商业发票的内容与规范

基本项目	内容与规范
1. 出口商（出票人）名称及地址（Exporter's Name and Address）	信用证业务中，本栏出票人（Issuer）填写受益人名称地址。如果信用证允许转让，银行也可接受由第二受益人出具的发票。汇付或托收业务中应填写合同中出口商的名称地址。通常本栏已事先打印好
2. 单据名称（Name of Document）	单据上应明确标明"INVOICE"或"COMMERCIAL INVOICE"字样。如果信用证有特殊要求，如"CERTIFIED INVOICE"，则发票名称必须照样缮制。此外，不能出现"临时发票""形式发票"字样
3. 发票抬头（进口商名称和地址）（To：…）	采用信用证方式，除非另有规定，发票抬头必须缮制为开证申请人。若属于托收方式，一般为合同中的进口商
4. 发票号码和日期（Invoice No. and Date）	发票号码一般由出口商按统一规律自定。在中国银行办理出口业务的公司，通常使用银行编制的统一编号。发票日期在合同签订之后，早于信用证规定的交单日期，一般不晚于提单日期

基本项目	内容与规范
5. 合同及信用证号码 （S/C No.，L/C No.）	根据实际填写。如果一笔交易涉及几个合同时，应在发票上全部表示出来
6. 运输方式与运输路线 （Transport Details）	填写运输方式，并写明实际启运港（地）和目的港（地），与信用证严格一致。如，"FROM×××TO×××BY AIR"。如中途转运，需表示转运及地点。如"WITH TRANSSHIPMENT AT（VIA）HONGKONG"
7. 唛头及编号 （Shipping Marks & Nos.）	一般由卖方自行设计，但合同或信用证规定了唛头，则须按规定。如果是集装箱运输，应注明集装箱号及封志号，并与托运单、提单等单据保持严格一致
8. 货物名称及描述 （Description of Goods）	一般包括货物的名称、规格、贸易术语、包装等项目。与单价、金额共同构成发票的核心内容，必须与信用证中的规定严格一致。必要时要照信用证原样打印，不得随意减少内容，否则可能被银行视为不符点
9. 数量 （Quantity）	填写实际装运的数量而非外包装件数，并与其他单据相一致。对于散装货，一般注明"IN BULK"
10. 单价 （Unit Price）	对应不同货物，标明相应单价，注意货币单位及数量单位。如果单价中含有佣金或折扣，发票上一般也会注明
11. 金额 （Amount）	填写实际发货金额即总价，应与信用证规定一致，同时还应注明贸易术语。应有大、小写，且一致
12. 声明文句或证明条款 （Statement/Certification）	有些国家对商业发票有特殊要求，如必须在商业发票上注明船名、重量、"无木制包装"等字样或缮打证明句，比如证明"产地证或已航寄有关单据"等，则需根据具体业务及信用证要求具体对待
13. 签字盖章 （Signature）	按照《UCP600》的规定：信用证没有要求，发票可以不签章，签字不一定手写

- - - - 相关链接 -

《UCP600》和《ISBP745》有关货物数量的规定

按照《UCP600》："约"或"大约"用于信用证规定的数量时，应解释为允许有关数量有不超过10%的增减幅度。在信用证未以包装单位件数或货物自身件数的方式规定货物数量时，只要总支取金额不超过信用证金额，货物数量允许有5%的增减幅度。若L/C不禁止分批装运，则发票注明的实际装运货物少于L/C规定的数量是可以接受的；若信用证要求分期装运，则每批装运必须与分期装运计划一致。

按照《ISBP745》：发票上的货物、服务、履约行为的描述必须反映实际装运或交付的货物、提供的服务或履约行为。例如，当信用证的货物描述要求装运"10 辆卡车和 5 辆拖拉机"，且装运了 4 辆卡车时，只要信用证不禁止部分装运，发票可以显示只装运了 4 辆卡车。发票注明实际装运货物（4 辆卡车）的同时，还可以包含信用证规定的货物描述，即"10 辆卡车和 5 辆拖拉机"。

范例 9-2　　　　　　　　　　　**商业发票**

Issuer	**商 业 发 票** **COMMERCIAL INVOICE**			
To	Invoice No.		Date	
Transport Details	S/C No.		L/C No.	
Marks and Numbers	Description of Goods	Quantity	Unit Price	Amount
Total				

TOTAL VALUE IN WORDS：

DALIAN TAISHAN SUITCASE & BAG CO., LTD.

×××
Signature

4）应特别注意的缮制问题

（1）进、出口商的名称地址必须分行填写，且地址要准确完整。

（2）根据《UCP600》，发票出具日期可以早于信用证开立日期。

（3）有关唛头问题。如果没有唛头，应填写"N/M"。如果唛头仅限于"ABD/LC NO. 41165130/TORONTO/C/NO. 1-780"，则唛头是不能变化的。如果唛头没有"仅限于"字样时，可以增加内容，但不能删减内容。如果用英文表示，比如"IN TRIANGLE \ CIRCLE \ SQUARE"等，则制作唛头时一定按要求画上图形。

（4）有关货物描述问题。货物名称不能用统称，必须与信用证相符，但不必像镜子反射那样一致。信用证未提到的货物，即使是免费的，也不得在发票中注明。如果信用证的货物描述非常简单，可先按信用证打印完毕后，再按合同要求列明货物具体内容。

（5）有关金额问题。"约"或"大约"用于信用证金额时，应解释为允许有关金额有不超过 10% 的增减幅度。开证行、保兑行（如果有的话）可以接受金额超过信用证所允许金额的商业发票，只要所汇金额不超过信用证金额即可。

（6）有关签章问题。商业发票只能由信用证中规定的受益人出具。如果信用证规定"SIGNED COMMERCIAL INVOICE"，就要求出口商的法人代表签字再加盖公章。如果发票要求手签，则法人代表必须手签。用于报关、退税等国内管理环节的发票必须签署。

（7）发票份数问题。提交的份数应符合信用证的要求。如果信用证要求提交多份，所提交的商业发票必须有一份是正本。

小资料

一些国家对商业发票的特殊要求

1. 非洲、美洲以及中东的一些国家（如阿尔及利亚、阿根廷、智利、黎巴嫩、伊朗等），要求发票有证明"原产国是中国及内容真实无误"的文句。

2. 印度、尼泊尔等南亚国家要求发票手签，并注明商品的税则号。

3. 波斯湾、红海地区的国家及巴西、哥伦比亚等要求发票有证明非以色列产品条款。

4. 拉丁美洲一些国家（墨西哥、秘鲁等）要求发票手签并由进口国使、领馆认证，可由贸促会代签。

9.2.2　海关发票

1）海关发票的含义与作用

海关发票（Customs Invoice）是指根据某些国家海关的规定，由出口商填制的供进口商凭以进口报关、纳税、统计用的特定格式的发票。主要是供进口国海关核定货物原产地国，以采取不同的国别政策；核查货物在其本国市场的价格，确认是否倾销，以征收特别关税或反倾销税。海关发票由出口方填制。信用证中常见的海关发票名称有：CUSTOMS INVOICE（海关发票）；COMBINED CERTIFICATE OF VALUE AND OF ORIGIN（价值与产地的联合证书）；APPROPRIATE CERTIFIED CUSTOMS INVOICE（专用的证实海关发票）；SIGNED CERTIFICATE OF VALUE AND ORIGIN IN APPROPRIATE FORM（价值与产地证明的专用格式）。

传统的要求提供海关发票的国家（地区）主要有：加拿大、美国、澳大利亚、新西兰、加勒比共同市场国家、东非一些国家等。目前仅以加拿大海关发票使用较多。而且不同国家对海关发票格式有专门的要求，不能混用。

2）海关发票的内容与规范

海关发票是由有关国家政府规定的，其内容比商业发票复杂一些。本节重点介绍加拿大海关发票（Canada Customs Invoice）的缮制。其栏目用英文、法文两种文字对照，要求每个栏目都要填写，不得留空，若不适用或无该项内容，则必须在该栏目内填写"N/A"。海关发票的内容与规范见表9-2。

表 9-2   **海关发票的内容与规范**

基本项目	内容与规范
1. 卖方的名称与地址 （Vendor）	在信用证下填写受益人，在汇付、托收下填写出口商的名称及地址
2. 直接运往加拿大的装运日期 （Date of Direct Shipment to Canada）	填写直接运往加拿大的装运日期，应与提单日期相一致
3. 其他参考号码 （Other References No. ）	填写有关合同号、订单号或商业发票号码
4. 收货人名称与地址 Consignee（Name and Address）	必须填写加拿大实际收货人的名称与地址
5. 买方的名称与地址 （Purchaser's Name and Address）	填写进口商的名称及地址。如果和发货人相同，也可填"Same as Consignee"
6. 转运国家 （Country of Transshipment）	应填写货物运至加拿大中途转船地点的所在国名称。如不转船，可填 N/A（Not applicable）
7. 货物的原产地 （Country of Origin of Goods）	应填写真实的原产地国家，一般为出口国。若非单一的国产货物，则应在 12 栏中逐项列明各自的原产地国名
8. 运输说明：直运加拿大的运输方式和起讫地点 （Transportation：Gave Mode and Place of Direct Shipment to Canada）	填写启运地和目的地名称以及所载运输工具
9. 价格条件及支付方式 （Conditions of Sale and Terms of Payment）	按商业发票的价格术语及支付方式填写。如"CIF Vancouver L/C at sight"
10. 结算货币名称 （Currency of Settlement）	与商业发票、信用证使用的支付货币相一致
11. 件数 （No. of Pkgs）	填写该批商品的外包装总件数和包装单位。应与装箱单和其他单据一致
12. 商品详细描述 （Specification of Commodities）	应与商业发票相同，包括品名、规格、包装情况及唛头
13. 商品数量 （Quantity）	应填写商品的具体数量，与商业发票和其他单据相同
14. 商品单价 （Unit Price）	应与信用证和商业发票一致
15. 商品总值 （Total）	数量与单价的乘积，与商业发票一致
16. 总重量 （Total Weight）	填写总毛重和总净重，应与装箱单一致

基本项目	内容与规范
17. 发票总金额 （Invoice Total）	应按商业发票的总金额填写。是（15栏）各商品乘积之和
18. 如果1~17栏的任何栏的内容均已包括在所随附的商业发票内，则在□内打"√"，同时在横线上填写有关商业发票号	如符合要求，在□内打"√"，并在末行横线上填写有关商业发票号
19. 出口商名称及地址 （Exporter's Name and Address）	若出口商与第1栏的卖方不是同一名称，则填入实际出口商名称和地址；若与第一栏相同，则填上"Same as vendor"
20. 原产地负责人的姓名及地址 （Originator）	本栏仍填写出口公司名称、地址和负责人名称
21. 主管当局现行管理条例 （Departmental Ruling）	如果有，按要求填写，如果无，则填"N/A"
22. 如果23~25栏不适用，查本栏 （If fields 23 to 25 are not applicable, check this box □）	如果该货物不适用23~25栏的内容，可在□内打"√"
23. 如果以下金额已包括在第17栏内，则注明其金额 （If included in field 17 indicate amount）	（1）填写运费和保险费的总和，如不适用则填"N/A"； （2）填写货物进口到加拿大后进行建造、安装及组装发生的实际费用，如不适用则填"N/A"； （3）按实际包装费用填写，如不适用则填"N/A"
24. 如果以下金额不包括在第17栏内，应注明要求的金额 （If not included in field 17 indicate amount）	通常（1）、（2）和（3）项填写"N/A"。在FOB条件下，买方租船订舱，运费应是货到支付，所以在（1）栏内填写实际运费金额
25. 核对Check（If applicable）	本栏是三来一补、装配等贸易方式专用；一般贸易不适用，可在方格内填"N/A"

小思考

海关发票中"出口国国内价格"一栏，应以出口国货币填写CIF价，同时应注意价格不得低于该出口商品在本国国内的价格，否则将被进口国视为低价倾销。请问这句话对吗？

评析：不对，海关发票中"出口国国内价格"一栏，应以出口国货币填写FOB价。

9.2.3 包装单据

1）包装单据的性质与作用

包装单据（Packing Documents）是指一切记载或描述商品包装情况的单据，是商业发票的补充。

　　包装单据的具体作用如下：①作为进口商清点数量、重量以及销售货物的依据；②作为出口商缮制商业发票及其他单据时计量、计价的基础资料；③作为海关、公证或商检机构查验货物的凭证。

　　实际业务中，常见的包装单据有装箱单（Packing List/Note）、规格单（Specification List）、重量单（Weight List/Note）、重量证书（Weight Certificate）、尺码单（Measurement List）、包装声明（Packing Declaration）、花色搭配单（Assortment List）等。

　　其中，最常用的是装箱单、重量单和尺码单。这三种单据在主要内容和缮制规范上基本一致，装箱单着重表示商品的包装情况，需一一列明包装材料和包装方式等。重量单主要说明商品的重量情况，需详细列明毛重和净重等。尺码单则侧重描述商品的体积。

小常识

包装声明

　　澳大利亚、新西兰等国家规定，凡进口货物使用木材做包装材料，木材必须无虫、无菌，经过薰蒸处理才准许入境。对美国、加拿大出口，按照《国际植物保护公约》规定，木质包装货物均须进行杀虫处理，对有些木质包装要采取烘干或化学处理，薰蒸时要采用甲基溴化处理。如果向这些国家出口木质包装的商品，须缮制包装声明。

2）信用证中常见的装箱单条款

　　例1. Packing List in triplicate　装箱单一式三份

　　例2. Packing List/Weight note in 5 copies indicating quantity / gross and net weight of each package.

　　装箱单/重量单一式五份，表明每件商品的数量、毛重和净重。

　　例3. Manually signed Packing List in duplicate detailing the complete inner packing specifications and contents of each package.

　　手签装箱单一式两份，详注每件商品内部包装的规格和内容。

　　一般来讲，信用证中的装箱单条款可以是对种类、份数的要求，对签署的要求，对需要标明事项的要求等。

小思考

　　国外开来的信用证规定包装采用"SEAWORTHY PACKING"，请问在制作装箱单时，包装规格、材料一栏应如何填制？

　　评析："SEAWORTHY PACKING"即指适于海运包装，在制作装箱单时应照抄信用证的规定。

3）装箱单的内容与规范

　　装箱单也无统一格式，通常是出口商根据合同和信用证的要求，并结合本公司经营情况进行设计。装箱单的内容与规范见表9-3。装箱单参见范例9-3。

表 9-3   装箱单的内容与规范

基本项目	内容与规范
1. 出口商名称及地址（出单方） （Issuer）	与商业发票同项内容填法相同
2. 单据名称 （Name of Document）	一般表明"PACKING LIST"字样，应符合信用证要求
3. 编号或商业发票号 （No. /Invoice No. ）	一般填发票号码
4. 出单日期 （Date）	填写装箱单缮制日期。一般与发票日期一致，也可晚于发票日期，但不能迟于信用证的交单日期及有效期
5. 进口商名称及地址（受单方） （To. . .）	一般填进口商名称及地址。信用证项下是证申请人名称和地址。某些情况下也可不填，或填写"To whom it may concern"（致有关人）
6. 唛头 （Shipping Marks）	可填具体的唛头，也可填"As per Invoice No. ×××"，要符合信用证的规定。若无唛头，填写"N/M"，不得留空
7. 包装种类和件数 （No. and Kinds of Package）	填写商品外包装的种类和件数，要显示包装件数的英文大写
8. 品名与规格 （Name of Commodity & Specification）	填写商品名称、规格，必须符合合同和信用证的规定
9. 数量 （Quantity）	填写商品实际数量，如每种规格的包装单位的数量不同，则分别列出不同规格的数量
10. 毛重 （Gross Weight）	如规格不同且每种规格的毛重不同，应分别列出毛重，并合计总毛重
11. 净重 （Net Weight）	填写每件商品的净重及合计总净重
12. 尺码 （Measurement）	填写每件商品的体积及合计总体积
13. 签章 （Signature）	如合同或信用证有要求，则需进行签章，应与发票签章一致。如为中性包装，则本栏空白

小资料

《ISBP745》有关唛头的规定

使用唛头的目的在于能够标识箱、袋或包装。如果信用证对唛头的细节作了规定，则载有唛头的单据必须显示这些细节，但额外的信息是可以接受的，只要它与信用证的条款不矛盾。

集装箱运输货物的运输单据有时仅仅在"唛头"栏中显示集装箱号，其他单据则显示详细的唛头标记，不能因此认为不相符。

范例9-3   装箱单

PACKING LIST

Invoice No: Date:

S/C No:

Seller:

Buyer:

Shipping Mark	Name of Commodity & Specification		Qty. (PCS)	Gross Weight (KGS)	Net Weight (KGS)	Measurement (CM)
	CTNS NO.	ARTS NO.				
TOTAL						

SAY

CHINA TIANTANG INTERNATIONAL TECHNICAL I/E CORP.

4）应特别注意的缮制问题

（1）装箱单一般不显示收货人、价格和装运情况，对货物名称描述可用与商业发票无矛盾的统称。

（2）若唛头多项，可填写 AS PER INVOICE NO. ×××。

（3）填制的各项数量之间的逻辑关系应正确，而且与其他单据的相关记载要一致。外包装体积以立方米计，保留3位小数；重量以千克计，一般保留整数。

（4）如果信用证要求中性装箱单，则装箱单内不能显示卖方的名称及产地。

（5）如果信用证中有关于装箱单的特殊要求条款，比如"所有单据注明信用证号码、开证日期和开证行名称"，制作时应在装箱单上注明。

9.2.4 其他单据

除了前面章节和本章上述介绍的出口结汇的基本单据外，进口商还常要求出口商提供其他一些单据作为随附单据，用来补充说明履约情况，便于进口商办理进口手续和销售。这类单据的格式、内容一般无统一要求，由企业自制。常见的有受益人证明、船公司证明、装运通知、证实的电抄、保险声明、各种费用证明等。

1）受益人证明

受益人证明（Beneficiary's Certificate/Statement/Declaration）是指受益人按照合同、信用证及有关规定缮制的说明其已履行了合同义务，已按开证申请人要求办理某项工作或证实某件事且符合进口商和进口国规定的各种证明文件。通常以英文制作，只签发一份。常见的形式有寄单寄样证明，包装说明的证明，产品制造方面证明，环保、人权方面证明等。

（1）信用证中常见的受益人证明条款

例1．"BENEFICIARY'S CERTIFICATE EVIDENCING THAT A NON-NEGOTIABLE BILL OF LADING MUST BE SENT BY AIRMAIL TO MENINI IMP. & EXP. CORP."

例2．CERTIFICATE TO SHOW THAT THE REQUIRED SHIPMENT SAMPLES HAVE BEEN SENT BY DHL TO THE APPLICANT ON JULY 10, 2016.

信用证中有关受益人证明条款的表述，因进口商要求出口商证明内容不同而千差万别。

（2）受益人证明的基本内容

受益人证明的内容与规范见表9-4。

表9-4　　　　　　　　　受益人证明的内容与规范

基本项目	内容与规范
1. 受益人名称 （Beneficiary's Name）	是指出具受益人证明的人
2. 单据名称 （Name of Document）	"Beneficiary's Certificate" 或信用证规定的名称，而且一定要显示在单据中
3. 关联号码 （Relation Number）	为与其他单据有联系，一般应注明发票号码或其他号码
4. 抬头人 （To）	不填实际当事人，通常为 "To whom it may concern"
5. 证明内容 （Main Body）	证明中的内容应严格符合信用证规定
6. 签署 （Signature）	必须由受益人签署
7. 签发日期及地点 （Date and Place）	一般而言，需与所证明的内容相匹配。不能早于信用证规定的所证明事件的发生时间，也不能晚于最迟交单时间

2）船公司证明

船公司证明（Shipping Company's Certificate）是指承运人或其代理出具的单据，是进口商为了满足政治需要或为了解货物运输情况等要求承运人提供的各种证明文件。常见的证明有船龄证明、船籍证明、航程路线证明等。中东和非洲地区的客商要求此类证明居多。

（1）信用证中常见的船公司证明条款

例1．Certificate to evidence the ship is not more than 15 years old.

要求出具载货船只的船龄不超过15年的证明。

例2．A certificate from the shipping company or its agent certifying that goods are shipped by APL.

要求提供由船公司或其代理出具的货装美国总统轮船公司的证明。

（2）船公司证明的基本内容

船公司证明的内容与规范见表9-5。船公司证明参见范例9-4。船龄证明参见范例9-5。

表 9-5　　　　　　　　　　　　　船公司证明的内容与规范

基本项目	内容与规范
1. 单据名称 （Name of Document）	"Certificate of ×××"，与信用证规定的名称一致
2. 关联信息 （Relation to Vessel）	需有与提单相关的信息，如提单号码、船名、航次等
3. 抬头人 （To）	不填实际当事人，通常为"To whom it may concern"
4. 证明内容 （Main Body）	必须符合信用证的规定
5. 签署 （Signature）	需由与提单一致的承运人或其代理人签署
6. 制作日期 （Date）	制作该证明的日期应在信用证规定的时间段内

范例 9-4　　　　　　　　　　　　船公司证明

CERTIFICATE OF ITINERARY

DATE：FEB 19，2017

T0 WHOM IT MAY CONCERN：

RE：S. S. QUEEN

　　THIS IS TO CERTIFY THAT S. S. QUEEN FLYING THE PEPOLE'S REPUBLIC OF CHINA FLAG WILL NOT CALL AT ANY ISRAELI PORTS DURING THIS PRESENT VOYAGE, AND SHE IS NOT BLACK LISTED BY THE ARAB COUNTRIES.

CHINA MARINE SHIPPING AGENCY JIANSU CO, LTD.

×××

Signature

范例 9-5　　　　　　　　　　　　船龄证明

CERTIFICATE OF VESSEL'S AGE

DATE：APR 26，2017

T0 WHOM IT MAY CONCERN：

　　THIS IS TO CERTIFY THAT THE S. S. SHENZHOU WAS BUILT IN 2010 AND HAS THEREFORE NOT BEEN IN OPERATION FOR MORE THAN 15 YEARS AT TIME OF CARGO LOADING.

CHINA OCEAN SHIPPING AGENCY，BEIHAI BRANCH

×××

Signature

提醒您

缮制随附单据应注意的问题

第一，随附单据的证明内容应严格根据进口商的具体要求制作，如果信用证规定要有手签、商会认证等特殊要求的，应照办。

第二，缮制时要注意时态、人称等变化，不能简单照抄。

第三，无论信用证是否要求，受益人证明必须由受益人签署，船公司证明必须由承运人或其代理签署。

第四，出具证明者可采用自己设计的单据格式，也允许用白纸或印有出单者英文信头的信纸打印。

总之，随附单据虽然不是很重要的单据，但一旦被要求，就成为交单结汇的单据，必须认真对待。不能因其为一般单据而疏忽，形成不符点，影响收汇。

9.2.5　汇票

1）汇票的含义和种类

现代国际贸易的结算已很少使用现金，绝大多数采用的是票据结算工具。金融票据是国际通行的结算工具和信用工具，是可以流通转让的有价证券。主要包括汇票、本票和支票。其中以汇票（Bill of Exchange，Bill，Draft）的使用最广泛。

（1）汇票的含义

《中华人民共和国票据法》规定："汇票是出票人签发的，委托付款人在见票时或者在指定日期无条件支付确定的金额给收款人或者持票人的票据。"《英国票据法》则规定："汇票是一个人向另一个人签发的，要求见票时或在将来的固定时间，或可以确定的时间，对某人或其指定的人或持票人支付一定金额的无条件书面支付命令。"

汇票的基本当事人有出票人（Drawer）、受票人（Drawee）和收款人（Payee）。此外，还涉及背书人（Endorser）、承兑人（Acceptor）和持票人（Holder）等。

（2）汇票的种类

汇票的分类见表9-6。

表9-6　　　　　　　　　　　　　　　　　汇票的分类

分类依据	汇票种类	汇票含义
按出票人不同分类	银行汇票（Bank Draft/Banker's Draft）	是银行对银行签发的汇票，一般多为光票，常用于汇款业务中
	商业汇票（Commercial Draft）	是企业或个人向企业、个人或银行签发的汇票。在国际结算中，使用较多
按承兑人不同分类	商业承兑汇票（Commercial Acceptance Draft）	是企业或个人承兑的远期汇票，托收方式中使用的远期汇票即属于此种汇票
	银行承兑汇票（Banker's Acceptance Draft）	是银行承兑的远期汇票，信用证中使用的远期汇票即属于此种汇票

续表

分类依据	汇票种类	汇票含义
按付款时间 不同分类	即期汇票 （Sight Draft/Demand Draft）	是持票人提示时付款人立即付款的汇票
	远期汇票 （Time Draft/Usance Draft）	是在将来的特定日期或一定期限付款的汇票
按有无随附 单据不同 分类	光票 （Clean Draft）	是不附带货运单据的汇票，常用于运费、保险费、货款尾数及佣金的收付
	跟单汇票 （Documentary Draft）	是附带货运单据的汇票，通常是商业汇票

提醒您

在国际贸易结算中，托收或信用证方式都有可能使用汇票。在信用证方式下，除延期付款信用证不需要汇票外，其他情况下都可能使用。凡信用证中有"BY PAYMENT"字样的，就需要附有汇票，而托收方式下汇票则必不可少。

2）信用证中常见的汇票条款

DRAFTS AT　　42C：30 DAYS AFTER SIGHT

DRAWEE　　　42A：BANK OF CHINA，NEW YORK

付款期限是见票后 30 天。受票人（付款人）是中国银行纽约分行。

一般来讲，信用证中的汇票条款包括付款期限、付款人等。

3）汇票的内容与规范

汇票的内容与规范见表 9-7。托收汇票参见范例 9-6。

表 9-7　　　　　　　　　　　　　　汇票的内容与规范

基本项目	内容与规范
1. 单据名称 （Name of Document）	作成"BILL OF EXCHANGE，EXCHANGE 或 DRAFT"，一般已印好
2. 出票依据/出票条款 （Drawn Under）	信用证项下：应填开证行名称、信用证号码和开证日期 托收项下：留空不填或者填合同号和合同日期或者填托收的"对价文句"即"For collection"
3. 利息条款 （PAYABLE WITH INTEREST @ …% PER ANNUAL）	具体由银行填写，本栏留空不填
4. 汇票编号 （Number）	填写此项交易的发票号码或其他有利于识别的号码
5. 汇票金额 （Amount）	位于"Exchange for"和"the sum of"后，即汇票上的两条灰色区域。分为小写和大写两部分。"SAY"（合计），金额后写"ONLY"（整），要求顶格，不留空隙。不得涂改，否则无效

基本项目	内容与规范
6. 出票日期及地点 （Date and Place）	出票地点在信用证项下为议付地，托收项下为办理托收的地点。出票日期由银行收到出口商提交的单证时填写，是向银行议付日期或委托银行收款日期
7. 付款期限 （Tenor）	若汇票事先印有 "At___sight"，则信用证项下：即期汇票在横线上打上 "……或＊＊＊"；远期汇票需填上具体的期限。而托收项下：应在 "At" 前注明 "D/P" 还是 "D/A"，比如 "D/P At ＊＊＊ sight" 或 "D/A At 30 days after sight"
8. 收款人 （Payee）	即汇票抬头人。实务中，信用证下的收款人多以银行指示为抬头，一般汇票上已事先印好 "Pay to the order of"。托收项下为托收行指示
9. 付款人（受票人） （Payer/Drawee）	一般位于汇票的左下角。即 "To..." 栏，应写明名称和地址。信用证项下：为开证行或其指定的付款行（一般为通知行）。托收项下：填进口商
10. 出票人 （Drawer）	一般在汇票的右下角，即签发汇票的人，写明全称和详细地址并由负责人签字，否则无效。信用证项下填受益人，盖章；托收项下填出口商，盖章

范例 9-6　　　　　　　　　托收汇票

BILL OF EXCHANGE

No. 56965　Exchange for　**USD50 000**　　Shanghai　　20

At D/P　sight　of　this　SECOND　BILL　of　Exchange（First of Exchange being unpaid）

Pay to the order of　　**BANK OF CHINA**

the sum of　　**SAY US DOLLARS FIFTY THOUSAND**

To：NATIONAL BANK

　　TORONTO，CANADA

　　　　　　　　　　DALIAN GARMENTS IMPORT & EXPORT CORPORATION

　　　　　　　　　　　　　　×　　×　　×

　　　　　　　　　　　　　　（Signature）

小资料

各国《票据法》对汇票内容的规定

　　中国《票据法》规定，汇票必须记载下列 7 个事项：表明 "汇票" 的字样；无条件支付的委托；确定的金额；付款人名称；收款人名称；出票日期；出票人签章。汇票上未记载前款规定事项之一的，汇票无效。

　　英国《票据法》规定，汇票包括 5 个要项：无条件支付命令；确定的金额；付款人名称；收款人名称；出票签名。采用英国《票据法》的国家和地区有英国、爱尔兰、新西兰、澳大利亚、印度、新加坡、以色列、中国香港等。

　　《日内瓦统一法》规定，汇票应记载下列 8 个事项："汇票"字样；无条件支付一定金额的命令；付款人名称；付款时间；付款地点；收款人名称；出票日期和地点；出票人签名。采用《日内瓦统一法》的国家有法国、德国、意大利、荷兰、挪威、瑞典、丹麦、希腊、冰岛、日本、韩国等。

4）应特别注意的缮制问题

（1）出票日期问题。汇票日期应晚于所有单据的签发日期，且必须在信用证的议付期之前，无论如何不能迟于信用证的有效期。

（2）汇票金额问题。如果信用证无特别规定，汇票金额应与发票金额一致，且金额大小写应完全一致。按照《ISBP745》，如果大小写金额有矛盾，须将大写金额作为付款金额予以审核。而中国《票据法》规定，汇票的大小写金额如果不相符，则该汇票无效。在信用证项下，汇票金额不得超过信用证额度，若 L/C 前有"约"字样，则允许有 10%的增减幅度，其他情况下应与发票金额一致。

（3）汇票抬头问题。可分为限制性抬头（Pay to ×××only）或（Pay to ××× not transferable）、指示式抬头（Pay to the order of ×××）和持票人抬头（Pay to bearer）三种。实务中应用最广的是指示式抬头。

（4）汇票转让问题。汇票可以通过背书或仅通过交付进行流通转让。汇票的背书方式主要有：①空白背书，即只有背书人的签章，而无被背书人的名字。背书后可凭交付转让。中国《票据法》不允许空白背书。②记名背书，即既有背书人的签章，又有被背书人的名字。之后，可以继续背书转让。③限制性背书，即汇票经过限制性背书后，不能继续背书转让。

（5）汇票的付款人问题。《UCP600》规定，汇票的付款人不能填开证申请人，否则该汇票就成为附加单据。

小思考

　　当国外开来的信用证的条款是"Drafts drawn on us"时，请问这里的"us"是指谁？
　　答：开证行。

（6）汇票的份数问题。为了防止邮寄过程中的遗失，汇票通常签发一套，一式两份，具有同等的法律效力。但付款人仅"付一不付二"或"付二不付一"，即一份流转后，另一份自动失效。

提醒您

汇票、本票和支票的区别

1. 本票是付款承诺，汇票、支票是支付命令。
2. 付款期限不同。汇票、本票的付款期限有即期、远期之分；支票只有即期。

3. 汇票和支票有三个基本当事人，即出票人、付款人、收款人；而本票只有出票人和收款人两个基本当事人，出票人与付款人为同一个人。

4. 远期汇票需要承兑，支票一般为即期无须承兑，本票也无须承兑。

5. 支票、本票持有人只对出票人有追索权，而汇票持有人在票据的效期内，对出票人、背书人、承兑人都有追索权。

6. 汇票有复本，而本票、支票则没有。

9.3　出口结汇单证的审核与交付

现代国际贸易结算的基本特征之一就是凭单付款，交付单据是卖方的义务，也是买方付款的前提之一。尤其在信用证结算方式下，出口商只有提交符合信用证的全套单据，才能确保安全、及时收汇。因此，出口商按照信用证的要求缮制完单据后，还应将信用证和各种单据汇总进行审核，确定单证相符，单单相符，才能到银行交单，办理结汇手续。

9.3.1　结汇单证的审核

单证的审核是指出口商对已经缮制或取得的单据，按照信用证（信用证结算）或合同（非信用证结算）的有关规定逐一进行核对、检查，及时发现问题予以更正的行为。

1）审单的依据和标准

（1）相关的国际惯例

目前，有关信用证结算的国际惯例主要有《跟单信用证统一惯例》（《UCP600》）、《关于审核跟单信用证项下单据的国际标准银行实务》（《ISBP745》）、《国际备用信用证》（ISP98）等。有关托收结算的国际惯例主要有《托收统一规则》（《URC522》）。

《UCP600》是国际公认的、迄今为止最重要的有关信用证结算业务的国际规则，被大多数国家接受和使用，《ISBP745》作为《UCP600》必不可少的补充，和《UCP600》一起成为银行、进出口商审核信用证单据，处理信用证实务以及解决争议时的基本准则。

《UCP600》14 条第一款确定了审核单据的标准："按照指定行事的被指定银行、保兑行（如有）以及开证行必须对提示的单据进行审核，并仅以单据为基础，以决定单据在表面上看来是否构成相符提示。"因此，出口商必须按照《UCP600》和《ISBP745》，认真审核信用证要求的所有单据，以确保其表面上与信用证规定相符。

（2）信用证条款

在信用证业务中，信用证是以买卖合同为基础开立的，但又独立于买卖合同。因此出口商必须按照信用证各条款、条件，逐条核对，确定单据是否满足信用证的要求。当信用证的条款与《UCP600》等国际惯例相抵触时，应遵循信用证优于国际惯例的原则，按照信用证规定审单。既要做到表面一致，又要做到内容相符。

（3）单据

出口商在审单时，不仅要审核单据与信用证是否相符，还要确保各单据之间在内容上不冲突，不矛盾。在制单内容上，一般以商业发票为核心；在制单时间上，一般以提单日期为界限。

（4）买卖合同

在托收业务项下，国际货物买卖合同是出口商审核单据的首要依据，各类单据的条款必须符合合同的规定。

2）审单的要求和方法

为了提高审单工作的质量和效率，发现问题及时解决，出口商不仅要及时地、全面地审核全套单据，还应采取适当的方法达到事半功倍的效果。常见的方法有：

（1）纵横审单法

首先以信用证或合同（非信用证结算）为标准对规定的出口单据进行逐一核对，确保单证相符，即纵向审单。再以发票为中心审核其他单据，特别注意共有项目是否相一致，确保单单相符，即横向审单。

（2）先数字后文字审单法

在单据的数量比较集中时，可以先将各种单据涉及的数据，如单价、总价、数量、毛净重、尺码、包装件数等进行全面的核对，然后再采用纵横审单法审核其他内容。

（3）多套单据的分类审单法

如果是多套单据的审核，应首先将单据按一定的标准（比如分地区客户或按照货物装运日期的先后）分类，再按上述方法审单。

3）单据审核的要点

不同结汇单据的审核要点和注意事项，我们已在前面各章节分别作了介绍，这里不再重复。出口商除了对各结汇单据自身的内容进行审核外，还应综合考虑以下问题：

（1）对单据名称的审核

《ISBP745》规定，单据可以使用信用证规定的名称或相似名称，或不使用名称。例如，信用证要求"装箱单"，无论该单据冠名为"装箱说明"还是"装箱和重量单"还是没有名称，只要单据包含了装箱细节，即为满足信用证要求。单据内容必须在表面上满足所要求单据的功能。

（2）对单据出具人的审核

《ISBP745》规定，如果信用证要求单据由某具名个人或单位出具，单据可以使用印有该具名个人或单位抬头的信笺，如果未使用印有抬头的信笺，但表面看来系由该具名个人或单位或其代理人完成及/或签署，则即为表面看来由该具名个人或单位出具。比如，信用证规定"Commercial Invoice issued by DBF company"，则可以使用 DBF 公司的信笺，或者使用空白信笺，签署时注明 DBF 公司的名称即可。

《UCP600》规定，诸如"第一流""著名""合格""独立""正式""有资格""当地"等用语用于描述单据出单人的身份时，单据的出单人可以是除受益人以外的任何人。也就是说，受益人无权出具这类单据。

（3）对单据正副本的审核

《UCP600》规定，信用证中规定的各种单据必须至少提供一份正本。除非单据本身表明其不是正本，银行将视任何单据表面上具有单据出具人正本签字、标志、图章或标签的单据为正本单据。

如果单据表面看来由单据出具人手工书写、打字、穿孔签字或盖章或表面看来使用单据出具人的正本信笺或声明单据为正本，银行将接受这类单据作为正本单据。

如果信用证要求提交副本单据，则提交正本单据或副本单据均可。副本单据不需要签字。

如果信用证使用诸如"一式两份""两张""两份"等术语要求提交多份单据，则可以提交至少一份正本，其余份数以副本来满足。但单据本身另有相反指示者除外。

（4）对单据签署的审核

《ISBP745》规定，即使信用证没有要求，汇票、证明和声明自身的性质决定其必须有签字。单据上有专供签字的方框或空格并不必然意味着这一方框或空格必须有签字。如果单据表面要求签字才能生效（例如，"单据无效除非签字"或类似规定），则必须签字。

签字不一定手写。摹本签字、打孔签字、印章、符号（例如戳记）或用来表明身份的任何电子或机械证实的方法均可。除非另有规定，在带有公司抬头的信笺上的签字将被认为是该公司的签字。不需要在签字旁重复公司的名称。

提醒您

对结汇单证出单日期的把握

外贸实践中，各种结汇单据的出具日期应符合逻辑性和相关国际惯例。通常提单日期是确定各单据日期的关键，具体出单的时间顺序如下：

＊发票的出具日期应在各单据日期之首，可以早于信用证开立日期，但不得迟于信用证有效期；

＊装箱单的出具日期应等于或迟于发票日期，但必须在提单日之前；

＊海关发票、产地证、出口许可证的出具日期不早于发票日期，不迟于提单日；

＊商检证书日期不晚于提单日期，但也不能过分早于提单日，尤其是鲜货，容易变质的商品；

＊保险单的出具日期晚于发票，应早于或等于提单日期（一般早于提单日2天）；

＊提单日不能超过L/C规定的装运期也不得早于L/C的最早装运期；

＊船公司证明的出具日期等于或早于提单日；

＊受益人证明的出具日期等于或晚于提单日；

＊装船通知的出具日期等于或晚于提单日后三天内；

＊汇票的出具日期应晚于所有其他单据，但不能晚于L/C的交单期和有效期。

4）对单证不符的处理

所谓单证不符是指信用证受益人向银行提交的结汇单据存在着不符合信用证规定的内容，致使单证不符、单单不符。

实际业务中，由于各种主客观原因造成单证不符的情况时有发生，开证行一旦对提交的单据发现任何不符点（Discrepancy），均有拒付货款的可能，受益人轻则延迟收回货款，损失利息，重则损失部分或全部货款。因此，一旦发生单证不符的情况，受益人应根据不符点的严重程度及时采取灵活的处理办法。

（1）修改单证

如果是轻微的不符点，对交易的性质无实质影响，而且开证行也能接受的，就无须修改单据。但对于实质性不符点，如果时间充裕或货物尚未出运的应尽快修改单证；一俟装船，应立即交单，以保证拒付后，能在承付或议付期内重新制单，做到相符交单，安全收汇。但因时间条件的限制，受益人无法在规定的期限内修改单证的，可采取下列处理办法。

（2）凭保议付

受益人在征得开证申请人同意的前提下，出具担保书承认单据有不符点，要求银行凭担保议付货款，声明如开证行拒付，由受益人偿还议付行所垫付款项和费用，同时电请开证申请人授权开证行付款。

（3）表提

如果是非实质性单证不符，议付行把不符点开列在寄单函上，征求开证行意见，由开证行联系开证申请人是否同意付款。接到肯定答复后议付行立即议付。如开证申请人不予接受，开证行退单，议付行照样退单给受益人。

（4）电提

如果受益人交单金额较大，议付行暂不向开证行寄单，而是用电传/传真通知开证行单据不符点。如果开证行同意付款，再行议付并寄单，若开证行不同意，受益人可及早收回单据，设法改证。

（5）有证托收

如果单据有严重不符点，但货物已装运，议付行不愿表提或电提，或信用证有效期已过，已无法利用手上的信用证，只能采用托收方式，委托银行收款，即为"有证托收"。由于开证申请人已因单证不符而不同意接受，故有证托收往往遭到拒付，实际是一种不得已而为之的方式。

从我国长期外贸实践来看，由于出口商在单证审核上的疏漏和大意造成结算中的风险和损失的情况时有发生。因此，出口商必须清醒地认识到"单单相符，单证相符"仍是安全收汇的前提和基础，如果提交的单据中有不符点，即使是细小的差错也会造成难以挽回的损失。

9.3.2　结汇单证的交付

单证的交付，简称交单，是指出口商出运货物、制作并审核全套单据后，应采用合适的方式交付单证。因结算方式不同，分为下列三种情况：

1）汇付方式下的交单

汇付方式下的交单是指出口商在货物装运后将进口商所需的全部单据直接寄给进口商，以便进口商办理进口手续并提货。在汇付方式下交单要把握好交单时间，不应太晚，以免影响进口商提货；也不能太早，以免影响出口商安全收汇。

2）托收方式下的交单

在采用 D/P 或 D/A 结算方式下，出口商发运货物后制作全套单据，交到其所在地银行（托收行）申请办理托收。托收交单由出口商和银行协商而定，比较灵活。

3）信用证方式下的交单

信用证方式下的交单是指信用证的受益人在规定时间内将缮制好的全套单据提交银行审核，根据信用证条款规定的不同付汇方式，由银行办理结汇。具体要求：一是单据种类和份数与信用证的规定相符；二是单据的内容与信用证严格一致；三是交单时间必须在信用证规定的交单期和有效期之内。

而且，实际业务中，受益人为了确保交单时发现问题及时更正以加速收汇，常采用预审交单的方式，即在取得运输单据前，先将其他备好的单据交银行预审，待货物装运后取得运输单据，可以当天议付并对外寄单。

小资料

我国银行办理信用证项下出口结汇的做法

1. 出口押汇，即议付，是指议付行在审单无误后，按照信用证条款买下受益人的汇票和单据，扣除从议付日起到估计收到开证行或偿付行票款之日的利息，将余款先行垫付给受益人的结汇方式。

2. 收妥结汇，是指议付行收到受益人提交的单据并审核无误后，直接寄交国外付款行，待付款行将货款划拨给议付行后再向受益人结汇。

3. 定期结汇，是指议付行在审单无误后，根据向国外付款行索偿所需的路线和时间，确定一个固定的结汇期限，到期向受益人主动结汇。

出口押汇是银行为出口商提供的短期融资，有利于加速其资金周转。而收妥结汇和定期结汇都是银行先收款再向受益人付款，《UCP600》规定，银行如仅审核单据，不付出对价，不能构成议付。

9.4 货物贸易外汇管理与出口退税

9.4.1 货物贸易外汇管理制度改革

为了进一步推动贸易便利化，增强企业对外贸易竞争力，促进我国对外贸易的稳定增长；通过优化升级监管部门间信息共享机制，进一步加大联合监管力度，提高监管的针对性、有效性和威慑力，切实防范经济金融风险，国家外汇管理局、海关总署和国家税务总局决定自 2012 年 8 月 1 日起在全国实施货物贸易外汇管理制度改革。为此，国家外汇管理局制定了货物贸易外汇管理法规，即《货物贸易外汇管理指引》、《货物贸易外汇管理指引实施细则》、《货物贸易外汇管理指引操作规程（银行、企业版）》和《货物贸易外汇收支信息申报管理规定》。

1）新制度的核心内容和基本做法

改革后的货物贸易外汇管理制度的核心内容是总量核查、动态监测和分类管理。基本做法是依托全国集中的货物贸易外汇监测系统全面采集企业进出口收付汇及进出口货物流的完整信息，以企业主体为单位，对其资金流和货物流进行非现场总量核查，对非现场总量核查中发现的可疑企业实施现场核查，进而对企业实行动态监测和分类管理。同时，提高监管部门间数据与信息交流的力度，强化协同机制，加强联合监管。

2）新制度的特点

改革后的货物贸易外汇管理制度有三个特点：

（1）企业办理货物贸易外汇收支更加便利，贸易收付汇效率明显提高。新制度下，企业贸易收付汇无须办理核销手续，出口收汇无须联网核查，企业无须频繁往返于国家外汇管理局及其分支机构（以下简称外汇局）、银行之间。调整出口报关流程，简化出口退税凭证，取消核销单。从试点地区经验看，企业对外贸易收付汇时间缩短，资金周转速度加快。银行为企业办理收付汇的单证和流程均大幅简化，银行柜台办理收结汇业务时间缩短，银行外汇业务服务效率和水平得到提高。

（2）货物贸易外汇收支风险监管能力得到切实加强。依托货物贸易外汇监测系统，通过对数据的汇总和分析，实现宏观监测与微观管理的有效结合，风险监测能力得到切实加强，外汇管理政策的针对性和有效性得到有效提高。

（3）通过制度创新提高外汇管理依法行政水平。以货物贸易外汇管理制度改革为契机，外汇局大幅清理法规，共废止120多个现行法规。新的货物贸易外汇管理法规层次更加简明清晰，便于企业和金融机构理解和执行。同时，外汇局等监管部门通过动态分类、持续监管、到期评估的机制加强正向引导，以精准打击，实施失信惩戒，与市场主体一起，共同营造诚信守法的市场环境，维护正常的经济秩序。

3）新制度中外汇局的监管内容

外汇局对货物贸易外汇收支监管的内容包括以下几方面：

（1）主体管理。对企业实施"贸易外汇收支企业名录"管理，明确企业主体管理范畴。

（2）企业报告。要求企业一定期限以上的贸易信贷业务、贸易融资等业务应按规定报告外汇局。

（3）非现场监测。通过总量核查、重点监测和专项监测等方式，对所有贸易企业实施多维度、全口径监测，有效排查异常交易行为和异常交易主体，确定需要现场核查的企业。

（4）现场核查。采用企业自查、约见谈话或现场调查等多种方式实施现场核查，核实异常或可疑情况，并按规定向外汇检查部门移交。

（5）分类管理。根据非现场和现场核查的结果，外汇局将企业分为A、B、C三类并进行动态调整。对A类企业给予贸易收支便利，对B、C类企业在贸易外汇收支单证审核、适用业务类型、结算方式等方面实施严格监管。

9.4.2　出口退税的新规定

为了增强出口产品竞争力，鼓励企业出口，扩大出口创汇，我国从1985年起对出口产品实行退税政策，即对出口货物退还其在国内缴纳的增值税和消费税等，使出口产品以无税成本进入国际市场，体现了自由竞争、公平税负、不将本国税收转嫁给他国消费者的课税原则。

2016年，国家税务总局修订发布《出口退（免）税企业分类管理办法》（简称"新办法"），自9月1日起，将出口退（免）税企业分为四类，有针对性地实施差别化管理和服务措施，提高管理效率，加快退税进度，对符合条件的一类出口企业，将在 5 个工作日内办结出口退（免）税手续。税务机关将二类、三类企业申报退税的审核办理时限，由原办法的 20 个工作日分别缩短至 10 个工作日、15 个工作日。总体上，出口退税整体进度进一步加快。

新办法规定，对于一类出口企业，税务机关提供绿色办税通道（特约服务区），优先办理出口退税，并建立重点联系制度，及时解决企业有关出口退（免）税问题，发挥出口退税对外贸的促进作用。对一类出口企业中纳税信用级别为 A 级的纳税人，按照《关于对纳税信用 A 级纳税人实施联合激励措施的合作备忘录》的规定，实施联合激励措施。对纳税信用级别低的四类出口企业申报的出口退（免）税，需按规定完成审核，并排除所有审核疑点后，自受理企业申报之日起，20 个工作日内办结出口退（免）税手续。

出口企业管理类别评定工作每年进行一次，应于企业纳税信用级别评价结果确定后一个月内完成。负责评定出口企业管理类别的国税机关，应在评定工作完成后的 15 个工作日内将评定结果告知出口企业，并主动公开一类、四类出口企业的名单。

> **提醒您**
>
> 国家税务总局发布的《出口货物劳务增值税和消费税管理办法》第 4 条规定：生产企业应在货物报关出口之日次月起至次年 4 月 30 日前的各增值税纳税申报期内收齐有关凭证，向主管税务机关申报办理出口货物增值税免抵退税及消费税退税。逾期的企业不得申报免抵退税。2015 年海关总署发布《取消打印出口货物报关单证明联（出口退税专用）》的公告，仅由海关总署向国家税务总局传输出口报关单结关信息电子数据，将其作为出口退税的依据之一。此外，出口退税还需提供的材料有：增值税专用发票原件（税款抵扣联）、出口发票原件、《外贸企业出口退税进货明细申报表》《外贸企业出口退税出口明细申报表》《外贸企业出口退税汇总申报表》原件、出口货物销售明细账及与出口退税有关的其他资料。

9.4.3 出口收汇和退税的操作流程

针对初次办理出口收汇的企业，出口收汇和退税的操作流程如图 9-1 所示。

9.5 进口审单及付汇

在进口贸易结算中，进口商付款的前提是出口商提交符合信用证（信用证结算项下）或合同（非信用证结算项下）要求的各类单证。所以，和出口一样，单证也是进口业务各环节衔接和联系的主要体现，是进口结算的关键，应做好进口单证的审核工作。

9.5.1 进口单证的审核

实际业务中，如果采用托收或汇付方式，由进口商依据买卖合同对货物单据进行全面审核，其审核是终局的。如果采用信用证结算方式，则由开证行（或指定付款行）和进口商共同对货物单据进行审核。

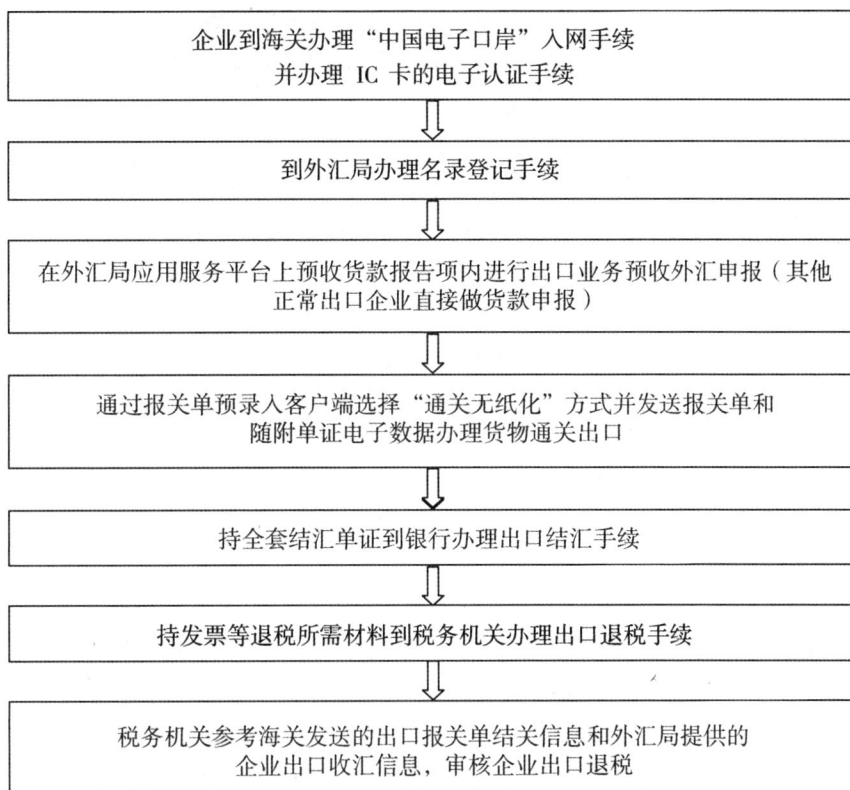

图 9-1　出口收汇和退税的操作流程

1) 审核的单据

无论采用哪种结算方式，进口商一般都需要对下列单据进行审核：商业发票、海运提单、装箱单或磅码单、品质与重量证书、保险单、原产地证书、汇票等。这些单据是买卖双方交接货物的依据，是进口商付款的唯一凭证，也是对外索赔的有力证据。

2) 审单的过程和要点

我国进口业务大多采用信用证结算方式，开证行或指定付款行收到出口商通过出口地银行转来的单据时，以《UCP600》《ISBP745》和信用证为依据，全面逐项地审核单据与信用证，单据与单据是否相符。银行审单的合理时间是不超过收到单据次日起的 5 个银行工作日。如果开证行审单无误，即转交进口商复审。

进口商收到开证行交来的全套单据后，应根据合同和信用证的规定认真审核单据，首先应审核各种单据的内容是否符合信用证要求，单据的种类和份数是否齐全，即单证是否一致。其次，以商业发票为中心，将其他单据与之对照，审核单单是否一致。具体审单要点如下：

（1）商业发票的抬头是否为开证申请人；

（2）商业发票的货物名称是否使用全称，具体描述是否与信用证相符；

（3）商业发票的价格、数量与信用证是否一致，是否缺少贸易术语；

（4）商业发票的金额大小写是否一致；

（5）要求签署的发票是否签章，是否为受益人签发的；

（6）提单的抬头是否按信用证规定填制，对于指示性抬头提单，交单前是否背书；

（7）提单中唛头、数量、毛重和净重等是否与其他单据一致；

（8）提单上是否注明运费预付或到付，是否显示"已装船"字样；

（9）提单日期是否符合信用证规定；

（10）被保险人（投保人）是否是信用证的受益人；

（11）保险险别、保险期限是否符合信用证的规定；

（12）保险金额是否按信用证规定的投保加成计算，大小写是否一致；

（13）保险单的背书是否按信用证规定办理；

（14）汇票的出票人、收款人、付款人是否符合信用证的规定；

（15）汇票的金额是否超出信用证限额，大小写是否一致，币别代码是否规范；

（16）汇票的付款期限是否符合信用证规定；

（17）汇票的出票人是否签字盖章；

（18）应提交单据的种类、份数是否符合信用证要求；

（19）各单据的签发时间前后是否矛盾，与信用证规定是否相符；

（20）各单据之间相同项目的内容是否一致；

（21）对分批装运、信用证的双到期的理解，单据的正副本要求也是审核的重点。

进口商审单后，如没有提出异议，开证行即按即期汇票或远期汇票履行付款或承兑的义务，进口商凭开证行的付款通知与收货单结算。

9.5.2 进口付汇的办理

改革后的货物贸易外汇管理制度简化了进口付汇手续，A类企业可凭进口货物报关单、合同或发票等任一能够证明交易真实性的单证在银行办理付汇，无须办理核销手续。进口付汇的程序如图9-2所示。

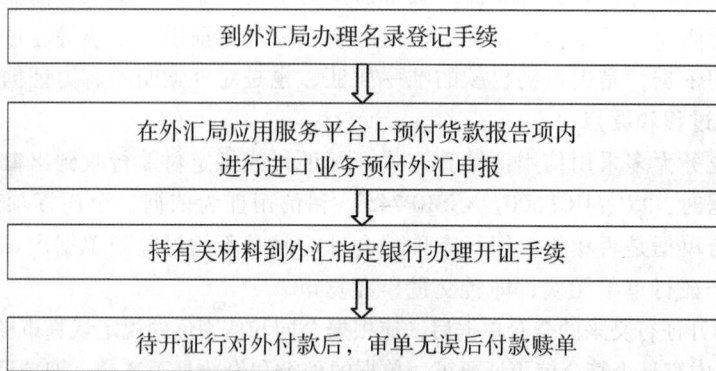

到外汇局办理名录登记手续

在外汇局应用服务平台上预付货款报告项内
进行进口业务预付外汇申报

持有关材料到外汇指定银行办理开证手续

待开证行对外付款后，审单无误后付款赎单

图9-2 进口付汇的程序

小资料

进口到货单证

及时提货是进口交易的最终目标，所以，进口商还需凭下列单据办理货物进口的手续：

1. 保险单证：进口合同如果采用CIF条件，出口商提供的单据中应有保险单，保险单的内容应符合合同和信用证的规定。如果采用 FOB 或 CFR 条件成交，则由进口商办理保险。通常进口商与保险公司签订了预约保险合同，进口商收到出口商发来的装运通知后，将有关装运信息通知保险公司，保险公司自动承保。

　　2. 入境货物通关单：凡法定检验的进口货物，入境时还需经过检验检疫机构的检验。进口商必须填制入境货物报检单，申请报检，换取入境货物通关单，提交海关申报入境。

　　3. 进口报关单：进口货物入境时，进口货物的收货人或代理人需自己填制或委托货代公司填制进口报关单，办理进口报关手续。

上岗操作

　　岗位情境中，大连服装进出口公司单证员刘敏仔细查看信用证的单据要求，缮制了商业发票、装箱单、海关发票、受益人证明、汇票连同前面取得的保险单、普惠制产地证、品质检验证书、海运提单、装运通知等结汇单证交公司主管审阅。

【商业发票】

大连服装进出口公司

DALIAN GARMENTS IMPORT & EXPORT CORPORATION

30 LUXUN ROAD, DALIAN, CHINA

TEL：0411-84713333	INVOICE NO.：AB10/035
FAX：0411-84713332	DATE：JUN. 17, 2016
E-MAIL：DLGIE@ 126. COM	S/C NO.：DLG100535

COMMERCIAL INVOICE

TO：

　　ABD CO. , LTD.

　　362 JALAN AVE.

　　TORONTO, CANADA

FROM：DALIAN CHINA　　　TO：TORONTO, CANADA　　　BY：S. S. SHUNFENG V. 901

L/C NO.：LC41165130　　　DRAWN UNDER：NATIONAL BANK

MARKS&NOS	DESCRIPTION OF GOODS	QUANTITY	UNIT PRICE	AMOUNT
			CIF TORONTO	
ABD	DRAGON BRAND MEN'S SHIRTS			
TORONTO	STYLE NO. 001	300DOZS	USD50. 50 PER DOZ	USD16 500. 00
C/NO. 1-780	STYLE NO. 002	480DOZS	USD70. 00 PER DOZ	USD33 600. 00
	COLOURS：WHITE, BLUE AND YELLOW			
	EQUALLY ASSORTED PACKED IN 780 CARTONS, EACH CONTAINING 1 DOZEN			
TOTAL		780DOZS		USD50 100. 00

TOTAL AMOUNT：SAY U. S. DOLLARS FIFTY THOUSAND ONE HUNDRED ONLY.
WE HEREBY CERTIFY THAT THE CONTENTS OF INVOICE HEREIN ARE TRUE AND
CORRECT.

DALIAN GARMENTS IMPORT & EXPORT CORPORATION

操作指导：该商业发票缮制错误的地方有：①信用证规定"SIGNED COMMERCIAL
INVOICE"，而商业发票中缺少大连服装进出口公司的法人代表或经办制单人签字再加盖
公章。②商业发票中的单价打印有误，应将"USD 50.50 PER DOZ"改成"USD 55.00
PER DOZ"。此外，缮制商业发票还应注意语言规范、字迹清楚；关键项目不得有涂改。

【装箱单】

大连服装进出口公司

DALIAN GARMENTS IMPORT & EXPORT CORPORATION

30 LUXUN ROAD，DALIAN，CHINA

PACKING LIST

TEL：0411-84713333

FAX：0411-84713332

E-MAIL：DLGIE@126. COM

TO：

    ABD CO. , LTD.

    362 JALAN AVE.

    TORONTO，CANADA

INVOICE NO. : AB10/035

DATE：JUN. 17, 2016

S/C NO. : DLG100535

MARKS&NOS

ABD

TORONTO

C/NO. 1-780

GOODS DESCRPTION & PACKING	QTY（DOZS）	CTNS	G. W. （KGS）	N. W. （KGS）	MEAS（CBM）
DRAGON BRAND MEN'S SHIRTS					
STYLE NO. 001	300DOZS	300CTNS	3. 5KGS/CTN	3. 0KGS/CTN	0. 05CBM/CTN
STYLE NO. 002	480DOZS	480CTNS	3. 5KGS/CTN	3. 0KGS/CTN	0. 05CBM/CTN
COLOURS：WHITE, BLUE AND					
YELLOW EQUALLY ASSORTED					
PACKED IN 780 CARTONS,					
EACH CONTAINING 1 DOZEN					
TOTAL	780	780	2 730	2 340	39

SAY TOTAL SEVEN HUNDRED AND EIGHTY CARTONS ONLY.

PACKED IN ONE 20'CONTAINER

操作指导：该装箱单经审核无误。装箱单的缮制规范，我们已在【岗位认知】中详
细介绍。这里仍需注意，一般情况下，装箱单上要显示外包装件数的英文大写，且大小写
必须一致；因装箱单的缮制主要以商业发票为依据，两者对应的项目应保持一致。此外重
量单、尺码单的填制与装箱单基本相同。

【海关发票】

Revenue Canada　　　　Revenue Canada	CANADA CUSTOMS INVOICE
Customs and Excise　Douanes et Accise	FACTURE DES DOUANES CANADIENNES

1. Vendor（Name and Address） DALIAN GARMENTS IMPORT & EXPORT CORPORATION 30 LUXUN ROAD DALIAN, CHINA	2. Date of Direct Shipment to Canada JUN. 29，2016
	3. Other References（Include Purchaser's Order No.） INV. NO. AB10/035　L/C NO. LC41165130

4. Consignee（Name and Address） ABD CO., LTD. 362 JALAN AVE. TORONTO, CANADA	5. Purchaser's Name and Address（If other than Consignee） SAME AS CONSIGNEE
	6. Country of Trans shipment N/A
	7. Country of Origin of Goods　-　CHINA ‖ IF SHIPMENT INCLUDES GOODS OF DIFFERENT ORIGINS ENTER ORIGINS AGAINST ITEMS IN 12.

8. Transportation：Gave Mode and Place of Direct Shipment to Canada FROM DALIAN TO TORONTO CANADA BY SEA	9. Conditions of Sale and Terms of Payment CIF TORONTO BY L/C AT SIGHT
	10. Currency of Settlement USD

11. No. of Pkgs 780CTNS	12. Specification of Commodities（Kind of Packages, Marks and Numbers, General Description and Characteristics, i. e. Grade, Quality）	13. Quantity（State Unit）	Selling Price	
			14. Unit Price	15. Total
	DRAGON BRAND MEN'S SHIRTS STYLE NO. 001 STYLE NO. 002 COLOURS：WHITE, BLUE AND YELLOW 　　　　　EQUALLY ASSORTED ABD TORONTO C/NO. 1-780	300DOZS 480DOZS	@ USD55. 00 @ USD70. 00	USD16 500. 00 USD33 600. 00

18. If any fields 1 to 17 are included on an ☑ attached commercial invoice, check this box Commercial Invoice <u>AB10/035</u>	16. Total Weight		17. Invoice Total USD50 100. 00
	Net 2 340KGS	Gross 2 730KGS	

19. Exporter's Name and Address（If other than Vendor） SAME AS VENDOR	20. Originator（Name and Address） DALIAN GARMENTS IMPORT & EXPORT CORPORATION 30 LUXUN ROAD, DALIAN, CHINA 张山（手签）
21. Departmental Ruling（if applicable）N/A	22. If fields 23 to 25 are not applicable, check this box ☑

续表

23. If included in field 17 indicate amount: (i) Transportation charges, expenses and insurance from the place of direct shipment to Canada $ USD3300 (ii) Costs for construction, erection and assembly incurred after importation into Canada $ _____ (iii) Export packing $ _____	24. If not included in field 17 indicate amount: (i) Transportation charges, expenses and insurance from the place of direct shipment to Canada $ _____ (ii) Amount for commissions other than buying commissions $ _____ (iii) Export packing $ _____	25. Check (if applicable): (i) Royalty payments or subsequent proceeds are paid or payable by the purchaser ☐ (ii) The purchaser has supplied goods or services for use in the production of these goods ☐

操作指导：该海关发票缮制错误的地方有：加拿大海关发票要求每个栏目都要填写，不得留空。而海关发票中第23、24、25项留空不对，应填写"N/A"。此外缮制海关发票还应注意证明文句应以个人名义表述，不能加盖出口公司的条形章；如有更改，不能使用校正章，应使用钢笔或水笔校签等。

【受益人证明】

大连服装进出口公司
DALIAN GARMENTS IMPORT & EXPORT CORPORATION
30 LUXUN ROAD, DALIAN, CHINA

TEL：0411-84713333

FAX：0411-84713332

E-MAIL：DLGIE@126. COM

INVOICE NO. ：AB10/035

DATE：JUN. 30, 2016

S/C NO. ：DLG100535

BENEFICIARY CERTIFICATE

TO WHOM IT MAY CONCERN：

DEAR SIRS,

WE CERTIFY THAT ONE SET OF COPIES OF SHIPPING DOCUMENTS HAS BEEN SENT TO YOU AFTER SHIPMENT.

DALIAN GARMENTS IMPORT & EXPORT CORPORATION

LIU MIN

操作指导：该受益人证明缮制无误。特别注意的是此类证明函不能完全照抄信用证的相关规定，应在时态、人称上按具体情况变化。

【汇票】

BILL OF EXCHANGE

Drawn under　NATIONAL BANK，TORONTO　　　L/C No. LC41165130

DatedJUN. 30，2016　Payable with interest @ …　　% ……按……息……付款

No. AB10/035　Exchange for　USD50 100. 00　　Dalian，China

At ＊　＊　＊　sight of this FIRST of Exchange　（Second of Exchange being unpaid）

Pay to the order of　BANK OF CHINA，DALIAN BRANCH

the sum of　SAY US DOLLARS FIFTY-ONE THOUSAND ONLY

To：ABD CO. ，LTD.

　　362 JALAN AVE.

　　TORONTO，CANADA

DALIAN GARMENTS IMPORT & EXPORT CORPORATION

LIU MIN

（Signature）

操作指导：该汇票缮制错误的地方有：①金额大写有误，与小写不一致，应改为"FIFTY THOUSAND ONE HUNDRED ONLY"。②付款人有误，应为"NATIONAL BANK，TORONTO，CANADA"。汇票的缮制应特别注意金额大小写必须一致，如果不一致，按照我国票据法视为无效；汇票的付款人应是开证行或其指定付款行，如果写成开证申请人，银行视为附加单据而不是汇票。全套单证经审核修改无误后，刘敏于 2016 年 7 月 8 日到中国银行大连分行交单结汇。之后，再持出口退税所需材料到大连国税局主管退税机关办理退税手续。至此，顺利完成了对加拿大 ABD 有限公司的出口贸易。

岗位实操

（一）单选题

1. 根据《UCP600》的规定，开证行的合理审单时间是收到单据次日起的（　　　）个工作日之内。

A. 5　　　　　　　　　B. 6　　　　　　　　　C. 7　　　　　　　　　D. 8

2. 对 L/C 规定 INVOICE TO BE MADE IN THE NAME OF ABC…，应理解为（　　　）。

A. 一般写成×× （中间商）FOR ACCOUNT OF ABC （实际购货方，真正的付款人）

B. 将受益人 ABC 作为发票的抬头人

C. 将议付行 ABC 作为发票的抬头人　　　D. 将 ABC 作为发票的抬头人

3. 出票人开具的汇票，如遭付款人拒付，（　　　）有权行使追索权。

A. 开证行　　　　　B. 议付行　　　　　C. 保兑行　　　　　D. 付款行

4. 一份信用证规定有效期为 2016 年 11 月 15 日，装运期为 2016 年 10 月，未规定装运日后交单的特定期限，实际装运货物的日期是 2016 年 10 月 10 日。根据《UCP600》规定，受益人应在（　　　）前向银行交单。

A. 2016 年 11 月 15 日   B. 2016 年 10 月 31 日

C. 2016 年 10 月 15 日   D. 2016 年 10 月 25 日

5. 根据《UCP600》规定，如果信用证使用"in triplicate""in three fold""in three copies"等用语要求提交多份单据，则至少提交（　　）正本，其余使用副本单据来满足。

    A. 一份   B. 二份   C. 三份   B. 四份

6. 如果汇票的付款期限为 at 30 days after B/L date，Mar. 8，2017，该汇票的付款到期日是（　　）；如果汇票的付款期限为 at 30 days from B/L date，Mar. 8，2017，该汇票的付款到期日是（　　）。

    A. Apr. 5，2017   B. Apr. 6，2017   C. Apr. 7，2017   D. Apr. 8，2017

7. 如果信用证中规定，数量：ABOUT 10 000PCS；单价：USD1.00/PC，FOB DALIAN，CHINA；金额：USD10 000.00。受益人实际装运了 11 000PCS，请问受益人最多只能要求开证行支付（　　）。

    A. USD10 000.00   B. USD11 000.00

8. 进口商往往要求出口商出具（　　）年以下船龄的证明，因为该年限以上的船为超龄船，保险公司不愿承保。

    A. 15   B. 20   C. 25   D. 30

（二）多选题

1. 根据《UCP600》规定，卖方可凭以结汇的装运单据有（　　）。

    A. 提单   B. 不可转让的海运单

    C. 场站收据   D. 航空运单

    E. 铁路运单

2. 如果信用证中要求提供的是 Invoice 的话，则按照《ISBP745》的规定，允许出具的发票可以为（　　）。

    A. Invoice   B. Commercial Invoice

    C. Customs Invoice   D. Proforma Invoice

3. 即使信用证没有要求，下列单据中必须签字的有（　　）。

    A. 运输单据   B. 保险单据

    C. 汇票   D. 证明类单据

4. 关于限制性背书的汇票，说法正确的有（　　）。

    A. 中国《票据法》规定，之后，不能进行转让

    B. 英国《票据法》规定，之后，不能进行转让

    C.《日内瓦统一法》规定，若被背书人再行转让，则原背书人对后手的被背书人不承担保证责任。

    D. 中国《票据法》规定，若被背书人再行转让，则原背书人对后手的被背书人不承担保证责任。

（三）判断题

1. 银行不接受签发日期早于开证日期的发票。（　　）

2. 信用证中注明"invoice in three copies"。受益人向银行交单时，提供了三张副本发

票，这样做违反了信用证规定。 （ ）

3. 信用证只规定了货物的总称，发票应照样显示，还可加列详细的货名，并可以与总称不一样。 （ ）

4. 汇票中没有写明付款期限的视为见票即付。 （ ）

5. 如果信用证没有规定受益人证明签名，受益人证明可以不签名。 （ ）

6. 单证员在制作出口汇票的时候，金额大小写必须要一致，否则汇票无效；在收到进口的汇票出现大小写金额不一致的时候，就以大写为准。 （ ）

（四）单证缮制与操作

请根据银行来证及货物明细缮制商业发票和受益人证明。

货物明细：

商品名称：Trolley Cases

货号	TS503214	TS503215	TS503216
产地		Dalian China	
商标		TAISHAN	
包装		1 pc in 1 PE bag；3pcs/CTN	
箱子尺寸	53.5 cm×37 cm×79.5cm 0.1573cbm	53.5 cm×34.5 cm×82cm 0.151cbm	48 cm×32.5 cm×78.5cm 0.1225cbm
箱子尺寸（总）	57.8864cbm	57.833cbm	58.8cbm
数量	1 104PCS	1 149PCS	1 440PCS
单价	USD6.50	USD6.00	USD5.80
金额	USD7 176	USD6 894	USD8 352

发票号码：TSI0801005 发票日期：2008-8-5 授权签字人：张平

装运船名：DONGFENG 航次：V.369 运输标志：ORTAI/ TSI0601005/ NEW YORK/ C/NO.1-1231

信用证相关内容：

27：Sequence of Total：1/1

40A：Form of Documentary Credit：IRREVOCABLE

20：Documentary Credit Number：N5632405TH11808

31C：Date of Issue：160715

31D：Date and Place of Expiry：160909 CHINA

51D：Applicant Bank：CITY NATIONAL BANK
　　　　133 MORNINGSIDE AVE NEW YORK，NY10027

50：Applicant：ORTAI CO.，LTD.

30 EAST 40TH STREET，NEW YORK，NY10016

59：Beneficiary：DALIAN TAISHAN SUITCASE & BAG CO.，LTD.

66 ZHONGSHAN ROAD DALIAN 116001，CHINA

32B：Currency Code Amount：USD 22422.00

41D：Available With/By：ANY BANK IN CHINA BY NEGOTIATION

42C：Drafts at：SIGHT

42D：Drawee：ISSUING BANK

43P：Partial Shipments：NOT ALLOWED

43T：Transhipment：NOT ALLOWED

44E：Port of Loading：DALIAN，CHINA

44F：Port of Discharge：NEW YORK，U.S.A

44C：Latest Date of Shipment：160825

45A：Description of Goods and/or Services：

　　CIF NEWYORK TROLLEY CASES AS PER SC NO. TSSC0801005

46A：Documents Required

+MANUALLY SIGNED COMMERCIAL INVOICE IN 2 COPYES INDICATING L/C NO.
AND CONTRACT NO. CERTIFYING THE CONTENTS IN THIS INVOICE ARE TRUE AND
CORRECT.

+ BENEFICIARY'S CERTIFICATE CERTIFYING THAT ONE SET OF COPIES OF
SHIPPING DOCUMENTS HAS BEEN SENT TO APPLICANT WHTHIN 5 DAYS AFTER
SHIPMENT.

　　……

49：Confirmation Instructions：WITHOUT

答案及解析

参考文献

[1]全国国际商务单证专业培训考试办公室.国际商务单证理论与实务[M].北京:中国商务出版社,2011.

[2]全国国际商务单证专业培训考试办公室.国际商务单证专业培训考试大纲及复习指南[M].北京:中国商务出版社,2011.

[3]王腾,曹红波.彻底搞懂信用证[M].北京:中国海关出版社,2009.

[4]耿伟,李秀芳.国际结算与单证制作[M].北京:清华大学出版社,北京交通大学出版社,2010.

[5]吴国新,李元旭.国际贸易单证实务[M].2版.北京:清华大学出版社,2008.

[6]龚玉和,齐朝阳.外贸单证解惑280例[M].北京:中国海关出版社,2009.

[7]王世军,卢海英.国际贸易实务综合性课程设计与指导[M].北京:清华大学出版社,北京交通大学出版社,2009.

[8]曾立新.国际货运保险[M].2版.北京:中国人民大学出版社,2008.

[9]国家质检总局报检员资格考试委员会.报检员资格全国统一考试教材[M].北京:中国标准出版社,2009.

[10]安徽.国际货物运输与保险[M].北京:清华大学出版社,2010.

[11]孙淑芳.进出口贸易操作实务[M].北京:科学出版社,2010.

[12]安徽.进出口业务模拟实用教程[M].北京:北京大学出版社,2006.

[13]武芳.国际贸易操作一本通[M].北京:北京大学出版社,2008.

[14]姚大伟.国际商务单证理论与实务[M].2版.上海:上海交通大学出版社,2009.

[15]杨昇.2009年报关员资格全国统一考试重点、难点、考点解析[M].北京:人民邮电出版社,2009.

[16]童宏祥.外贸单证实务[M].2版.上海:上海财经大学出版社,2010.

[17]李一平,等.信用证审单有问有答280例[M].北京:中国海关出版社,2010.

[18]圣才学习网.国际商务单证缮制与操作过关必做习题集[M].北京:中国石化出版社,2010.

[19]缪东玲.国际贸易单证操作与解析[M].2版.北京:电子工业出版社,2016.

[20]徐薇.国际贸易单证实务与操作[M].2版.北京:人民邮电出版社,2016.

[21]中华外贸学习网:http://www.100waimao.com.

[22]中华人民共和国商务部网站:http://www.mofcom.gov.cn.

[23]中华人民共和国海关总署网站:http://www.customs.gov.cn.

[24]中华人民共和国国家质量监督检验检疫总局网站:http://www.aqsiq.gov.cn.

附 录

附录